Robert Barltrop:
Jack London
Eine Biographie

Deutsch von Angela Wittmann-Hausner

W0349429

Deutscher
Taschenbuch
Verlag

dtv

Wir danken der Oakland Public Library, Jack London Room und der Bancroft Library an der University of California für die freundliche Abdruckerlaubnis der Bilder

Deutsche Erstausgabe
Juli 1981
Deutscher Taschenbuch Verlag GmbH & Co. KG,
München
© 1976 Pluto Press Ltd., London
Titel der englischen Originalausgabe: ›Jack London: the Man, the Writer, the Rebel‹ (Pluto Press, London 1976)
© 1981 der deutschsprachigen Ausgabe: Deutscher Taschenbuch Verlag GmbH & Co. KG, München
Umschlaggestaltung: Celestino Piatti
Umschlagfoto: Jack London, 1916 (The Bancroft Library, University of California, Berkeley)
Gesamtherstellung: Kösel, Kempten
Printed in Germany · ISBN 3-423-01334-6

## Inhalt

Vorwort

Zum ersten Mal hörte ich den Namen Jack London, als ich neun Jahre alt war. Im neuen Tonfilmpalast unserer Stadt wurde in einer Vorschau ›The Sea Wolf‹* (›Der Seewolf‹) angekündigt: Der Name des Autors erschien in riesigen, kantigen Lettern, Wellen tosten und ein rauher Bursche stand mit zerzaustem Haar und offenem Hemd in einer schwankenden Kajüte. Den Film selbst – die Version Alfred Santells, der bereits Stummfilm-Fassungen vorausgegangen waren – habe ich nie gesehen, aber eine bestimmte Vorstellung von Jack London behielt ich zurück.

Zwei Jahre später las ich einen Bericht über den Boxkampf im Schwergewicht zwischen Jack Johnson und Jim Jeffries, der 1910 in Reno stattfand. Er fing damit an, wie Jack London in der Presse verlangt hatte, man solle Jeffries nach sechsjähriger Kampfpause wieder in den Ring zurückholen, damit er »dem Nigger das strahlende Lachen aus der Visage schlüge«. Mit der fürchterlichen Niederlage des alten Champions schloß der Bericht.

Kurz zuvor hatte ich herausgefunden, daß London Geschichten über Alaska schrieb und während des Goldrausches selbst dort gewesen war. Das Bild des Mannes in der Kajüte verdichtete sich und verband sich mit lebenssprühenden, wilden Abenteuern, wie sie in der Zeitschrift ›Wide World‹ beschrieben waren. Der Mann wirkte aufbrausend und von sich eingenommen, einer, der gerne seine entblößte Brust zur Schau stellte. Seine Geschichten – ›White Fang‹ (›Wolfsblut‹), ›The Call of the Wild‹ (›Ruf der Wildnis‹), ›Burning Day Light‹ (›Lockruf des Goldes‹) – gefielen mir, ihn selbst jedoch mochte ich nicht.

Als Jugendlicher lernte ich ihn dann als sozialistischen Schriftsteller kennen. Ein Freund von mir schwärmte von seinen Büchern, und wir unterhielten uns über ›The Iron Heel‹ (›Die eiserne Ferse‹) und ›The Jacket‹ (›Die Zwangsjacke‹); ich war begeistert von seinem Buch ›The Road‹ (›Abenteurer des Schienenstranges‹) und dessen wunderbaren Anfangszeilen: »Im Staate Nevada gibt es eine Frau, die ich einmal auf schamlose Weise mehrere Stunden hindurch konsequent belog.«

Ich fing an, mir Jack Londons Bücher in Antiquariaten zusam-

* Bei der erstmaligen Erwähnung eines Werkes wird in dem vorliegenden Buch jeweils der Originaltitel mit aufgeführt.

menzusuchen und setzte das Sammeln über Jahre hinweg fort. Von Zeit zu Zeit stieß ich auf luxuriöse, amerikanische Ausgaben; einmal ergatterte ich den Band ›When God Laughs‹ (›Nur Fleisch‹) in der eleganten Sonoma-Ausgabe, lieh ihn aus und bekam ihn nie zurück. Meist waren es jedoch die blau eingeschlagenen Broschüren der billigen Ausgaben des Mills-and-Boon-Verlages, der in den zwanziger Jahren alle Bücher von Jack London in dieser Form herausbrachte. Manchmal fand ich auch fremdsprachige Editionen wie ›Les Vagabonds du Rail‹, ›Il Richiamo della Foresta‹ und ›Colmillo Blanco‹.

Jack London war ein Mensch voller Widersprüche. Kraftvoll und leidenschaftlich trat er für die Belange der Arbeiterklasse ein und war dennoch von einem anmaßenden, fast rachsüchtigen Rassismus erfüllt; er beharrte auf strenger Logik, auf »Tatsachen, unumstößlichen Tatsachen« und schilderte trotzdem emotionale Verwirrungen in platten, sentimentalen Geschichten. All dies mußte ich bei einer Beurteilung seiner Person berücksichtigen.

Jahrelang war ich beispielsweise auf der Suche nach einem Exemplar der ›Kempton-Wace Letters‹ (›Die Kempton-Wace Briefe‹), auf die Jack besonders stolz war. Eines Nachmittags sprach ich in einer Buchhandlung in Glasgow mit meinem Begleiter Joe Richmond darüber, und als ich ihm die Sache erklärt hatte, meinte er: »Wenn du so verrückt danach bist, kannst du es von mir haben.« Das Buch erwies sich als überheblich, gehaltlos und enthielt eine gehörige Portion Vorurteile und intellektuelle Phrasen.

Mit der Zeit jedoch lernte ich Jack London besser kennen und, wie ich meine, auch besser verstehen. Prophet, Revolutionär, Faschist, Urtyp des amerikanischen Individualismus – Beurteilungen dieser Art lassen fast alle Fragen offen. Verläßlichere Hilfen zum Verständnis Jack Londons konnte man in Begegnungen und Gesprächen mit Menschen erhalten, die seine Vergangenheit mit ihm geteilt hatten. Charles Lestor war einer von ihnen; sein Vortrag über Jack London gipfelte in der donnernden Rezitation des Gedichtes aus dem Buch ›Die eiserne Ferse‹:

Ich war es, Herr, den du aus Eden ehedem vertrieben;
doch werd' ichs wiederfinden,
wenn Land und Lüfte einst
inmitten Wassern und Wolken zerstieben ...

Lestor war zu Beginn des Jahrhunderts in Nordamerika als Abenteurer umhergezogen und hatte dort am politischen Leben

Das Buch

Jack London war vieles: Fabrikarbeiter, Austernpirat, Landstreicher, Seemann, Goldgräber – aber auch engagierter Sozialist und Kriegsberichterstatter. Sein Weg vom Arbeiterkind zum damals höchstdotierten Schriftsteller Amerikas war ebenso abenteuerlich wie seine Geschichten, in denen dieses pralle Leben zum Ausdruck kommt. »In Jack Londons Werk stecken Nietzsches ›Übermensch‹ und Darwins ›Kampf ums Dasein‹, Überheblichkeit des weißen Mannes, die Abenteuerwelten Stevensons, Kiplings und das Kommunistische Manifest, auch ein Stück Urchristentum ... Träumer und Kraftmeier in einem, extremer Individualist und Gerechtigkeitskämpfer für andere, ein Bahnbrecher der Arbeiterliteratur und zeitweise ein Lohnschreiber – diese Gegensätze konnte er darstellen, aber auch in einem Leben vereinen« (Deutsches Allgemeines Sonntagsblatt). Robert Barltrop versucht anhand neuer Dokumente und Fotografien das Leben dieses unruhigen, widersprüchlichen und überaus vitalen Menschen plastisch nachzuzeichnen und das Phänomen Jack London zu erklären.

Der Autor

Robert Barltrop war von Jugend an ein begeisterter Jack-London-Leser. Er war zeitweise Berufsboxer, arbeitete als Cartoonist, Landarbeiter, Lehrer, Lektor und war vor allem Schriftsteller. Unter anderem hat er die Geschichte der Sozialistischen Partei Englands unter dem Titel ›The Monument‹ veröffentlicht.

Von Jack London
sind im Deutschen Taschenbuch Verlag erschienen:
Lockruf des Goldes (871)
Der Sohn des Wolfs (897)
König Alkohol (899)
Die Insel Berande (907)
An der weißen Grenze (918)
Südseegeschichten (923)
Abenteurer des Schienenstranges (948)
Alaska-Kid (956)
Die glücklichen Inseln (971)
In den Wäldern des Nordens (978)
Die Fahrt der Snark (985)
Jerry, der Insulaner (1006)
Michael, der Bruder Jerrys (1012)
Der Seewolf (1027)
Martin Eden (1074)
Kid & Co. (1143)
Fischpiraten (1176)
In den Slums (1211)
Das Feuer im Schnee (1241)
Der Gott seiner Väter (1270)
Die Art des weißen Mannes (1282)
Wolfsblut (1298)
Der Rote (1303)
Der Wolf von Wallstreet (1341)
Die Herrin des Großen Hauses (1357)
Der Ruhm des Kämpfers (1378)
Ein Sohn der Sonne (1418)
Mondgesicht (1443)
Die Zwangsjacke (1489)
Der Ruf der Wildnis (1563)
Joe unter den Piraten (1615)
Meuterei auf der Elsinore (1646)

Dem Buch ist keine Bibliographie angegliedert, da ich ihren Wert für den Durchschnittsleser anzweifeln möchte. Eine Liste mit Angaben zu Büchern und Artikeln über Jack London erschien in Philip Foners politischer Anthologie mit dem Titel: ›Jack London, American Rebel‹ (›Jack London, ein amerikanischer Rebell‹; Citadel Press, New York, 1947). Außerdem veröffentlichte der Verlag Talisman Press in Georgetown, Kalifornien, im Jahre 1966 ein Buch von Woodbridge, London und Tweney mit dem Titel: ›Jack London: A Bibliography‹ (›Jack London: eine Bibliographie‹). Eine Ergänzung zu den genannten Werken bildet das Buch von Franklin Walker: ›Jack London and the Klondike‹ (›Jack London und Klondike‹), das in Großbritannien der Verlag The Bodley-Head herausbrachte. Um das Auffinden von Erzählungen, die in Sammelwerken vielleicht unter anderen Titeln veröffentlicht wurden, zu ermöglichen, habe ich eine Liste mit Jack Londons Büchern nebst Inhaltsverzeichnis angefügt. Einige Ausgaben, die in letzter Zeit in Großbritannien und anderen Ländern erschienen sind, bringen seine Erzählungen und Kurzgeschichten in einer neuen Zusammenstellung. Die Verweise im vorliegenden Buch beziehen sich jedoch auf die jeweiligen Originalausgaben.

Ich möchte allen danken, die mir bei der Vorbereitung zu diesem Buch in irgendeiner Form geholfen haben. Dank schulde ich Anne und Arthur Lipow aus Berkeley, Kalifornien, für ihre unschätzbare Hilfe beim Aufspüren von Abbildungen und Beschaffen von Informationen über Joan London. Ebenso möchte ich folgenden Personen für ihre Mitarbeit danken: I. Rab aus Newton, Massachusetts, für die Überlassung einer Kopie des Briefes von Jack London an die Workers' Socialist Party; Edgar Hardy für Informationen über Ernest Hunter; Harry Young für Einzelheiten über Edmundo Peluso; Edmund Cork von der Firma Hughes Massie für seinen Bericht über die Zusammenarbeit zwischen Jack und Charmian London und seinem Hause; Charles P. Davis aus New York für einen Brief über »General« Coxey sowie S. E. Parker für einen Brief über Benjamin De Casseres. Ebenso spreche ich der amerikanischen Bibliothek der University of London, der keine der zahlreichen Anfragen zuviel wurde, meinen Dank aus.

Bill Christopher, Israel Renson und Robert Murray halfen mir, indem sie mir Bücher zur Verfügung stellten. Besonderen Dank möchte ich an meine Verleger richten, die mir, nachdem die Idee zu diesem Buch einmal geboren war, tatkräftige Hilfe und Unterstützung zuteil werden ließen.

Auch haben viele Freunde eine wichtige Rolle gespielt, die Jahre hindurch in zahllosen Gesprächen und Diskussionen über Jack London meine Aufmerksamkeit auf neue Aspekte gelenkt haben und mir zu einem besseren Verständnis seiner Person verhalfen. Ganz sicher wäre ohne sie dieses Buch niemals entstanden.

## 1. Jugend, die keine war

Jack London wurde am 12. Januar 1876 in San Francisco geboren. Die Biographie, die von seiner Frau Charmian geschrieben und 1921, also fünf Jahre nach seinem Tod, veröffentlicht wurde[1], berichtet von seinen Eltern und deren Lebensverhältnissen.

Sein Vater John London, ein Farmer in Iowa, stand nach dem Tod seiner Frau mit einer großen Familie da und verkaufte die Farm, um sich in San Francisco selbständig zu machen. Er schloß sich dort einer Spiritisten-Gemeinde an und machte die Bekanntschaft von Flora Wellman, die er heiratete; Jack war ihr einziges Kind. Bald darauf ging John London mit seiner Firma bankrott, war eine Zeitlang Kundenwerber, zog dann mit seiner Familie auf die andere Seite der Bucht von San Francisco und betrieb wieder eine kleine Landwirtschaft in Oakland. Diese Stadt sollte Jack immer als seinen Heimatort bezeichnen.

Erst 1938 wurde eine andere Version der Familiengeschichte bekannt: Irving Stones Buch ›Zur See und im Sattel‹ beginnt mit einem Bericht aus dem ›San Francisco Chronicle‹ vom Juni 1875 über den Selbstmordversuch von Flora Wellman. Sie hatte mit »Professor« W. H. Chaney zusammengelebt, einem umherziehenden irischen Astrologen mit zahlreichen Geliebten. Als sie ihm erzählte, daß sie schwanger sei, gab es Streit und – dem ›Chronicle‹ zufolge – »jagte Chaney sie aus dem Haus, weil sie sich weigerte, das Kind abtreiben zu lassen«. Flora flüchtete zu William H. Slocum, einem Journalisten des ›Chronicle‹, und wohnte in dessen Haus bis zur Geburt des Kindes. Sie hielt Vorträge über Spiritismus und prangerte Chaney öffentlich an. Ob sie John London vor oder nach der Geburt ihres Sohnes kennenlernte, ist nicht bekannt; sie heirateten jedoch am 7. September 1876, und sie unterzeichnete die Heiratsurkunde mit »Flora Chaney«.

Die gleiche Version der Familiengeschichte erscheint in dem von Jacks Tochter Joan verfaßten Buch ›Jack London und seine Zeit‹, das 1939 veröffentlicht wurde. Darin berichtet sie von William Chaneys sechs Ehen und merkt an, daß keine sehr glücklich gewesen sei und es »kaum Zweifel darüber gäbe, daß nur wenige seiner vielen Ehen legal geschlossen worden seien«. Im Anschluß an die Beschreibung Chaneys vermerkt sie: »Dies war der Mann, der im Alter von dreiundfünfzig Jahren aus Bosheit gegenüber seiner damaligen Ehefrau Flora Wellman zur vierten Mrs. Chaney machte.« Trotz der

Zweideutigkeit dieses Satzes gibt es keinen Zweifel daran, daß Flora mit Chaney nicht legal verheiratet war, denn in diesem Fall hätte sie John London wohl kaum so kurz darauf heiraten können. Chaney und Flora hatten ein kurzes Verhältnis miteinander, das, wie die Meldung des ›Chronicle‹ belegt, am 3. Juni 1875 zu Ende ging und das nach Chaneys Darstellung weniger als ein Jahr zuvor begonnen hatte. Joan Londons Bericht klingt zuverlässig und enthält in bezug auf die Abkunft ihres Vaters keine Andeutung einer Unsicherheit. Stone gibt in seinem Buch auch die Meldung wieder, die am 14. Januar 1876 im ›Chronicle‹ erschien: »Chaney. – Die Ehefrau von W. H. Chaney brachte am 12. Januar in dieser Stadt einen Sohn zur Welt.«

Es war Jack bekannt, daß Chaney angeblich sein Vater war, aber er konnte es nicht mit Gewißheit feststellen. In einer späteren Generation hätte man in offiziellen Urkunden nach Beweisen für oder gegen diese Annahme geforscht und den Dokumenten Glauben geschenkt, so wie es zum Beispiel Stone tat. Zu Beginn des Jahrhunderts waren solche Quellen jedoch noch nicht so leicht zugänglich wie dies später der Fall war.

Im Jahre 1897, als Jack London 21 Jahre alt war, schrieb er an Chaney und fragte ihn direkt, ob er sein Vater sei, deutete aber dabei seinen Wunsch nach Diskretion an. Chaney leugnete die Vaterschaft in seiner Antwort ab; er begann seinen Brief mit der förmlichen Anrede »Sehr geehrter Herr« und schrieb: »Ich war niemals mit Flora Wellman verheiratet; es trifft jedoch zu, daß wir vom 11. Juni 1874 bis zum 3. Juni 1875 zusammenlebten. Zu jener Zeit war ich jedoch durch Not, Entbehrungen und übermäßige geistige Arbeit impotent und kann deshalb weder selbst Ihr Vater sein noch weiß ich, wer dieser ist.«

Chaney fuhr fort, daß ihm diese Geschichte besonders durch den ›Chronicle‹-Bericht Schmach und Unglück gebracht hätte und sich all seine Verwandten außer einer Schwester geweigert hätten, weiterhin mit ihm zu verkehren. Er gab an, mit Unterstützung der Polizei eine Druckschrift veröffentlicht zu haben, in welcher er die »Verleumdungen« zurückwies, die besagten, er hätte Flora Wellman aus dem Haus gewiesen, weil sie eine Abtreibung verweigerte. Er schloß seinen Brief mit den Worten: »Ich bin über sechsundsiebzig und recht arm.« Jack schrieb ihm nochmals und bat nachdrücklich um Aufklärung. Chaney antwortete abschließend, Floras Selbstmordversuch sei vorgetäuscht gewesen und wiederholte, er sei impotent gewesen. (Irving Stone vermutet, daß Chaney hier die Ausdrücke durcheinanderbrachte und mit »impotent« nicht sagen wollte, er und Flora hätten keinen Geschlechtsverkehr miteinander gehabt, sondern daß er glaubte, unfruchtbar zu sein und keine Kinder zeugen zu können.) Chaney deutete an, Flora hätte Beziehungen zu anderen Männern gehabt. Seine Briefe drücken deutlich den dringenden Wunsch aus, nicht in die Sache hineingezogen zu werden.

Es kann als sicher gelten, daß Charmian London die Wahrheit wußte und darüber schwieg. Ihr Bericht über John Londons frühe Lebensabschnitte ist sehr detailliert; über seine Zeit als Witwer »zu Beginn der siebziger Jahre« und zu den Vorfällen in San Francisco enthält er nur vage Andeutungen. Umstände und Dauer seines Werbens um Flora werden in einem kurzen Satz abgehandelt: »John verlor keine Zeit, die Frau seines Herzens an sich zu binden.« Bezeichnenderweise wird das Datum der Heirat nicht angegeben. Auch wenn Charmian die Geschichte mit Chaney nicht überprüft hat, so hätten doch die Zeitangaben Jack Londons uneheliche Geburt aufgedeckt.

Ein gutes Elternhaus und eine solide Herkunft vorweisen zu können, war für Charmian von allergrößter Bedeutung, und es gibt Anhaltspunkte, die vermuten lassen, daß dies auch anderen bekannt war. Im Jahre 1924 spielte beispielsweise Adolph Kohn, eine bekannte Persönlichkeit in der sozialistischen Bewegung diesseits und jenseits des Atlantiks, in einem Artikel des Londoner ›Socialist Standard‹ auf die »bürgerliche Dame« an, die das Bild ihres Mannes verfälscht hätte – eine Meinung, die er von seinen amerikanischen Genossen übernommen hatte. Das erste Kapitel in Charmians Buch trägt die Überschrift »Herkunft und Geburt«. Sie spricht von »Rassenstolz«, erwähnt nur beiläufig eine jüdische Linie der Londons und nennt als Jacks Vorfahr Sir William London, einen Kampfgefährten Washingtons. Flora Wellman selbst war bester walisischer Abstammung und ihre Familie bereits seit der Zeit vor der Revolution in Amerika ansässig.

Auf jeden Fall war Jacks Vater William Chaney ein außergewöhnlicher Mensch. Sowohl Irving Stone als auch Joan London glaubten, daß zwischen beiden eine verblüffende Ähnlichkeit im Aussehen bestand. Chaney war klein und von stämmiger, kräftiger Statur. Von dem Arzt, der Flora während der Schwangerschaft betreute, wird erzählt, er habe den sechzehnjährigen Jack als Chaneys Sohn erkannt. Es hängt von der jeweiligen Ansicht über Vererbung ab, ob man Abenteuerlust, Geistesstärke und finanziellen Leichtsinn zum Vergleich heranzieht oder nicht, doch beide besaßen diese Eigenschaften.

Was wir von Chaney wissen, stammt aus seinen eigenen, zum

großen Teil autobiographischen Schriften. Er wurde 1821 in New England als Sohn eines wohlhabenden Farmers geboren. Als sein Vater nach einem Unfall starb und die Farm daraufhin verkauft wurde, war er neun Jahre alt und wurde in die Obhut eines Farmers aus der Nachbarschaft gegeben. Da er nur Lesen und Lernen im Kopf hatte, riß er alsbald aus und schlug sich mit Gelegenheitsarbeiten durch. Eine Zeitlang fuhr er zur See und trat schließlich in die Marine ein, desertierte aber kurz darauf. Er schrieb Erzählungen und Romane und wurde Anwalt, ein Beruf, in dem er jedoch, wie man sich erzählte, nicht sonderlich erfolgreich war, da er über die Unredlichkeit von Gerichten und Advokaten herzog. Es folgten Bankrotte und die erste seiner zahlreichen Ehen. Auch zeigte er starkes Interesse an Politik.

Im Jahre 1866 machte Chaney in New York die Bekanntschaft von Dr. Broughton und ließ sich von ihm sehr schnell zur Astrologie bekehren. Es war eine Zeit, in der neues Gedankengut aller Schattierungen – religiöse Erweckungsbewegungen, utopischer Sozialismus, Frauenemanzipation, Spiritismus – sich wie ein Lauffeuer in amerikanischen Städten ausbreitete. Während das Geschäft der Astrologen und Medien blühte, wurden sie von den New Yorker Zeitungen scharf angegriffen. Ihre Zusammenkünfte boten für Rowdies Gelegenheit zu Schlägereien; und nach einer solchen Auseinandersetzung fand sich Chaney einmal im Gefängnis wieder. Er hatte versucht, einen Störenfried durch Einsatz der Ordner zum Schweigen zu bringen und wurde daraufhin wegen widerrechtlicher Festnahme zu achtundzwanzig Wochen Arrest verurteilt. Im Gefängnis bekehrte er eine Mitgefangene zur Astrologie und heiratete sie im Dezember 1867. Bereits ein Jahr später verließ er sie wieder und trat eine Vortragsreise in den Nordwesten an. Gegen Ende des Jahres 1873, als er sich gerade anschickte, nach New York zurückzukehren, wurde ihm in San Francisco die Geldbörse gestohlen, und so mußte er vorerst in der Stadt bleiben. Den ganzen Winter über fuhr er fort, Vorträge zu halten und Astrologie zu betreiben. Diese war für ihn eine Naturwissenschaft wie Mathematik und Physik, und seine Vorlesungen darüber waren voll unterhaltsamer Gelehrsamkeit.

Chaneys eigenen Angaben zufolge traf er im Frühjahr 1874 gerade Vorbereitungen für die Fahrt nach New York, als ihn ein Brief seiner Frau erreichte, worin sie ihm mitteilte, daß ihre Ehe geschieden worden sei und sie selbst wieder heiraten könne, ihn aber – vermutlich aufgrund irgendeiner rechtlichen Klausel – bei einer Wiederverheiratung ins Gefängnis bringen würde. »Dies erregte meinen Zorn«, erklärte er später und nahm im Juni 1874 eine andere Frau bei sich auf: Flora Wellman. Sie zog zu ihm in die Bush Street Nr. 314, wo seine Wohnung und sein Büro lagen, und kurz darauf zogen sie zusammen in die First Avenue Nr. 122. Sie half ihm bei seinen Zusammenkünften und verkaufte Broschüren über Astrologie. Chaney schrieb auch Artikel für den ›Common Sense‹, eine »Zeitschrift für Lebensinhalte«, deren Herausgeber William Slocum war. Es handelte sich dabei um ein Blatt, in dem politischer Radikalismus sich mit allen anderen Spielarten des Unorthodoxen verband – freier Liebe, neuen Ernährungsformen, Spiritismus, Astrologie u. ä. Diese Geistesströmungen überschnitten sich vielfach, und das allgemeine Gefühl ihrer Anhänger, Umstürzler der Traditionen und der herkömmlichen Ordnung zu sein, führte zu gegenseitiger Unterstützung und wohlwollender Aufnahme Chaneys in ihre Kreise.

Das Wohlwollen endete jedoch abrupt, als er Flora verstieß. Slocum und Mrs. Amanda, seine Teilhaberin beim ›Common Sense‹, stellten sich auf ihre Seite und griffen Chaney scharf an; es ist zu vermuten, daß Slocum für die Heftigkeit des Artikels im ›Chronicle‹ verantwortlich war. Chaney verließ daraufhin San Francisco und lebte einige Jahre bei seiner Schwester in Portland, wo er Broschüren herausgab und Vorträge hielt. Nach einem kurzen Aufenthalt in New Orleans landete er dann in Chicago, heiratete dort Daisy, die letzte Mrs. Chaney, und gab sich als Rektor des College of Astronomy aus. Schließlich verkaufte er Horoskope für einen Dollar das Stück und starb in bitterer Armut zu einer Zeit, als sein Sohn Jack London gerade Weltruhm erlangte.

Auch Flora Wellman, etwa 1,50 Meter groß und von zierlicher Gestalt, war eine ungewöhnliche Frau; 1843 geboren, war sie dreißig Jahre alt, als sie zu Chaney zog und somit bedeutend jünger als er. Ihre Enkelin Joan erinnerte sich später, daß Flora davon erzählte, wie sie während des Bürgerkrieges Bälle und Parties besucht hatte. Sie war in bescheidenem Wohlstand groß geworden, lief jedoch mit sechzehn Jahren von zu Hause fort; 1874 verdiente sie sich ihren Lebensunterhalt mit Klavierstunden. Als junge Frau hatte sie einmal Typhus gehabt, wodurch ihr Äußeres entstellt worden war; die Sehkraft ihrer Augen war schwach und sie trug eine Perücke, da ihr durch die Krankheit die Haare an vielen Stellen ausgefallen waren. Es ist nicht ausgeschlossen, daß auch ihr labiles und melancholisches Wesen von einer Krankheit herrührte. Ihre Mutter starb, als Flora noch ein Baby war, und es wurde ihr nachgesagt, ein quengelndes, schwieriges Kind gewesen zu sein.

Chaney behauptete, daß Flora sich häufig mit anderen Männern eingelassen hätte. Dazu ließe sich sagen, daß sie in San Francisco eine Umgebung vorfand, die unkonventionelles Verhalten tolerierte; sie fand Freunde bei den »Progressiven« und konnte ihren spiritistischen Überzeugungen gemäß leben. In späteren Jahren sprach sie jedoch selten über ihr früheres Leben und hatte nur noch wenige Freunde, die etwas darüber hätten erzählen können. Nach der Affäre mit Chaney und der Geburt ihres Sohnes alterte sie rasch; ihr Eigensinn und ihre Labilität beeinflußten jedoch entscheidend das Familienleben der Londons.

Wegen ihrer schwächlichen körperlichen Verfassung konnte Flora ihren Säugling Jack nicht selber stillen, und so wurde eine Amme eingestellt – Mrs. Prentiss, eine Schwarze, die ihr eigenes Kind verloren hatte. Sie war als Sklavin in Virginia geboren und als kleines Kind von ihrer Mutter getrennt und verkauft worden. Für Jack wurde sie »Mammy Jenny«; sie war vernarrt in ihn und spielte sein ganzes Leben hindurch eine wichtige Rolle. Während er noch ein Baby war, kam einmal ein englisches Ehepaar, das ein Kind adoptieren wollte, zu ihrem Haus und wünschte ihn zu sehen. Mrs. Prentiss erzählte viele Jahre später Charmian London davon und beschrieb, wie sie ihren Mann abgekanzelt hatte, weil er das Ehepaar überhaupt zur Tür hereingelassen hatte; und sie schloß ihren Bericht mit dem Eingeständnis, daß es ihr damals fast das Herz gebrochen hätte, als sie mit dem Stillen aufhören mußte.

Später lebte die Familie London ein Jahr lang in einem Häuschen im Stadtteil Bernal Heights in San Francisco. Während John London als Vertreter für die Firma IXL Emporium der J. M. Flaven Company arbeitete, besserte er sein Einkommen auf, indem er sich nebenbei für die Nähmaschinenfirma Singer als Handelsvertreter betätigte und Rechnungen kassierte. Dies ermöglichte der Familie, in eine Sechszimmerwohnung in der Folsom Street zu ziehen. Es handelte sich dabei um eine jener ehemaligen Villen, die in Apartments unterteilt oder in Pensionen umgewandelt worden waren, bevor sie dann der Brandkatastrophe des Jahres 1906 zum Opfer fielen. Nach kurzer Zeit fand Flora bereits wieder eine neue Wohnung, dieses Mal in einem reizvollen Winkel am Ende der Natoma Street; die Familie hätte dort vermutlich länger gewohnt, wäre nicht eine Diphterie-Epidemie ausgebrochen.

Beide, Jack, der noch ein Baby war, und seine Schwester Eliza, wurden von der Krankheit angesteckt. Flora pflegte sie aufopfernd, und Eliza erinnerte sich später daran, wie sie ihre Mutter fragen gehört hatte, ob beide Kinder, sollte das Schlimmste eintreten, wohl in einem einzigen Sarg beerdigt werden könnten, um Geld zu sparen. Die Geschwister wurden wieder gesund, aber der Arzt riet dennoch zu einem Erholungsaufenthalt auf dem Lande. Dies ließ bei John London den Wunsch, Farmer zu sein, wiederaufleben. Er fand ein Haus und ein Stück Land in Oakland, einem Vorort von San Francisco, und beabsichtigte, dort Gemüse, vor allem Tomaten, anzupflanzen und die Produkte dann in einem Laden am »Point«, der Kreuzung von Seventh und Campbell Street, zu verkaufen.

Jack London beschrieb seinen Pflegevater als »viel zu gutmütig, um im seelenlosen Kampf um den Lebensunterhalt voranzukommen, den ein Mensch durchstehen müsse, um in unserem anarchistischen System des Kapitalismus überleben zu können«. Offensichtlich verfügte John London über eine gute Portion Optimismus, aber wenig Geschäftssinn. Er baute sein Geschäft durch harte Arbeit auf, gefährdete es durch Ehrlichkeit und ruinierte es durch Vertrauensseligkeit. Er nahm sich einen Partner namens Stowell, der das Geschäft führen sollte, während er umherreiste, um Aufträge einzuholen. Nachdem er einmal über das Wochenende verreist war, mußte er bei seiner Rückkehr feststellen, daß Stowell den Laden vollständig ausgeplündert hatte. Zwar ging er vor Gericht, um Schadenersatz zu erhalten, bekam aber nur wenige Dollar Entschädigung. Erneut fing er auf seinem Stück Land, das an die Rennbahn von Emeryville in Oakland grenzte, mit dem Gemüseanbau von vorne an.

In Oakland wechselte die Familie mehrmals ihre Wohnung. Als es mit dem Geschäft wieder aufwärts ging, zogen sie auf eine Farm mit sechs Hektar Land in Alameda, und John vergrößerte sie durch den Ankauf angrenzender Äcker. Der kleine Jack wurde vorwiegend von seiner Schwester Eliza versorgt. Sie fuhr ihn in San Francisco im Kinderwagen spazieren, und in Alameda nahm sie ihn mit in die Schule, wo ihm der Lehrer eine Kiste als Pult und Bilderbücher zum Anschauen gab. Vermutlich liegt hier die Erklärung für seine spätere Behauptung, er hätte schon im Alter von fünf Jahren zu lesen und zu schreiben vermocht, ohne sich jedoch erinnern zu können, daß es ihm jemand beigebracht hätte.

Flora war von einer ständigen Unruhe erfüllt und unfähig, es längere Zeit in der gleichen Wohnung auszuhalten und sich etwas anderem als dem Spiritismus zu widmen. Das Gefühl der Einsamkeit und Unsicherheit gehörte deshalb zu Jacks stärksten Kindheitseindrücken. Darüber hinaus behielt er ein Gefühl des Hasses gegenüber dem Landleben zurück. Seine Mutter plante ständig etwas Neues; so verkaufte sie Blattgold für die Herstellung von Rahmen, gründete einen Kindergarten und verkaufte Lotterielose. Im Haus wurden spiritistische Sitzungen abgehalten, an denen Jack schon im Alter von sechs Jahren teilnehmen mußte. Es kam zu den Szenen und Spannungen, wie sie ein Neurotiker in seiner Umgebung erzeugen kann. Während eines dieser Ausbrüche hörte Jack zum ersten Mal etwas von Professor Chaney, obwohl der Name nicht ausdrücklich genannt wurde. In den Notizen, die er als Erwachsener für eine Autobiographie niederschrieb (und die später ›Zur See und im Sattel‹ heißen sollte), erwähnt er einen sechsjährigen Jungen, der einen Streit seiner Eltern belauscht, in dessen Verlauf sein Vater der Mutter den Vorwurf macht, ein uneheliches Kind zu haben und die Mutter weinend erwidert: »Ich war doch noch so jung und er versprach mir den Himmel auf Erden.«

Mammy Jenny zog in ein Häuschen in der Nähe von Alameda, wo Jack oft seine freie Zeit verbrachte und wo er spielen und essen konnte und von ihr umsorgt wurde. Er spielte zusammen mit Mammys Mischlingskindern, und es überrascht, daß er in späteren Jahren zutiefst von der Minderwertigkeit Farbiger überzeugt war. Da jedoch Flora Wellman von einem ausgeprägten Rassenstolz erfüllt war, muß sie wohl diesen ihrem Sohn schon früh eingeimpft haben. Sie prahlte gerne damit, daß sie und ihre Verwandten aus »alter amerikanischer Familie« seien und nicht zu den »Spaghettifressern« oder anderen Einwanderern gehörten. Tatsächlich ergab sich Jacks Einsamkeit zum Teil daraus, daß er aufgrund rassischer Überlegenheitsgefühle von irischen und italienischen Nachbarn ferngehalten wurde. Auch Mammy Jenny hätte diese Gefühle geteilt, denn sie war stolz darauf, eine reinrassige Negerin zu sein. Sie war eine tief religiöse Frau, die ihren Platz in der Gesellschaft kannte, was für sie ganz sicher auch bedeutete, die Vorherrschaft der Weißen über die Schwarzen als gegeben hinzunehmen.

Jack und seine Schwester Eliza besuchten die West-End-Schule in Alameda. Eliza las ihm abends im Bett Geschichten vor und erzählte später, er habe ständig ein Buch in der Hand gehabt und Geschichten über alles geliebt. Zwar war er körperlich kräftig entwickelt, aber Einsamkeit und Schüchternheit verstärkten seinen Hang zu Büchern. Als Junge war er stark beeindruckt von Washington Irvings Werk ›The Alhambra‹ (›Alhambra‹), ein Buch über das Leben Garfields, und von Ouidas Buch ›Signa‹ (›Signa‹), von dem er sein Leben lang behauptete, es hätte ihn mehr als jedes andere Buch beeinflußt; er identifizierte sich mit dem italienischen Bauernjungen, der zum berühmten Musiker aufstieg. Auch die romantische, zum Teil rebellische Philosophie Ouidas machte tiefen Eindruck auf ihn.

Als er acht Jahre alt war, zog die Familie wieder einmal um, dieses Mal auf eine größere Farm in Livermore. John London begann, Wein und Obst anzubauen, ließ sich jedoch gegen Ende des Jahres zu einem ehrgeizigen Projekt, der Hühneraufzucht im großen Stil, überreden. Der Mißerfolg ließ nicht lange auf sich warten. Dazu trug nicht wenig bei, daß Eliza, die nun siebzehn Jahre alt und mit der Versorgung der Hühner beauftragt war, heiratete und mit ihrem Ehemann James Shepard, einem Witwer mittleren Alters, der mit seinen drei Söhnen bei den Londons zur Untermiete gewohnt hatte, fortzog. Als dann auch noch die Bank die Hypotheken für verfallen erklärte, die John London bei ihr auf seine Farm aufgenommen hatte, mußte er sich schließlich geschlagen geben. Im Jahre 1886 kehrten sie nach Oakland zurück und mieteten ein großes Haus in der Seventeenth Street. Dort begann auch Flora ihr letztes geschäftliches Unternehmen: sie versuchte, die Zimmer an Arbeiterinnen der Baumwollspinnerei zu vermieten. Als auch dieser Plan fehlschlug, beschränkten sich Johns Tätigkeiten auf die eines Rentners: er wurde Hilfspolizist, Wachmann und schließlich Nachtwächter.

Durch den Umzug eröffnete sich für Jack eine Möglichkeit, die für ihn von größter Bedeutung war: er bekam Zugang zu einer öffentlichen Bücherei. Die Bibliothek war in einem baufälligen Holzhaus in der Nähe des alten Rathauses in der Fourteenth Street untergebracht. Der Elfjährige überredete alle Angehörigen von Elizas Familie, die nicht weit entfernt von der neuen Wohnung der Londons lebte, wie auch die Mitglieder seiner eigenen Familie, sich Ausleihkarten für die Bücherei ausstellen zu lassen, mit denen er dann für sich Bücher auslieh. Die Bibliothekarin, Miss Ina Coolbrith,[2] wurde auf ihn aufmerksam, und nachdem er sich durch Bücher, die sowohl anspruchsvoll als auch gewichtig waren, hindurchgearbeitet hatte (so las er unter anderem Wilkie Collins und die Werke von Smollett), fing sie an, ihm Bücher zu empfehlen. Es war sein erster Kontakt mit einem gebildeten Menschen, und Jack war fasziniert und dankbar. Nachdem sie herausgefunden hatte, daß ihm Bücher über Reisen, Abenteuer und Entdeckungsfahrten am besten gefielen, beschaffte sie ihm alles, was dazu erreichbar war. Er las wie besessen und war dabei emotional aufs Höchste erregt. Er wollte allein gelassen werden und entwickelte ein nervöses Zucken.

Da sein Vater keine feste Arbeit hatte, trug er, um zum Lebensunterhalt beizutragen, Zeitungen aus. Früh am Morgen, wenn es noch dunkel war, mußte er zu seiner ersten Runde aufbrechen und dann nach der Schule noch die Abendzeitungen verkaufen. Damit verdiente er zwölf Dollar im Monat, wovon Flora ihm zehn Cent pro Woche überließ. Er besserte sein Taschengeld auf, indem er kleine Geschäfte mit Altwarenhändlern machte, und sparte sein Geld für Eintrittskarten zum Besuch von Theater- und Opernaufführungen im Dietz's Opera House und im Tivoli. Während der Zeit in Alameda stellte ein Besuch im Tivoli ein beliebtes Sonntagsvergnügen der Familie dar. Charmian London hatte als Kind von den Attraktionen nur vom Hörensagen gewußt, während »Johnny London sich mit großen, staunenden Augen das fesselnde Spektakel tatsächlich anschaute«.

Durch den Verkauf der Zeitungen und andere Tätigkeiten gehörte Jack bald mit zum Straßen- und Hafenleben in Oakland. Er war ein schäbig gekleideter Einzelgänger, der jede Gelegenheit wahrnahm, durch kleine Nebenarbeiten mehr Geld zusammenzubringen. Zehn Jahre danach schrieb er an Mabel Applegarth, seinen ersten Schwarm:

»Mein erstes fertig gekauftes Unterhemd zog ich an, als ich acht Jahre alt war. Pflicht! Mit zehn war ich auf der Straße und verkaufte Zeitungen. Jeden Cent gab ich zu Hause ab und schämte mich in der Schule ständig der Mützen, Schuhe und Kleider, die ich trug. Pflicht! Von dieser Zeit an war meine Kindheit zu Ende. Um drei Uhr morgens hieß es aufstehen und Zeitungen verkaufen. Danach ging ich gar nicht erst wieder heim, sondern gleich zur Schule. Sobald die Schule aus war, kamen die Abendzeitungen an die Reihe. An Samstagen arbeitete ich auf einem Eiswagen und am Sonntag ging ich zu einer Kegelbahn und stellte für betrunkene Holländer die Kegel auf. Pflicht! Jeden Cent gab ich daheim ab und ich selbst lief wie eine Vogelscheuche herum.«

Mabels tadelnd-mitfühlende Worte taten ihm gut, denn fast alles, was er schrieb, entsprach ja der Wirklichkeit. In seiner Empörung erwähnte er jedoch mit keiner Silbe, was diese Zeit ihm gegeben hatte – erhielten doch damals seine Träume von aufregenden Abenteuern, zu denen ihn die Bücher angeregt hatten, einen realen Hintergrund. Dies waren die letzten Tage der großen Ära der Segelschiffe, und in der weiten Flußmündung vor Oakland lagen Schiffe aus aller Welt. Im Winter ankerten arktische Walfänger in der Bucht und auch kleinere Boote waren dort – die Fahrzeuge von Fischern und Austernräubern, Chinesen und Japanern, Schmugglern und Kuriositätenjägern, und jedem haftete ein eigener Hauch von Romantik und Abenteuer an. Jack beobachtete das Leben in den Kneipen und Spelunken, er sah Trunkenheit und Gewalt und lauschte den Unterhaltungen der Matrosen und ihrem Seemannsgarn. Und die See zog ihn wie ein Magnet an.

Nur in einer Beziehung stimmte sein Brief an Mabel Applegarth nicht; denn er erzählte Flora nicht alles, was er unternahm, und händigte ihr nicht alles aus, was er verdiente. Mehr und mehr seiner freien Zeit verbrachte er im Jachthafen an der Flußmündung, schrubbte Bootsdecks und führte andere Arbeiten aus, während er über Segeln lernte, was er nur konnte. Er hortete die Cents, die er sich zusätzlich verdiente, um sich selbst ein eigenes Boot zu kaufen; und mit dreizehn Jahren hatte er es endlich – für einen Preis von zwei Dollar! Es war ein altes, leckgeschlagenes Boot, aber er fuhr damit die Flußmündung auf und ab und wagte sich sogar in die Bucht hinaus; ohne Kenterungen und Kollisionen ging es nicht ab, als er sich selbst das Segeln beibrachte.

Als Jack mit dreizehn Jahren die Schule verließ, war sein Zuhause für ihn nur noch ein Ort, wohin er ging, um Geld abzuliefern, zu essen und zu schlafen. Er fühlte durchaus Zuneigung zu seinen Eltern, und zwischen ihm und seinem Pflegevater kam gelegentlich ein Gefühl zurückhaltender Kameradschaft auf, doch war dieser freundliche, verträumte Mann nicht der Mensch, sich mit der Kraft seiner eigenen Persönlichkeit gegen das von Flora angerichtete Durcheinander zu behaupten. In späteren Jahren erinnerte sich Jack im Gespräch mit seinem Freund Henry Mead Bland daran, Flora als Autorität wegen einer ungerechten Bestrafung abgelehnt zu haben. Ohne Zweifel war aber auch ihre ständige Beschäftigung mit dem Spiritismus schuld daran. Als er noch nicht zwölf Jahre alt war, flüchtete er jedesmal aus dem Haus, wenn seine Mutter Seancen veranstaltete oder ihre »Anfälle« hatte, bei denen sie im Trancezustand mit den Geistern verstorbener Indianerhäuptlinge Zwiegespräche führte. Ergebnis dieser Vorfälle war Jacks lebenslange Verachtung für alles Religiöse.

Am Ende seiner Schulzeit wurde er als Teilnehmer an einer Schulabschlußfeier ausgewählt, ging jedoch wegen seiner schäbigen, ausgebeulten Kleidung nicht hin. Keiner schlug ihm ein Handwerk, das er hätte erlernen, oder eine Laufbahn, die er hätte einschlagen können, vor, denn John hatte nichts, was er an ihn hätte weitergeben können, und Flora wollte sich mit der Frage entweder nicht beschäftigen oder sie gab sich damit zufrieden, daß er Zeitungen verkaufte und Gelegenheitsarbeiten verrichtete. So machte er noch zwei Jahre weiter wie bisher und kaufte sich dann ein viereinhalb Meter langes Ruderboot. Ganze Tage arbeitete er an dem Boot und verschwieg daheim wiederum einige seiner Einnahmen, um sich Farbe, Ruder und ein Segel zu kaufen. Er fuhr nun regelmäßig in die Bucht und gelegentlich bis nach Goat Island hinaus, brachte von dort selbstgefangene Fische mit und wurde ein geschickter Seemann, der mit seinem kleinen Boot gut umgehen konnte. Mit hinaus aufs Wasser nahm er Bücher aus der Leihbücherei, die er in Zeitungspapier einschlug, damit sie trocken blieben.

Diese Ausfahrten verstärkten noch seine Einsamkeit; wenn er in seinem Boot saß, las und meditierte er allein vor sich hin, ohne mit jemandem über das, was sich ihm auftat, sprechen zu können. Charmian berichtet, daß er später einmal über seine frühen inneren Kämpfe sagte: »Kein Mensch hat mir bei den wesentlichen Dingen geholfen – niemand.« Sicher könnten viele Menschen das mit gleichem Recht von sich sagen; in Jack Londons Fall aber handelte es sich um die Situation eines Jungen, der durch die Lebensumstände seiner Familie isoliert war und dessen frühe Leidenschaft für Bücher und echte Abenteuer ihn in mancherlei Hinsicht einsam werden ließ.

Das von ihm angestrebte Abenteurerleben erforderte jedoch eine gewisse Kameradschaft, und dies führte zu einer Begebenheit, die für seine Zukunft sehr bedeutsam werden sollte. Er machte nämlich die Bekanntschaft Scottys, eines englischen Seemanns, der sich von seinem Schiff abgesetzt hatte und eine Menge Geschichten über die hohe See erzählte. »Ihn kritisch musternd war ich sicher«, so schrieb Jack später, »daß mir dieser Mann binnen kürzester Zeit mehr über Schiffe und die See erzählen konnte, als ich in meinem ganzen Leben je erfahren würde.« Scotty übernahm die Ruderpinne von Jacks Boot und – konnte es nicht segeln, denn er hatte seine Zeit als Fahrensmann auf den Vorderdecks großer Schiffe verbracht. Nachdem er fast gekentert wäre, rammte er mit voller Wucht die Kaimauer und zertrümmerte dabei den Bug des Bootes.

Dafür nahm er dann Jack mit auf die Jacht »Idler«, die bei den Walfängern in der Bucht lag und von der man sich erzählte, sie sei wegen Opiumschmuggels zwischen den Sandwich-Inseln und den USA beschlagnahmt worden. Als Aufsichtsperson war nur ein braungebrannter, neunzehnjähriger Bursche an Bord, der auf einem der Walfänger anheuern wollte und auf einen frei werdenden Platz als Harpunierer wartete. An Bord des Schiffes waren alle notwendigen seemännischen Ausrüstungsgegenstände wie Ölzeug, Gummistiefel, Seekarten und Signalflaggen und auch ein an die Wand gehefteter Kalender mit Abbildungen nautischer Meßgeräte.

Und dann fing die Trinkerei an! Die anderen zwei Burschen beschafften billigen schwarzgebrannten Fusel, und Jack mit seinen vierzehn Jahren goß das brennende Zeug durch die Kehle und hielt mit seinen Genossen mit, bis sie alle stockbetrunken waren. Während dann die anderen wie betäubt dalagen, ließ sich Jack in sein

Boot fallen und segelte in voller Fahrt grölend über die Bucht in Richtung Oakland. Es war gerade Ebbe und er lief weit vor dem Bootssteg auf Grund; er versuchte, sich mit einem Ruder abzustoßen, fiel jedoch in den Schlick, wo er sich an einem Pfahlstumpf eine klaffende Wunde holte. Die nächsten zwei, drei Tage fühlte er sich sterbenselend und krank, zog mit seinen Zeitungen umher, mühte sich bei Gelegenheitsarbeiten ab und schwor, nie mehr zu trinken – einen Schwur, den er noch oft ablegen sollte. Aber es erfüllte ihn auch ein Gefühl des Stolzes, denn immerhin hatte er mit zwei Männern getrunken, die das alles längst gewohnt waren, hatte mitgehalten und sie am Ende sogar übertroffen.

Als er fünfzehn war, ging das Leben auf den Straßen und Booten plötzlich für ihn zu Ende, denn die finanzielle Lage der Familie hatte sich weiter verschlechtert. Sie wohnten nun in einer alten Hütte nahe der Flußmündung zwischen verfallenen Baracken. John London, der gelegentlich als Nachtwächter gearbeitet hatte, war bei einem Unfall verletzt worden, und so mußte sich Jack eine feste Arbeit suchen, um mehr Geld zu verdienen. Er fand eine Stelle in Hickmotts Konservenfabrik in der Myrtle Street in West Oakland; das Gebäude bestand aus einem aufgelassenen Stall, und dort, in ungesunden und zugigen Arbeitsräumen, stand er nun jeden Tag mindestens zehn Stunden für einen Stundenlohn von zehn Cent über schlecht gewartete Maschinen gebeugt. Eine Anzahl anderer Jungen und Mädchen arbeitete auch in dieser Halle, und Arbeitsunfälle, die zum Verlust von Fingern führten, waren an der Tagesordnung. Wenn ein solcher Unfall passierte, wagten die anderen nicht hinzuschauen, aus Angst, durch die sekundenlange Unaufmerksamkeit das gleiche Schicksal zu erleiden. Jack erinnerte sich später auch an den Schmutz, der ständig in die Obstdosen fiel.

Da das Geld daheim dringend benötigt wurde, arbeitete er, solange er körperlich nur irgendwie durchhalten konnte und kam manchmal auf achtzehn oder zwanzig Stunden ohne Pause. Er berichtete, er hätte einmal sechsunddreißig Stunden hintereinander an seiner Maschine gearbeitet und manchmal bis zu fünfzig Dollar im Monat verdient. Fast alles, was er erhielt, gab er seiner Mutter ab, ging den Weg zur Arbeit und zurück zu Fuß und schlief nachts nur fünf Stunden, bevor Flora ihm die Bettdecke wegzog, um ihn aufzuwecken. Sein Leben glich dem eines Arbeitstieres und wurde ihm durch die Erbärmlichkeit seines Zuhause noch verhaßter. Er hatte keine Zeit mehr zum Lesen oder Segeln, hortete aber die wenigen Cents, die er von seinem Lohn behalten durfte und redete sich ein, dafür als Ersatz für sein altes, zertrümmertes Boot ein neues zu kaufen. Nach einigen Monaten hatte er fünf Dollar zusammengespart, doch eines Tages kam Flora in dem verzweifelten Bemühen, Geld aufzutreiben, an seinen Arbeitsplatz und verlangte ihm das Ersparte ab.

Die Zeit in der Konservenfabrik und die Beendigung seiner dortigen Tätigkeit sollten ihm Stoff für ›The Apostate‹ (›Der Ausreißer‹), eine außergewöhnliche Kurzgeschichte, liefern. Als Jack schließlich dieser Quälerei entfloh, verbrachte er erst einmal einen Tag auf seinem Boot in der Bucht, wo er seit langer, ihm wie eine Ewigkeit erscheinender Zeit nicht mehr gewesen war, und dort dachte er über seine Lage nach; er wußte, daß kein Pferd in Oakland so schwer arbeitete wie er, und dabei war er erst fünfzehn Jahre alt! Anders als der Junge in seiner Kurzgeschichte ›Der Ausreißer‹ war er bereit, weiterhin für seine Familie zu sorgen, aber er mußte einfach dieser betäubenden, unmenschlichen Schinderei in der Fabrik entkommen. Er wollte zur See fahren, und es war ihm egal, ob es dabei zu Besäufnissen oder krummen Touren käme, solange er nur Geld verdienen konnte. Jack war bereit, in »eine ebenso verderbenbringende, aber viel verlockendere Hölle hinabzusteigen«, wie Charmian es ausdrückte.

Seit einigen Jahren war in der Bucht von San Francisco die Austernräuberei gang und gäbe. Bis zum Bau der transkontinentalen Eisenbahnlinie waren die kalifornischen Austern verpönt gewesen; danach aber wurden die jungen Austern der geschätzten Atlantiksorten von den Eisenbahngesellschaften in eigener Regie nach Kalifornien transportiert, dort im Schlamm der Bucht ausgesetzt und später zu hohen Preisen an der Westküste verkauft. Im Jahre 1890 wurde das Austerngeschäft von ein oder zwei Gesellschaften kontrolliert, und Austernräuberei war das natürliche Ergebnis dieser Monopolstellung. Die Austernpiraten kamen aus Europa, Skandinavien, dem Mittelmeerraum und auch aus Amerika selbst; sie mußten Seeleute sein, die sehr geschickt mit ihren kleinen Booten umgehen konnten und die mutig bis zur Verwegenheit waren, denn wenn sie erwischt wurden, waren sie dem bewaffneten Wachpersonal und der Fischereischutz-Patrouille gnadenlos ausgeliefert. Andere, selbstgewählte Feinde waren die chinesischen Fischer, die von ihnen mutwillig angegriffen wurden. Bei den üblichen Trinkgelagen und Schlägereien verloren viele ihr Leben, aber ganze Bootsladungen mit Austern, die im Morgengrauen den Händlern an den Stadtkais verkauft wurden, waren ein verlockender Preis.

Jack zog gerade Erkundigungen über die Austernpiraterie ein und kalkulierte durch Gegenüberstellen von Einnahmen und Ausgaben, wie er es sich seit zwei oder drei Jahren angewöhnt hatte, wieviel er dabei verdienen könnte, als er erfuhr, daß French Frank, ein Mann in den Fünfzigern mit stadtbekanntem Ruf, seine Schaluppe »Razzle Dazzle« für dreihundert Dollar verkaufen wollte. Entschlossen, diese Gelegenheit zu ergreifen, ging Jack zu seiner alten Kinderfrau Mammy Jenny Prentiss, deren Haus für ihn noch immer eine gelegentliche Zufluchtsstätte war, wo er jederzeit warmherzig aufgenommen wurde. Auf seine Frage, ob sie ihm das Geld leihen könne, gab sie ihm ohne Zögern das während ihrer Tätigkeit als Krankenpflegerin ersparte Geld in Zwanzig-Dollar-Goldstücken. Ein paar Tage später ruderte er an einem Sonntag zur »Razzle Dazzle« hinaus, machte den Kauf perfekt und gesellte sich dann der Gruppe um French Frank, Whisky Bob, Spider Healey und zwei Mädchen mit Namen Mamie und Tess zu, die gerade Rotwein in sich hineingossen. Am nächsten Morgen wurde dann der Kaufvertrag aufgesetzt und unterzeichnet, und damit war Jack London Herr über ein eigenes Schiff. Sein Zuhause war nun eine kleine Kajüte, die den Geruch von Tabak, »roter Farbe« – d. h. eingedickten, wertlosen Überresten aus Weinbottichen – und Romantik ausströmte. Er war Austernpirat geworden.

Es liegt nahe, zu sagen, daß er damit seine Kindheit abgeschlossen hatte und zum Mann geworden war, und doch träfe diese Annahme nicht zu. Wollte man einen solchen Trennungsstrich ziehen, so könnte er bei Jack genausogut in der Zeit liegen, als er in den Straßen von Oakland begann, Zeitungen zu verkaufen oder als er in der Konservenfabrik zu arbeiten anfing. Mit dem Erwerb der »Razzle Dazzle« wurde Jack aufgenommen in die Gemeinschaft der Männer und ihre Welt, in der sexuelle Erfahrungen, übermäßiges Trinken und rohe Abenteuer mit einem Schlag Teil seines Lebens wurden. In Wahrheit jedoch hatte Jack kaum eine Kindheit gekannt, war einsam gewesen und hatte neben Mammy Jennys Zuneigung kaum Liebe erhalten; er wurde zu Vergnügungen und Arbeiten getrieben, die auf Erwachsene zugeschnitten waren; er trug die Verantwortung für eine Familie und errechnete Plus und Minus ihrer Haushaltsfinanzen – schon mit zehn Jahren war er erwachsen. In seinem Brief an Mabel Applegarth über die »Pflicht« vermerkt er: »Ich habe keine Kindheit gekannt«, und weiter unten: »Ich durfte nie Kind sein und es hat den Anschein, als jagte ich noch immer jener verpaßten Kindheit nach.«

Den Titel »Prinz der Austernpiraten«, auf den Jack sein Leben lang stolz war, erhielt er, weil Mamie, die Königin der Austernpiraten, auf seinem Boot Einzug hielt und ihn damit zum einzigen Skipper mit einer Frau an Bord machte. An seinem ersten Tag auf der »Razzle Dazzle« liebten sie sich während der Party auf dem Dach der Kajüte, und als er Besitzer des Bootes wurde, war es für sie selbstverständlich, bei ihm auf dem Boot zu bleiben.

Sie war sechzehn und bis zu diesem Zeitpunkt die Freundin von French Frank gewesen. »Mamie« war ein Name, den Jack ihr gegeben hatte, und als er später Charmian von seinem Leben mit ihr erzählte, verriet er ihr, daß er seine ersten sexuellen Erfahrungen schon vorher mit einer Frau gemacht hatte, die »viel älter war als ich«. Es gibt keinen weiteren Hinweis auf diese Frau, und es ist wahrscheinlich, daß es jemand war, den er auf seinen Streifzügen durch die Straßen und Kneipen von Oakland getroffen hatte. Mamie wurde von Jacks Jugend und Vitalität angezogen, die nach einem Mann wie French Frank so frisch erscheinen mußten. Sie war hübsch und sehr reif für ihr Alter – »Treibgut des Hafens«, dessen Kindheit schnell praktischer Lebensweisheit hatte weichen müssen. In der winzigen Kabine schuf sie für beide ein Heim, während French Frank vor Eifersucht schäumend zusah.

Bereits in der ersten Nacht als Herr der »Razzle Dazzle« nahm Jack an seinem ersten Raubzug teil. Er und die zwanzigjährige Hafenratte Spider Healey waren die ganze Crew, und sie schlossen sich der Flotte von Big George, Clam, Nicky dem Griechen und Young Scratch Nelson an; dieser war der Sohn von Old Scratch, so genannt, weil er in Schlägereien anderen Männern das Gesicht völlig zerkratzt hatte. Alle waren mit Revolvern bewaffnet, und als sie die Austernbänke erreicht hatten, füllten sie Sack um Sack. Im Morgengrauen raste Jack dann mit den anderen zurück, um die Beute auf dem Morgenmarkt zu verkaufen. Die Arbeit einer Nacht hatte ihm so viel eingebracht wie drei Monate Arbeit in der Konservenfabrik.

Er zahlte sofort einen Teil des ihm von Mammy Jenny geliehenen Geldes zurück und gab Flora fast den ganzen Rest. Weitere solcher Nächte folgten, mit Abenteuern und mehr Geld, als er je zu träumen gewagt hatte. French Frank, dessen Eifersucht er ungläubig abgetan hatte, versuchte einmal während eines Sturmes, ihn zu rammen, aber

Jack hielt seinen Kurs und bediente das Steuerrad mit den Füßen, während er ein doppelläufiges Gewehr auf den Franzosen richtete, um ihn auf Distanz zu halten. Eines Nachts brachte er die »Razzle Dazzle« mit dem größten Fang der ganzen Piratenflotte zurück, und ein anderes Mal kam Jacks Schiff im morgendlichen Rennen um den besten Platz beim Morgenmarkt ohne Ruder, aber als erstes an. Und dabei war er kaum sechzehn, der jüngste von allen!

Als er das geliehene Geld zurückgezahlt und für seine Familie gesorgt hatte, blieb es unausweichlich, daß Jack seine hohen Einnahmen zu vertrinken begann. Aufgrund seiner Tüchtigkeit als Seemann und seiner Furchtlosigkeit wurde er schnell akzeptiert, um aber als Mann unter Männern zu gelten, mußte man maßlos trinken können. Jack mochte den Geschmack des Branntweins eigentlich gar nicht und verband eine unangenehme Erinnerung an frühere Erfahrungen damit, aber er war entschlossen, wie bei allem anderen, auch im Trinken seine neuen Kameraden zu übertreffen. Einer seiner stolzesten Augenblicke war, als er erfuhr, daß die Geschichte seiner Sauftour mit einem der größten Trinker des Hafenviertels die Runde gemacht hatte; überall erzählte man sich, er habe »den ganzen Nachmittag mit Old Scratch gesoffen«.

Der Treffpunkt für alle Männer im Hafen war Johnny Heinholds Kneipe »First and Last Chance« in der Webster Street. Jack betrat sie zum ersten Mal an jenem Montagmorgen, als er die »Razzle Dazzle« von French Frank gekauft hatte; einen Fuß auf dem mit Sägemehl bestreuten Boden, den anderen auf der Messingstange der Theke, so kippte er in Gesellschaft der anderen Männer einen Whiskey nach dem anderen hinunter. Während der Monate als Austernpirat wurde Heinhold sein Freund, der ihn warnte, wenn er dabei war, zuviel zu trinken und ihm Kredit gab, wenn er knapp bei Kasse war. Das Zechgelage einer einzigen Nacht kostete Jack hundertfünfzig Dollar, und doch lieh er sich immer noch Abenteuerbücher in Miss Coolbriths Bücherei aus und verbrachte Stunden damit, sie in seiner Kajüte zu lesen.

Eines Tages wurde die »Razzle Dazzle« mutwillig zerstört. Die Angaben zum Hergang sind nur knapp und weichen voneinander ab; es wurde von einer Sauforgie und einer Schlägerei der ganzen Flotte auf den Sandbänken gegenüber dem Hafen von Oakland gesprochen und davon, daß Scotty das Großsegel des Bootes verbrannte. Jack scheint gegenüber Charmian keine Erklärung dazu abgegeben zu haben. Überhaupt war er zu jener Zeit anscheinend in eine Phase der Zerstörungswut geraten, in der ihm alles ziemlich gleichgültig war. Wir wissen nicht, ob dieser Zustand bei ihm plötzlich einsetzte oder ob sein Leben als Austernpirat und sein Trinken zu dieser Entwicklung führten. Sätze wie »Monate gingen vorbei«, die so gerne in Biographien verwendet werden, können leicht täuschen. Auch wissen wir nicht, wie er und Mamie, die Königin der Austernpiraten, auseinandergingen oder wie sich in Wahrheit die Mehrzahl dieser Dinge abspielte. Als Jack und Charmian 1909 Scotty in Melbourne trafen, behauptete dieser steif und fest, Jack hätte das Großsegel selbst verbrannt. Die aufgegebene »Razzle Dazzle« wurde von einer rivalisierenden Austernpiratenbande gestürmt, ausgeplündert und Wind und Wellen preisgegeben.

Sein Hang zur Zerstörung hielt auch in der folgenden Zeit an, als er Nelsons Partner auf dessen Boot »Reindeer« wurde. Da sie beide pleite waren, liehen sie sich das Geld für Ausrüstungsgegenstände von Johnny Heinhold (als Jack dann später die Überreste der »Razzle Dazzle« auffand, bekam er noch zwanzig Dollar dafür). Zwar sprach er von seinem Leben mit Nelson immer als von einer Zeit voller Abenteuer, doch in Wirklichkeit ging es nun mit ihm bergab. Mit der »Reindeer« unternahmen sie wilde Segelfahrten von einem Ende der Bucht zum anderen, handelten, als ob sie den Tod herausfordern wollten, steuerten oft haarscharf am Untergang vorbei und liefen bei gefährlichen Flutständen aus. Seine Familie unterstützte Jack nicht mehr, denn das Geld, das er und Nelson verdienten, ging für ausgedehnte, heftige Trinkgelage drauf, die in der Bucht von San Francisco Tagesgespräch wurden. Eines Nachts schlossen sie sich einer politischen Kundgebung an, weil es dort Whiskey gratis gab, und am nächsten Tag erwachte Jack in einer Hafenabsteige, nachdem man ihn in total betrunkenem Zustand zusammengeschlagen hatte.

Beide hatten nun die Nase voll von dieser Art Leben. Nelson entschloß sich, nach Oakland zurückzukehren; kaum zwei Jahre später war er tot – man hatte ihm eine Kugel in den Kopf gejagt. Jack blieb in Benicia, faulenzte, betrank sich und verdiente ein paar Dollar mit Lachsfischen. Nach einiger Zeit begann er, als Hilfspolizist für die Fischereischutz-Patrouille zu arbeiten, da er offensichtlich mit anderen Wachleuten der Patrouille in Kontakt gekommen war, aber der zeitliche Ablauf der Ereignisse ist wiederum ungenau. In einem Brief, den er 1903 an einen Verleger über die Erlebnisse schrieb, die den Erzählungen ›Tales of the Fish Patrol‹ (›Geschichten von der Fischpatrouille‹) zugrunde lagen, hieß es: »... und als wir, dieser Nelson und ich, später mit der ›Reindeer‹ und einer Ladung Austern in Benicia oben waren, kam jemand von der Fischereischutz-Patrouille auf uns zu, machte uns einen Vorschlag, an dem wir Gefallen fanden, und dann nahmen wir mit der ›Reindeer‹ einige Monate lang an den Razzien gegen die Raubfischer teil.« An anderen Stellen seiner Erinnerungen an diese Zeit taucht Nelson jedoch nicht auf, und es scheint, als ob Jack den Ablauf der Geschichte änderte, um das Ganze dadurch glaubhafter erscheinen zu lassen.

Dieser Posten beim Polizei-Hilfsdienst war keineswegs ein offizieller; es gab reguläre, von der staatlichen Aufsichtsbehörde ernannte und bezahlte Polizeistreifen, während die Hilfspolizisten nicht fest angestellt waren und nur einen prozentualen Anteil – möglicherweise die Hälfte – der Geldbußen als Entlohnung erhielten, mit denen die Gesetzesbrecher belegt wurden. Die Fischpatrouille war 1883 ins Leben gerufen worden. Offiziell war es ihre Aufgabe, dem Rückgang der Lachse und anderer Fische an der kalifornischen Küste Einhalt zu gebieten, aber der wirkliche Grund für ihren Einsatz waren die Probleme mit den chinesischen Einwanderern. Einem Bericht der Fischerei-Kommission aus dem Jahre 1886 zufolge betrieben in dem Gebiet der Bucht von San Francisco schätzungsweise nahezu zweitausend Chinesen Fischfang, vor allem auf Garnelen und Störe. Ihnen wurde der Großteil des illegalen Fischfangs angelastet, und in Jacks Geschichten erscheinen wiederholt Chinesen als die Bösewichte. Zu den von der Fischpatrouille verfolgten Gesetzesübertretungen gehörte jedoch auch die Austernräuberei, und Jacks Bereitwilligkeit, bei dieser ihm so vertrauten Sache auf die Seite des Gesetzes umzuschwenken, läßt wiederum die Frage aufkommen, ob er sich von der Bande der Austernpiraten abgesetzt oder sich mit ihnen überworfen hatte.

Obwohl er nun wieder in der Bucht herumkreuzte und Aufregendes erlebte, war seine Aktivität bei der Patrouille sporadisch und ohne Disziplin. Immer noch verbrachte er viel Zeit in den Hafenkaschemmen und behauptete später, er wäre einmal drei Wochen lang betrunken gewesen: »Damit meine ich, daß ich buchstäblich einundzwanzig Tage und Nächte lang nicht einen einzigen nüchternen Atemzug getan habe.« Nach dieser Ausschweifung unternahm er dann einen Selbstmordversuch. Gegen ein Uhr nachts, als er seine Schaluppe am Pier von Benicia festmachen wollte, fiel er ins Wasser, und eine starke Strömung trieb ihn der offenen See zu; er überließ sich den Fluten und beschloß, darin den Tod zu suchen. Um die Sache zu beschleunigen, streifte er bei Dead Man's Island seine Kleider ab und begann zu schwimmen, um nicht zwischen die Pfähle der Anlegestelle für die Dampfboote getrieben zu werden. In der Mitte der Stromrinne legte er sich mit dem Rücken aufs Wasser, betrachtete die Sterne und sang voller Selbstmitleid.

Das kalte Wasser ließ ihn nach und nach wieder etwas nüchterner werden, und vor Tagesanbruch war der Junge bei dem Gedanken ans Ertrinken einer Panik nahe. Fast war es schon zu spät, als er erschöpft und bereits Wasser schluckend von einem vorbeifahrenden Fischer entdeckt und herausgezogen wurde.

Nach dieser Episode verstärkte sich seine Niedergeschlagenheit noch. Er gab den Dienst bei der Fischereischutz-Patrouille auf und wanderte nach Oakland zurück. Auf diesem Weg traf er eine Gruppe Straßenjungen, junge Landstreicher, die im Fluß bei Sacramento badeten. Es waren besonders abgebrühte Burschen, deren Lebensschicksale dem seinen sehr ähnlich waren, denn auch sie kamen aus armseligen oder sonst wenig angenehmen Elternhäusern und waren gleichfalls nicht bereit, Schinderei und Zwänge einer Fabrikarbeit auf sich zu nehmen. Jack blieb einige Wochen bei ihnen und wurde »Sailor Kid« getauft. Während dieser Zeit schnappte er ihre Geschichten und ihre Ausdrucksweise auf und zog dann weiter, zurück in die vertraute Hafengegend. In Oakland traf er Nelson wieder, aber außer dem Wunsch nach einem Drink gab es nur noch wenig Gemeinsames zwischen ihnen.

Von gelegentlichen Aushilfsjobs abgesehen, arbeitete er nicht und schloß sich Straßenbanden an, die in West Oakland ihr Unwesen trieben. Später tat er diesen Abschnitt seines Lebens kurzerhand als Beispiel für den lasterhaften Hang von Großstadtmenschen ab, in Horden aufzutreten; aber die Tatsache bleibt bestehen, daß er damals dieser Art von Leben verfiel. Genau betrachtet, vermochte er sich nicht einmal in das Bandenleben einzuordnen; er war, wie seine Tochter schrieb, »nicht fähig, in irgendeiner Gruppe nur ein einfaches Mitglied zu sein«. Die Isolation, an die er sich gewöhnt hatte, machte es ihm unmöglich, ein Leben in einer Gemeinschaft mit anderen zu führen. Einerseits träumte er von Eroberungen und hatte auch immer alles gemeistert, was er bisher versucht hatte, konnte sich aber andererseits nicht mit den Voraussetzungen sozialer Beziehungen zu gleichberechtigten Partnern abfinden, ja, sie vielleicht nicht einmal verstehen.

Wenn er das Geld dazu hatte, trank er gewöhnlich, und er hätte leicht in Hafenschlägereien umkommen können, was bei Leuten, die einen solchen Lebenswandel führten, nicht selten vorkam. Gelegentlich besuchte er seine Familie, die nun in einer Hütte am Clinton-Bahnhof hauste, welche zusammen mit anderen Baracken aus dem Bauholz abgerissener Gebäude aus der Gegend des Badger Parks errichtet worden war, wo Jack einmal in einer Kegelbahn gearbeitet hatte (das Gebiet wird in ›Martin Eden‹ [›Martin Eden‹]

erwähnt und heißt dort »Weasel Park«). Gegen Ende des Jahres 1892 riß sich Jack dann plötzlich wieder zusammen; möglicherweise war ein uns nicht überlieferter Vorfall die Ursache dafür, aber wahrscheinlicher ist, daß er die Schäbigkeit seiner Situation erkannte und die Notwendigkeit sah, aus dieser Lage herauszukommen.

Zu jener Zeit überwinterte eine Robbenfänger-Flotte in der Bucht von San Francisco, und er pflegte Umgang mit den Männern der Besatzungen. Pete Holt, einer der Robbenfänger, versprach Jack, ihn als Ruderer mitzunehmen. So kam es, daß er an seinem siebzehnten Geburtstag auf einem herrlichen Dreimastschoner anheuerte, den er »Sophie Sutherland« nannte. Einige Tage später war er an Bord und fuhr durch das Golden Gate von San Francisco hinaus aufs Meer mit Kurs auf die japanische Küste und die Beringsee.

Die »Sophie Sutherland« (im offiziellen Handelsschiffregister erscheint ihr Name als »Sophia Sutherland«) hatte keinen Alkohol an Bord, und die Löhne sollten am Ende der sieben Monate dauernden Fahrt ausbezahlt werden. Obwohl er ohne jede Erfahrung auf größeren Schiffen war, hatte Jack als Vollmatrose angeheuert, denn er war zuversichtlich, in kürzester Zeit alles Notwendige zu lernen. Trotzdem verhielt er sich vorsichtig, da er einige Vorbehalte wegen seiner Jugend spürte und wußte, daß falsche Schritte oder Ungeschicklichkeiten sein Ansehen bei den anderen Vollmatrosen auf das eines Fußabstreifers reduziert hätten.

Zugleich wußte er, daß er klüger und anpassungsfähiger als die meisten von ihnen war – und fähig, sich in einem Kampf zu behaupten, falls es dazu kommen sollte. Wenn sie ihn kritisch beobachteten, mußte er ihnen jederzeit einen Sprung voraus sein. Er machte seine Arbeit gut und spürte die Abwehrmauer fallen. Streitereien, die oft mit den Fäusten ausgetragen wurden, hörte er sich an, vermied es aber, sich einzumischen. Der Zwischenfall jedoch, der ihm die volle Anerkennung verschaffte, war ein Kampf mit einem riesigen Schweden, den sie Red John nannten.

Der Schwede war ein größerer Raufbold als der Rest, immer auf der Suche nach Streit. An jenem Tag war er mit Putzen dran, mit dem Saubermachen der Mannschaftsquartiere. Jack saß gerade auf seiner Koje und fertigte eine Garnmatte an, um sie Eliza mitzubringen, als Red John ihm einen Befehl zuschrie und ihm, als dieser nicht befolgt wurde, ins Gesicht schlug. Jack ging auf ihn los; die anderen kletterten in ihre Kojen, um zuzusehen. Den riesigen, schwingenden Fäusten ausweichend, sprang Jack den anderen an, saß ihm plötzlich auf den Schultern, umklammerte mit den Beinen dessen Hals und bohrte – vielleicht weil er sich an Old Scratch erinnerte – seine Finger in Augen und Gurgel des Schweden. Sein Gegner schmetterte ihn wieder und wieder gegen die Balken und richtete Jacks Kopf und Schultern dabei übel zu. Aber seine peinigenden Finger waren stärker und Red John mußte nachgeben, während Jack brüllte: »Du sollst mich in Ruhe lassen! Hörst Du? Hörst Du das?«

Von diesem Zeitpunkt an war er einer von ihnen: »Es war mein Stolz, daß ich als einer der ihren voll und ganz akzeptiert wurde. Von da an war alles wunderbar und die Fahrt versprach, glücklich zu verlaufen.« Und so war es. Sie sahen einundfünfzig Tage lang kein Land, bis sie die Bonin-Inseln erreicht hatten (heute Ogasawara Jima genannt), wo die Robbenfänger ihre Fahrt unterbrachen, um Wasser aufzunehmen und Reparaturarbeiten durchzuführen, bevor es nordwärts auf Jagd ging. Jack war begeistert und entzückt. Kanus und Sampans lagen im Hafen und dahinter waren die Berge, umgeben von tropischer Vegetation: Es war alles so, wie es ihm seine Bücher aus der Leihbibliothek versprochen hatten. Mit einem schwedischen Seemann namens Victor und Axel, einem Norweger, schmiedete er Pläne, wie sie die zehn Tage im Hafen mit Erkundungszügen, Fischen und Bergsteigen verbringen könnten.

Zuerst jedoch hatten sie vor, einen Drink zu nehmen – einen einzigen. Wie in allen früheren Fällen sollte Jack auch diesmal sagen: »Ich wollte eben ein guter Kerl und guter Kamerad sein!« Die Berge und die Palmen erreichten sie nie; statt dessen wurde die Zeit mit dem Saufen von Sake und gepanschtem Whiskey verbracht, in Gesellschaft der zierlichen, puppengleichen japanischen Straßenmädchen. Eines Nachts zertrümmerten er und seine Gefährten ein Vergnügungslokal, als sie durch die Papierwände krachten. In der Hoffnung, derartige Vorfälle zu unterbinden, versuchten die Behörden durchzusetzen, daß alle Seeleute bis Sonnenuntergang auf ihre Schiffe zurückzukehren hatten. Nach einer Sauftour mit einer Gruppe Matrosen von den kanadischen Robbenfängern endete Jack schließlich unter freiem Himmel, wo er bis aufs Hemd ausgeplündert und stockbetrunken auf der Türschwelle der Ehefrau des japanischen Hafenlotsen zurückgelassen wurde.

Als sie die Bonin-Inseln verlassen hatten, gab es drei Monate lang anstrengende Arbeit. Nachdem sie ihren Ankerplatz in den Robbengründen gefunden hatten, ruderte Jack die Boote der Fänger durch die grauen, nebligen Bering-Gewässer und beteiligte sich am Abhäuten der Robben und Einsalzen der Häute. Das Deck war jeden Tag mit Fett und Blut bedeckt und sah aus wie ein Schlachthaus. Die Männer wetteiferten miteinander um die Anzahl der Häute, die sie bis zum Ende der Saison zum Einsalzen fertig hatten. Das Grausame der Tätigkeit erzeugte grausame Späße. Einmal schleppten mehrere von ihnen eine abgehäutete Riesenrobbe zum Vorderdeck und legten sie in die Koje von Long John, der immer nackt schlief. Sie lagen da und beobachteten ihn, wie er seine Kleider auszog, sich hineinschwang und gegen den schleimigen, blutigen Kadaver prallte; außer sich vor Wut, versuchte Long John einen Kampf gegen die gesamte Mannschaft des Vorderdecks.

Mit einem großen Fang lief die »Sophie Sutherland« auf ihrem Rückweg in Yokohama ein. Es war die größte Stadt, die Jack jemals gesehen hatte, mit riesigen Docks und modernen Gebäuden überall und einer Bevölkerung von nahezu einer Viertelmillion, welche um so erstaunlicher auf ihn wirkte, als das Bild, das die Kalifornier von Japanern und Chinesen hatten, von mongolischen Wäschereiangestellten, Köchen und Kulis stammte, von halb komischen und halb unheimlichen Einwanderern aus abgelegenen Provinzen. Die »Sophie Sutherland« wurde blitzblank geputzt, bevor irgendein Mann an Land durfte. Dann endlich konnte es losgehen; sie nahmen sich Rikschas und steuerten eine japanische Schenke an. Die zwei Wochen in Yokohama verliefen nicht anders als die zehn Tage auf den Bonin-Inseln: Jack sah nichts außer den Seemannskneipen. Ein Heldenstück machte ihn für einige Tage berühmt; von der Hafenpolizei gejagt, stürzte er sich ins Hafenbecken und schwamm eine Meile zurück zur »Sophie Sutherland«. Die Polizisten trugen ihn als ertrunken ein und fielen aus allen Wolken, als sie ihn am nächsten Tag wieder lebendig vor sich sahen.

Während sie nach San Francisco zurücksegelten, stand für Jack bereits fest, was er in Zukunft machen würde. Die Monate auf See hatten eine sehr heilsame Wirkung auf ihn ausgeübt, und seine Niedergeschlagenheit war verflogen; gestärkt und in glänzender körperlicher Verfassung fühlte er sich unternehmungslustiger als je zuvor. Während der Seereise hatte er auch eine Menge Bücher gelesen, da er aus der Bücherei und aus Miss Coolbriths Privatsammlung einen ganzen Stapel mitgenommen hatte. Während die anderen Mitglieder der Mannschaft schliefen, las er mit einer kleinen Lampe in der Hand Melville, Flaubert und ›Anna Karenina‹. Pete Holt wollte ihn auch auf der »Mary Thomas« als Rudermann dabeihaben, aber Jack musterte ab (die »Mary Thomas« stach planmäßig in See und wurde nie mehr gesehen).

Im Hafen angekommen, verließ Jack seine Schiffskameraden, die ihre Heuer vertranken, und fuhr mit der Fähre nach Oakland zurück. Daheim traf er John London bei sehr schlechter Gesundheit und die Familie hoch verschuldet an. Von seiner Heuer kaufte er sich einen gebrauchten Mantel, eine Jacke und einen Hut sowie einige Hemden und etwas billige Unterwäsche; den Rest des Geldes gab er seiner Familie. Sein Ziel war es nun, seßhaft zu werden, eine Arbeit zu finden und zu studieren. Aber die Zeiten waren schlecht, denn 1893 war in den USA ein Jahr wirtschaftlicher Rezession, und Arbeitslosigkeit war weit verbreitet. Die einzige Arbeit, die er finden konnte, war an einer Maschine in einer Jutemühle für zehn Cent pro Stunde, also für den gleichen Lohn, den er als Fünfzehnjähriger in der Konservenfabrik erhalten hatte. Aber er hatte keine Wahl, denn das Geld wurde dringend gebraucht.

Jack fand sich ohne Groll mit seiner Arbeitssituation ab. In seinem 1905 veröffentlichten Aufsatz ›How I became Socialist‹ (›Wie ich Sozialist wurde‹) schreibt er, daß damals eine »orthodoxe, bürgerliche Moral« sein Denken bestimmt habe. »Die Würde der Arbeit war für mich das Eindrucksvollste, was es gab. Ohne Carlyle oder Kipling gelesen zu haben, entwarf ich eine Lobeshymne auf die Arbeit, die deren Lehren weit in den Schatten stellte. Arbeit war das Wichtigste, sie war Segen und Erlösung.« Natürlich übertrieb er dabei, aber ohne Zweifel war er stolz auf seine Fähigkeit zu schwerer körperlicher Arbeit. Er schien damals Befriedigung in einem angepaßten Lebensstil zu suchen; so verkehrte er im CVJM, um mit ernsthaften jungen Männern zusammenzutreffen, und begann – fast als Perversion, als Kontrast zu Mamie, der Königin, und den kleinen Japanerinnen – eine scheue seelenvolle Freundschaft mit einem Mädchen, das er auf einer Veranstaltung der Heilsarmee kennengelernt hatte.

Während dieser Zeit, da sein Verhalten so gar nicht seinem bisherigen Lebensstil glich und er sich eine neue Lebensweise angewöhnen wollte, schrieb Jack seine erste Erzählung, die ausgerechnet ein Erlebnis aus seinem jüngst vergangenen Leben schilderte und die auch wirklich veröffentlicht wurde! Die Zeitung ›Morning Call‹ in San Francisco hatte Wettbewerbe für Amateurschriftsteller ausgeschrieben, und Flora entdeckte eines Tages eine Anzeige, in der für die beste eingesandte Erzählung ein Preis von fünfundzwanzig Dollar ausgelobt wurde. Was sie auf die Idee brachte, daß Jack sich daran beteiligen könnte, ist nicht leicht auszumachen. Vielleicht erinnerte sie sich an den flüssigen Schreibstil von Professor Chaney, möglicherweise aber dachte sie auch nur an die ausgeschriebenen fünfundzwanzig Dollar. Jedenfalls drängte sie Jack hartnäckig, teilzunehmen, und schlug ihm vor, doch etwas über ein Erlebnis während seiner Fahrt auf der »Sophie Sutherland« zu schreiben.

Zuerst war Jack gar nicht von dem Gedanken begeistert, da er nach dreizehn Stunden Arbeit in der Jutemühle abends todmüde war; dann aber erinnerte er sich an ein Erlebnis, und als es am nächsten Morgen Zeit zum Frühstücken war, saß er immer noch am Küchentisch und schrieb.

Die Wettbewerbsbedingungen schrieben eine Höchstzahl von zweitausend Worten vor; Jack schrieb jedoch viertausend, verbrachte den nächsten Abend mit Kürzen und einen weiteren mit der Reinschrift. Flora, die ja für dieses Unternehmen zuständig war, nahm dann das Manuskript in ihre Obhut und lieferte es im Büro des ›Morning Call‹ ab. Durch einstimmige Entscheidung der fünf Jurymitglieder gewann die Geschichte eines Taifuns vor der japanischen Küste von Jack London, 17 Jahre alt, den ersten Preis. Das Gesamturteil im ›Morning Call‹ lautete: »Das Auffallendste sind die Spannweite der Erzählung und die durchgehend starke Ausdruckskraft, die der junge Künstler zeigt.« Der zweite und dritte Preis ging an Studenten der Universitäten von Stanford und Kalifornien.

Am 12. November 1893 wurde die Geschichte im ›Morning Call‹ veröffentlicht – in redigierter Form allerdings und damit wahrscheinlich auch ihrer Frische und Lebendigkeit beraubt, da, auf die Empfehlung der Preisrichter hin, die von Jack gewählte Präsensform in die Vergangenheit gesetzt wurde. Dennoch wirkt die Geschichte auch heute noch ausdrucksstark und lebendig, weil alles darin Beschriebene noch frisch in Jacks Gedächtnis verhaftet war. John und Flora London waren über das Ergebnis hocherfreut, und John kaufte einen ganzen Stapel der entsprechenden Ausgabe des ›Call‹, während Flora über den Erfolg ihres Unternehmens frohlockte. Jack war schrecklich erregt – sein Traum, dem Helden des Buches ›Signa‹ nachzueifern, fing an, wahr zu werden. Er verbrachte weitere Abende am Küchentisch und schrieb noch eine Geschichte über Seeabenteuer, die er ebenfalls an den ›Call‹ schickte. Nach Beendigung des Wettbewerbs hatte der Herausgeber jedoch keine Verwendung mehr für Material dieser Art und sandte das Manuskript zurück.

Sicher ist es der Mühe wert, den Ursachen für diesen bedeutsamen, unerwarteten Erfolg nachzuspüren. Als Kind zeigte Jack große Begeisterung für Geschichten, und man sagte ihm nach, er hätte Erlebtes gewandt wiedergeben können. Er selbst behauptete immer, daß ein Zwischenfall in der Schule ihm im Alter von zwölf Jahren den ersten Anstoß zum Schreiben gegeben hatte. Er kam mit der Musiklehrerin nicht gut aus, und einmal schickte sie ihn zu Mr.

Garlick, den Direktor. Dieser ordnete an, daß Jack in Zukunft während der Zeit der Musikstunden besser Aufsätze schreiben sollte; obwohl nicht sicher ist, ob diese Anweisung als Strafe oder Tadel gemeint war, müssen ihre Folgen für Jacks späteres Schreiben doch von unschätzbarem Wert gewesen sein.

Im Grunde jedoch hatte ihm schon seine Lektüre zu einem reichen Wortschatz verholfen und Möglichkeiten zu ausdrucksvoller Darstellung aufgezeigt, wovon er bisher nur noch keinen Gebrauch gemacht hatte. Dies war in seinem Gedächtnis haften geblieben, ohne daß er es aber einer kritischen Prüfung unterzogen hatte. Hätte Jack hingegen eine höhere Schule besucht, wäre er vermutlich zu einem konventionellen »guten Prosastil« angehalten worden und man hätte ihm klargemacht, daß der von ihm geliebte Schriftsteller Ouida nur drittklassig sei oder daß Jacobs[3] und andere bewunderte Autoren keine ernsthafte Beschäftigung verdienten. In dieser Hinsicht hatte Jack London mehr Glück, als er ahnte. Er erwarb für sein Werk einen Sprach- und Erfahrungsschatz, für den Amerika in seinem ungestümen Wandel – unter Umgehung der akademischen Traditionen – in kurzer Zeit reif sein sollte.

Für den Augenblick jedoch schwanden seine Erwartungen schnell dahin. Ein Notizbucheintrag aus jenen Tagen weist eine Ausgabe von dreißig Cent für Briefmarken und Umschläge aus, was darauf hindeutet, daß er sich um weitere Veröffentlichungen bemühte. Da ihm jedoch seine Anstrengungen offensichtlich hoffnungslos erschienen, fand er sich bald wieder mit der Arbeit in der Jutemühle ab, wo die Arbeitsbedingungen fast so schlimm waren wie früher in der Konservenfabrik: den ganzen Tag hindurch herrschte ohrenbetäubender Lärm, die Luft war mit aufgewirbelten Fasern verunreinigt, und an den Maschinen plagten sich verkrüppelte und schwindsüchtige Kinder. Jack ging nicht mehr in den CVJM, da ihm dessen ernsthafte junge Männer nach den Leuten, die er als Austernpirat und Seemann kennengelernt hatte, farblos erschienen. Seine Sonntagnachmittage verbrachte er mit seinem Freund Louis Shattuck, und gemeinsam bummelten sie durch die Straßen und hielten nach jungen Mädchen Ausschau.

Auf diesem Gebiet fühlte sich Jack sehr unbedarft. Zwar hatte er bereits sexuelle Erfahrungen gesammelt, aber über Mädchen wußte er bei weitem nicht so viel wie Louis, dem es gelang, ihre Aufmerksamkeit zu erregen und charmant mit ihnen zu plaudern. Er beneidete seinen Freund um die Selbstsicherheit, mit der dieser es verstand, seinen Hut vor hübschen Mädchen zu ziehen und dann mit ihnen gemeinsam die Straße hinunterzugehen. Jacks Sehnsucht, etwas Ähnliches zu erleben, führte damals zu einer Liebelei, die im wesentlichen daraus bestand, Briefe zu wechseln, verlegen-schweigsam auf Parkbänken zu sitzen und dort ein paar unschuldige Küsse auszutauschen, bis es für das Mädchen Zeit war, ihren Besuch in der Stadt zu beenden und nach Hause zurückzukehren. Doch die Vergangenheit ließ ihn nie ganz los. So wurde er eines Nachts von einer Frau angehalten, die er von früher kannte (Charmian hielt es für möglich, daß es Mamie, die Königin war) und die ihm eine Neuigkeit mitzuteilen hatte: sie hatte Young Scratch sterben sehen!

In der Jutemühle hatte man ihm eine Lohnerhöhung auf eineinviertel Dollar pro Tag versprochen, die er aber nie erhielt; so sah er sich nach einer Möglichkeit um, seine Lage zu verbessern, etwa durch das Erlernen eines Handwerks. Er dachte an eine Ausbildung zum Elektriker und ging deshalb zum Aufseher des Kraftwerks der Oaklander Straßenbahn und trug ihm seinen Wunsch vor, wobei er seine Bereitschaft betonte, ganz unten anzufangen. Wie er sich später glaubte zu erinnern, hieß dieser ungeheuer große, bedeutsame Mann mit weißem Backenbart »Grimm«. Jack wurde eingestellt und für dreißig Dollar im Monat beim Kohlenschaufeln eingesetzt.

Dort schuftete sich Jack ab und mußte bald Ledermanschetten um seine schmalen Handgelenke tragen, die im Vergleich zu seiner sonstigen Konstitution immer schon schwächlich waren. Auf dem Heimweg schlief er in der Straßenbahn ein, was sich während des Abendessens wiederholte, so daß ihn John und Flora an vielen Abenden ins Bett tragen mußten. Nachdem er mehrere Wochen in dem Kraftwerk gearbeitet hatte, erfuhr er schließlich die Wahrheit: er hatte die Arbeit von zwei Männern, von denen jeder vierzig Dollar pro Monat bekommen hatte, übernommen. Diese hatten jedoch die Schaufeln hingeworfen, da ihnen beiden zusammen die Arbeit zuviel gewesen war. Jack hielt noch eine Weile auf seinem Platz aus, um zu zeigen, daß selbst diese Schufterei ihn nicht umwerfen konnte. Dann kündigte er, ging heim und schlief vierundzwanzig Stunden durch, ohne aufzuwachen.

Seine Bemühungen, ein geregeltes Leben zu führen und sich anzupassen, waren damit gescheitert. Weder hatte er Gelegenheit gefunden, etwas zu lernen, noch einen gangbaren Weg gesehen, den er hätte einschlagen können. Wieder stiegen Zweifel und Unzufriedenheit in ihm hoch. Er verspürte eine heftige Abneigung gegenüber jener Art von Arbeit, die er bisher geleistet hatte (das Kohleschaufeln hatte ihn dazu verdammt, länger als ein Jahr Ledermanschetten an den Handgelenken zu tragen). Es ist auch möglich, daß Jack damals wieder zu trinken anfing. In ›The Cup of Fury‹ (›Zecherei des Wahnsinns‹), einer Geschichte, die den Alkoholmißbrauch attakkiert und die 1957 veröffentlicht wurde, erwähnt Upton Sinclair seine Beobachtung, derzufolge Jack mit »gewohnheitsmäßigem, durch die Arbeit bedingtem« Trinken begann, als er nach seiner Zeit als Austernpirat und seinen Abenteuern bei den Robbenfängern wieder anfing, in einer Fabrik zu arbeiten. Ob die zeitliche Abfolge stimmt, ist allerdings nicht sicher. Sinclair bezieht sich auf eine Tischansprache, die Jack 1905 hielt, und sieht Jacks arbeitsbedingtes Gewohnheitstrinken – »als der Samstagabend kam, war er total erschöpft und *wollte* sich betrinken« – in Verbindung mit seiner Tätigkeit in einer Dampfwäscherei, wo er allerdings erst zwei Jahre später beschäftigt war. Vielleicht stimmt beides, denn sowohl in der ersten wie in der zweiten Phase schien Jacks Wunsch, auszubrechen, auf übermäßiges Trinken zu folgen.

Jedenfalls ist es sicher, daß Jack wieder einmal bereit war, alles hinzuwerfen. Er spazierte am Hafen entlang und überlegte, wie er wieder zur See fahren könnte. Es besteht kein Zweifel, daß er dies auch getan hätte, wenn nicht etwas anderes seine Aufmerksamkeit erregt hätte. Man schrieb April 1894. Die wirtschaftliche Rezession hatte sich weiter verschlimmert, und eine Armee von Arbeitslosen wurde zu einem Marsch auf Washington zusammengetrommelt. In mehreren amerikanischen Städten, darunter Los Angeles und San Francisco, wurden Abteilungen unter selbsternannten »Generalen« zusammengestellt. In Oakland übernahm der Schriftsetzer und Arbeiterführer Charles Kelly die Führung und verlangte für seine Anhänger freien Bahntransport nach Sacramento. In vielerlei Hinsicht war dies eine günstige Gelegenheit, wie Jack sie suchte; außerdem bot sich hier die Möglichkeit, die Städte an der Ostküste Amerikas kennenzulernen. Mit zehn Dollar in der Tasche, die ihm Eliza zugesteckt hatte, stürzte er deshalb los, um sich dem Zug anzuschließen.

Die Armeen der Arbeitslosen waren Protestbewegungen, die nur eine Seite der durch die wirtschaftliche Rezession hervorgerufenen Verzweiflung darstellten. Landwirtschaft und Industrie waren zum Erliegen gekommen und Banken hatten schließen müssen; allein in San Francisco waren fünfunddreißigtausend Menschen ohne Arbeit. Die Armeen der Arbeitslosen besaßen die volle Unterstützung der aufgebrachten und verarmten Bauern, was noch durch den gemeinsamen Haß auf die Southern Pacific-Eisenbahngesellschaft verstärkt wurde.

Ihre politischen Forderungen entsprachen denen der Populist Party (Populisten-Partei), die 1892 gegründet worden war, und erhielten durch die exzentrische Persönlichkeit Jacob Coxeys und seiner »good roads«-Kampagne (Arbeitsbeschaffung durch Straßenbau) ihren dramatischen Ausdruck. Coxey, Besitzer eines Steinbruchs in Massillon, Ohio, beschäftigte sich vor allem mit Plänen zu einer Währungsreform. 1876 hatte er die Democratic Party (Demokratische Partei) verlassen, der er vorwarf, sie habe sich »an Wall Street verkauft«, und kandidierte 1885 erfolglos für einen Sitz im Parlament von Ohio mit einem Inflationsprogramm. Zur neugegründeten Populist Party kam er durch Carl Browne, einem Mann, der politische Wahlschlachten führte und daneben einer Theorie anhing, derzufolge sich Christus in auserwählten Menschen durch Seelenwanderung wiederverkörperte.

So kam es, daß der offizielle Titel von Coxeys Armee »Die Gemeinschaft in Christus« lautete und Ausrüstung sowie äußeres Erscheinungsbild Brownes Fantasie entsprangen; dazu gehörten berittene Führer, Banner und das Schlagwort »Petition on Boots« (die »Bittschrift auf Sohlen«). Das »good roads«-Projekt war jedoch Coxeys eigenes Konzept, die Arbeitslosigkeit zu beenden. Demnach sollte der Kongreß Papiergeld im Werte von fünfhundert Millionen Dollar drucken. Davon sollten monatlich zwanzig Millionen Dollar in Umlauf gesetzt werden und in allen Teilen der Vereinigten Staaten für den Bau von Straßen verwendet werden. Die Arbeitskräfte hierfür kämen aus dem Reservoir der Beschäftigungslosen, die Arbeitszeit sollte auf acht Stunden begrenzt sein und der Stundenlohn sollte sich auf anderthalb Dollar belaufen. So würde die Wirtschaft angekurbelt werden und, bei Fortführung dieser Politik, immer in Schwung bleiben.

Diese Doktrin war eine frühe Version der These von Keynes, die besagt, daß die Waffe gegen wirtschaftliche Rezessionen öffentliche Ausgaben für gemeinnützige Projekte oder einfach der Bau von Pyramiden sei. Die Regierung könne durchaus auch »alte Flaschen mit Banknoten füllen, sie in angemessener Tiefe in alten Kohlenschächten vergraben ... und es der Privatwirtschaft und ihren wohlerprobten Prinzipien des *Laissez-faire* überlassen, sie dann wieder auszugraben«. Browne gelang es zwar, den amerikanischen Gewerkschaftsbund zur Unterstützung seines »good roads«-Planes zu gewinnen, aber Coxey blieb dennoch in der amerikanischen Politik eine Randfigur ohne großen Erfolg. 1951, immer noch politische Agitation betreibend, starb er im Alter von siebenundneunzig Jahren. Der Einfluß, den seine Theorie jedoch auf Jack London ausübte, zeigt sich in dessen Buch ›Die eiserne Ferse‹ in der Wirtschaftspolitik der oligarchischen Führungsschicht.

Als sich Jack an dem besagten Morgen um sieben Uhr, also zur angegebenen Zeit, einfand, um sich General Kellys Armee anzuschließen, mußte er feststellen, daß er den Abmarsch verpaßt hatte. In der Nacht vorher war überraschend Alarm gegeben worden, und man hatte versucht, Kelly zu verhaften. Alle Männer, die sich bereits eingefunden hatten, wurden deshalb in Güterwagen verfrachtet nach Sacramento geschickt. Jack gab einen Teil des von Eliza erhaltenen Geldes für eine Fahrkarte aus, fuhr mit einem Personenzug nach Sacramento und mußte dort feststellen, daß die Armee bereits mit einem anderen Zug nach Ogden weitergereist war. Er erinnerte sich der Erfahrungen, die er vor zwei Jahren bei den Straßenjungen gemacht hatte, und so sprangen er und ein Kamerad namens Frank Davis auf den Fernzug auf und fuhren als blinde Passagiere mit, bis man sie herunterwarf. Nach Einbruch der Dunkelheit versuchten sie es nochmals bei einem anderen Zug, und Frank gelang es, aufzuspringen, während Jack zurückblieb und später einen Zug nach Reno erwischte.

Dort sah er, wie sich eine andere Gruppe Arbeitsloser formierte; da er aber seinen Freund und Kellys Armee einholen wollte, jagte er weiter. Er fuhr auf »Blinden«, wie die Postwagen ohne Türen an den Schmalseiten genannt wurden und bei denen sich Landstreicher am Trittbrett festhalten und »nach unten« auf das Achsgestänge der Waggons kriechen konnten. Auf einem dieser Wagen hinter dem Kohlentender entzündete ein Funke seine Kleider, und bei einer Geschwindigkeit von sechzig Stundenkilometern mußte er Mantel und Jackett herunterreißen und fortschleudern.

In Winnemuka holte er Frank ein, und sie sprangen auf einen

anderen Zug auf. Dann aber hatte Frank genug davon, wozu Jack, der in dieser Zeit ein Tagebuch führte, vermerkte: »Die Straße reizt Frank nicht mehr. Romantik und Abenteuer sind verflogen und übrig bleibt nur die harte Wirklichkeit der Strapazen, die man ertragen muß.« Noch viele andere zogen wie sie nach Osten, um zur Sammelstelle der Armeen zu stoßen. Darunter waren auch professionelle Landstreicher-Banden, »Hobos«, die Aristokraten der Straße, und Jacks größter Wunsch war es, von ihnen anerkannt zu werden. Wenn er nicht auf Zügen mitfuhr, »focht er«, »putzte er Klinken«, »schnorrte in der Hauptstraße«, was im Klartext bedeutet, daß er bettelte und klaute. Da viele Menschen für die Arbeitslosen Sympathie empfanden, fiel es ihm nicht schwer, etwas Eßbares zu ergattern.

Zehn Tage, nachdem Jack Oakland verlassen hatte, sprang er während eines Blizzards in den Rocky Mountains auf einen Kühlwaggon auf, in dem schon vierundachtzig andere Männer auf Strohballen lagen. Es war die Nachhut von Kellys Armee, und einer von ihnen konnte sich später noch an Jack London erinnern, den er als jungen Mann »mit rundem Gesicht und gelocktem Haar« beschrieb, bekleidet mit Mütze und einem Pelzmantel, dessen Taschen mit Büchern vollgestopft waren. Jack sagte, er sei unter dem Namen Sailor Jack bekannt; da er aber vorschriftsmäßig seinen Eintritt in die Armee erklären mußte, gab er schließlich doch Jack London als seinen Namen an. Seinen Kameraden im Waggon wurde er durch die »Dreschmaschinen-Methode« vorgestellt, bei der er von den sich zurücklehnenden Männern, die sich in zwei Reihen gegenüberstanden, den ganzen Wagen entlang und wieder zurück von einem zum anderen gestoßen wurde.

Sie fuhren durch den Blizzard, erzählten sich alte Geschichten und waren bester Laune. Als sie die Ebenen von Nevada erreichten, gaben sie an die Behörden von Grand Island die Nachricht ihrer bevorstehenden Ankunft durch. Nach ihrem Eintreffen wurde in Gasthäusern Essen an sie verteilt, und dann kehrten sie wieder zu ihrem Zug zurück. In Omaha angekommen, verließen sie um ein Uhr nachts die Waggons und wurden unter Polizeiaufsicht über den Fluß nach Council Bluffs gesetzt. Von dort aus mußten sie noch zehn Kilometer zu Fuß zurücklegen, um zu Kellys Armee im Chautauqua-Park zu stoßen.

Da es in Strömen regnete, suchte Jack mit einem Schweden zusammen für den Rest der Nacht Obdach in einer leerstehenden Kneipe, und dort lag er dann bis zum Tagesanbruch bei bitterer Kälte in seinen nassen Kleidern zitternd hinter der Bar. Dann erbettelte er sich sein Frühstück und die Fahrkarte bis Chautauqua-Park, wo er auf die Leute von Kellys Armee traf, die in der aufgeweichten Erde ihr Lager aufgeschlagen hatten und sich völlig durchnäßt um rauchende Feuer drängten. Insgesamt waren es 1600 Mann. Jack fand heraus, daß man ihn altersmäßig »um die Zwanzig« schätzte und dies sein Glück war, da die Armee ein Mindestalter von zwanzig Jahren festgesetzt hatte und er beobachten konnte, wie ein Achtzehnjähriger zurückgeschickt wurde; er selbst war noch nicht einmal achtzehneinhalb Jahre alt.

An jenem Tag marschierte die Armee mit Kelly auf einem Pferd an der Spitze nach Weston und weiter bis Des Moines. Sie hatten nun mehr als zwei Drittel des Weges nach Washington zurückgelegt; während die Öffentlichkeit ihnen jedoch weiterhin wohlgesonnen war, verhärtete sich die Haltung der Behörden. Sie verweigerten ihnen weitere Transporte mit der Bahn und ließen die Züge durch Pinkerton-Detektive bewachen. So blieb ihnen nichts anderes übrig, als den Marsch zu Fuß fortzusetzen. Jacks Füße waren bereits voller Blasen; er ließ sich von vorbeikommenden Fahrzeugen mitnehmen und verlangte mehrmals bei der Versorgungsstelle nach einem Paar neuer Schuhe, die jedoch, als er sie endlich erhielt, den Zustand seiner Füße nur noch verschlimmerten. Den anderen erging es nicht viel besser. Jack verlegte sich nun aufs »Organisieren«, verschwand für Stunden aus der Kolonne und kam dann von seinen Betteltouren mit Obst beladen zurück.

Beim Marschieren und an den abendlichen Lagerfeuern unterhielten sich die Männer, und dabei hörte Jack zum ersten Mal Ausführungen und Diskussionen über Sozialismus. Wie bei allen derartigen Demonstrationen bestand auch die Armee der Arbeitslosen weitgehend aus Leuten der Arbeiterklasse, deren radikales Bewußtsein bereits geweckt worden war. Viele von ihnen waren Gewerkschaftler, denen der Gedanke, im Klassenkampf Einigkeit zu zeigen, ebenso wichtig war wie Coxeys Wirtschaftsplan. Nach ihren Gesprächen über Bücher und Gesellschaftstheorien erschienen Jack die Erfahrungen, die er während seiner Tätigkeit in der Konservenfabrik und im Kraftwerk gemacht hatte, in neuem Licht. Nach diesen Diskussionen betrachtete er die Situation der Arbeiterklasse als Falle, der er unbedingt entkommen mußte.

Gegen Ende des zehntägigen Marsches nach Des Moines verschlechterte sich die Stimmung in der Armee. Zwischen den Anführern war es zu Streit gekommen, und George Speed, ein Sozialist aus San Francisco, hatte Kellys Autoritätsanspruch angezweifelt und seine Führung kritisiert. Fußkrank und erschöpft, stimmten die Männer für ein Verbleiben am Ort, bis ihnen Transportzüge zur Verfügung gestellt würden. Aber die Eisenbahngesellschaften waren unerbittlich, und so versorgten die Behörden einige Tage lang nahezu zweitausend Männer mit Essen und ließen sie in einer aufgelassenen Fabrikhalle schlafen. Faulenzend lag die Armee in der Sonne, und Jack vertrieb sich die Zeit beim Baseballspielen.

Dank einer rettenden Idee von General Weaver, dem Führer der Populist Party, konnten sie endlich weiterziehen. Auf Flößen wollten sie zum Des Moines-Fluß gelangen, der sie zum Mississippi und Ohio und damit bis auf wenige hundert Meilen an die amerikanische Hauptstadt heranbringen sollte. Örtliche Arbeiterführer stellten das Baumaterial zur Verfügung und sorgten für Zimmerleute. Als dann die ersten Flöße ins Wasser gelassen wurden, ernannte man Jack aufgrund seines Titels »Sailor Jack« zwangsläufig zum Führer eines Floßes. Erfahrung und Geschick setzten ihn und seine neunköpfige Mannschaft bald an die Spitze aller; und dank seiner Tüchtigkeit beim Betteln und »Organisieren« kamen sie an die besten Nahrungsmittel heran, die die Umgebung zu bieten hatte. Nach kurzer Zeit hatten sie die anderen Mannschaften so verärgert, daß Kelly ihnen den Befehl erteilte, sich weiter hinten einzureihen. Sie wurden »Piraten« getauft – für Jack ein vertrauter und ganz und gar nicht unangenehmer Name. Und während sie mit Nahrungsmitteln, Kaffee und Tabak wohlversorgt waren, blieb der nachfolgenden Armee nur der Hunger.

Schließlich sandte Kelly zwei Männer auf Pferden voraus, um die Farmer und Kleinbauern wissen zu lassen, daß die Armee nichts mit diesen Aasgeiern zu tun hätte. Die Warnung hatte den gewünschten Erfolg, denn Jack und seine Mannschaft waren nun gezwungen, zum Hauptteil der Truppen zurückzukehren, wo ihnen jedoch keine Nahrungsmittel zugeteilt wurden. Die Verärgerung der anderen über Jacks Verhalten war zweifellos berechtigt. Das Ganze als tollen Spaß hinzustellen, bei dem Initiative und Können belohnt wurden, hieße, einen wichtigen Punkt zu übersehen: daß nämlich der Spaß auf Kosten aller anderen ging. Bereits seine damalige Einstellung entspricht dem Grundsatz vom Überleben des Tüchtigsten, der zu einem Hauptthema in Jacks Geschichten werden sollte. Seine Überzeugung, er sei der Größte und andere, Schwächere, müßten zurückweichen, sollte sich immer als stärker erweisen als sein Sinn für Loyalität, die er Charmian gegenüber als höchste Tugend pries.

Die Stimmung in der Armee verschlechterte sich weiter, und es kam zu Desertationen, da die Disziplin weder kurzfristig mit Strafen noch durch irgendwelche Sanktionen auf längere Sicht durchgesetzt werden konnte. Innerhalb weniger Tage war Jack wieder an der Spitze des Konvois zu finden, dieses Mal auf einem Doppelfloß in Begleitung eines Leutnants von Kelly. Sie hatten zwanzig Männer zum Rudern, und so kamen sie fast so schnell wie ein Dampfboot voran. Andere machten es ihnen nach, banden gleichfalls je zwei Flöße zusammen und fuhren mit ihnen um die Wette. Als sie den Mississippi erreichten, verbanden sie mehrere Flöße zu einem einzigen Riesenfloß und trieben so etwa zwanzig Meilen weit durch das Land von Tom Sawyer. In dieser Zeit erreichte Jack ein Brief seiner Mutter; er hatte eine Woche zuvor nach Hause geschrieben, und sie teilte ihm nun mit, sie habe ihm einige Dollar postlagernd nach Chicago geschickt.

Am 24. Mai – vermutlich an dem Abend, als er diese Nachricht erhalten hatte – schrieb er in sein Tagebuch: »Wir gingen ohne Abendessen schlafen. Werde morgen früh abhauen, da ich Hunger nicht ausstehen kann.« Die Armee war nun in Hannibal, Missouri, angelangt, und am nächsten Tag fuhr Jack mit einigen anderen zusammen in einem Ruderboot davon, das sie jedoch bald zurückließen. Als blinde Passagiere setzten sie ihre Reise fort, wobei sie sich nach und nach trennten und eigene Wege gingen. Als Jack am 29. Mai um sieben Uhr früh von einem Viehwagen absprang, hatte er Chicago erreicht. Als Deserteur aus Kellys Armee brauchte er sich nirgends zu rechtfertigen, denn der Zug der Arbeitslosen hatte sich seit ungefähr einem Monat mehr und mehr aufgelöst; der noch verbliebene Optimismus in der Truppe war geschwunden, als die Nachricht von General Coxeys Mißerfolg in Washington bei ihnen eintraf. Coxey war, nur von einer kleinen Abordnung begleitet, wegen Betretens des Rasens vor dem Weißen Haus festgenommen worden. Eine Generation lang sollte daraufhin im Osten Amerikas jede größere Ansammlung von Gesindel als »Coxeys Armee« bezeichnet werden.

Für Jack waren die Nachricht, daß etwas Geld auf ihn wartete, und der Hinweis, bei Verwandten Floras in Michigan jederzeit willkommen zu sein, zweifellos sehr verlockend. Außerdem hatte ihn die Erfahrung während der Floßfahrt gelehrt, daß er als Tramp auf sich selbst gestellt besser zurechtkam als in einer Gruppe. Es reizte ihn nicht, sich weiter für ein unklares Ziel zu engagieren; als er sich der Armee anschloß, tat er es aus privaten Gründen und nicht etwa aus Solidarität mit den Arbeitslosen und ihren Forderungen. Was er während dieser Zeit vom Leben der Landstreicher gesehen hatte, übte jedoch starke Anziehungskraft auf ihn aus.

In dem Brief am Postamt von Chicago waren fünf Dollarscheine, wofür er sich einige gebrauchte Kleider bei den »Juden der South Clark Street« kaufte und kräftig um die Preise feilschte. Dann rasierte er sich, kaufte sich eine Mahlzeit und schlief zwei Nächte in Betten der Heilsarmee, was ihn fünfzehn Cent pro Nacht kostete. Einen Abend verbrachte er im Theater und bummelte anschließend durch die »Weiße Stadt« im Jackson-Park, wo er sich die Bauten der Weltausstellung vom Vorjahr anschaute. Danach brach er nach St. Joseph auf, um Floras Schwester Mary Everhard und ihre Familie zu besuchen, die er nie zuvor gesehen hatte.

Jack wurde so herzlich von ihnen aufgenommen, daß er einige Wochen dort blieb. In Briefen hatte Flora ihrer Schwester von Jacks Seereisen erzählt, von seinem Stolz über den Sieg im Schriftsteller-Wettbewerb und der darauffolgenden Veröffentlichung seines Artikels in der Zeitung. So führte ihn seine Tante im Ort herum, kaufte ihm Kleider und gab zu seinen Ehren mehrere Einladungen. Als Gegenleistung erzählte er ihr von seinen Abenteuern, und sie behandelte ihn wie einen Helden. Er nahm Sonnenbäder, machte Tagebuch-Notizen und durchstreifte die Gegend. Für Mary Everhards Söhne war seine Anwesenheit weniger angenehm. Harry, einer seiner Cousins, schrieb später, daß Jack »mir oder meinem Bruder überhaupt nicht imponierte«. Die Überschwenglichkeit ihrer Mutter gegenüber dem Gast, der sich »ausruhen« sollte, während die Söhne im Haushalt mithelfen mußten, war offensichtlich der Grund für ihre Verärgerung. Außerdem prahlte Jack, wenn sie allein waren, mit Erlebnissen, die weniger »sauber« waren; für sie war er deshalb mehr ordinär als großartig. Jack fand Gefallen an dem Namen Ernest Everhard, wie Harrys Bruder hieß, und benannte den Helden seines Buches ›Die eiserne Ferse‹ nach ihm.

Als er die Everhards wieder verlassen hatte, fuhr er von Stadt zu Stadt weiter, offensichtlich in der Absicht, soviel als nur möglich zu sehen. Natürlich reiste er dabei auf dem Gestänge unter den »Blinden« und erbettelte sich Essen und Tabak. Nachdem er sich in Kanada Montreal und Ottawa angesehen hatte, fuhr er weiter nach New York, Boston, Pittsburgh und Baltimore. Als scharfer Beobachter prägte er sich ein, was immer er sah und machte sich von Zeit zu Zeit Notizen. Die Einträge in seinem Tagebuch geben dieses bewußte Aufspüren wieder; an einer Stelle reflektierte er beispielsweise über das »hoffnungslose, einsame Leben« der Landstreicher, denen er begegnet war: »Seit jeher habe ich gesagt, daß ich nicht heiraten möchte, bevor ich sechsundzwanzig oder siebenundzwanzig Jahre alt bin, und ich denke, daß dies immer noch gilt. In der

Zwischenzeit aber möchte ich mich umschauen und versuchen, dabei von den Erfahrungen zu profitieren, die andere im Lotteriespiel der Ehe machen.« An anderen Stellen notierte er in seinem Tagebuch Gesprächsfetzen und Landstreicherausdrücke, kopierte Gedichte, hielt Texte von Volksliedern fest und machte sich Notizen zu der Frage: »Wer war zuerst da, die Henne oder das Ei?«.

Mehr und mehr beschäftigte ihn die Vorstellung von einem Gesetz des Lebens. Einmal sah er in einem Zigeunerlager, wie ein Mann Frau und Kinder verprügelte. Jack wußte, daß er nicht dagegen protestieren oder einschreiten durfte, daß sich in diesem Fall die Frau selbst gegen ihn gestellt hätte. Es war eben das Gesetz! Einige Jahre später, als er im Gefängnis von San Quentin einer Hinrichtung beigewohnt hatte, verteidigte er diese Bestrafung gegen Anna Strunskys Vorwürfe mit den gleichen Argumenten:

»... du lebst in dieser Gemeinschaft und trägst damit zur Unterstützung des Gesetzes bei, das sich diese Gemeinschaft schafft; und wenn du das Gesetz unterstützt, so bedeutet dies, daß du deinen Teil zum Kauf des Strickes leistest, mit dem der Mann gehängt wird. Geh oder bleib – du hast die Wahl. Ich für meinen Teil bleibe und empfinde weder Furcht noch Scham dabei ... Weiß Gott! Wenn ein Mann sich davor fürchtet, den Fisch vom Haken zu lösen oder den Vogel auszunehmen, den er essen will, dann ist er überhaupt kein Mann!«[4]

Als das Gesetz jedoch ihn selbst ergriff, dachte er in seiner Entrüstung ganz anders darüber. Diese Erfahrung, von den meisten Landstreichern als einkalkuliertes Risiko hingenommen, fraß sich tief in ihn hinein und wurde zu einem Wendepunkt in seinem Leben. Es war Ende Juni 1894, einige Tage vor Beginn des großen amerikanischen Eisenbahnstreiks. Jack hatte New York verlassen, um die Niagara-Fälle zu besichtigen, wurde dort wegen Landstreicherei verhaftet und mußte sich am nächsten Tag im Gerichtssaal mit fünfzehn anderen Männern, die mit Handschellen aneinandergekettet waren, in einer Reihe aufstellen. Dann beobachtete er, wie jeder von ihnen mit wenigen, kurzen Worten ohne Schuldgeständnis oder Beweisführung zu dreißig Tagen Haft verurteilt wurde. Er erinnerte sich des Rechts jeden Amerikaners auf ein faires Gerichtsverfahren und wollte gerade den Mund aufmachen, als der Richter ihm ein kurzes »Halt's Maul« entgegenwarf und wiederum »dreißig Tage« verhängte. Und so wurde Jack mit den anderen ins Gefängnis gebracht, wo ihm der Kopf kahl geschoren und er in die gestreifte Gefangenenkluft gesteckt wurde.

Auf dem Weg ins Gefängnis teilte er seinen Tabak mit einem

Mann, der schon häufiger im Gefängnis gesessen hatte. Dieser weihte ihn in die Schliche des Gefängnislebens ein, und als er später zum Gefangenenobmann aufrückte, sicherte er auch Jack eine solche privilegierte Stellung. Als Kalfaktor brachte Jack die Brot- und Wasserrationen zu den Gefangenen und hatte damit auch Zugang zu Extraportionen, die er gegen Tabak eintauschte. Gleichzeitig hatte er Gelegenheit, alles zu beobachten, was vor sich ging; er sprach mit den Männern und hörte sich ihre Geschichten an, wurde Zeuge schrecklicher Gewalttätigkeiten oder nahm sogar selbst daran teil. All das sollte er später in seinem Buch ›Abenteurer des Schienenstranges‹ beschreiben: die Mißhandlungen durch die Wärter, Jacks eigenen, untergeordneten Posten, die Gefangenen bei ihrer Morgenwäsche zu überwachen und jeden, der dabei sprach, mit dem Ende eines Besenstiels voll ins Gesicht zu schlagen; und auch den Zwischenfall mit dem jungen Mann, der fünf Absätze einer Eisentreppe hinuntergestoßen wurde und dann unten »vollkommen nackt mit blutüberströmtem Körper liegenblieb«.

Jacks Freund, der im Gefängnis so viele Privilegien genoß, wollte ihn für die Zeit nach ihrer Entlassung als Partner für einige krumme Sachen gewinnen. Jack stimmte zwar zu und schmiedete Pläne mit ihm, war aber fest entschlossen, niemals wieder eine Gefängnisstrafe zu riskieren. Als sie dann entlassen wurden, entwischte er dem anderen, rannte zur Bahnstation und sprang auf einen Zug auf. Wieder begann er, kreuz und quer durch die Städte im Osten zu reisen und schloß sich Banden von Tramps an. Er traf Männer der aufgelösten Arbeitslosenarmee, die von ihren Führern im Stich gelassen worden waren und nun quer durch Amerika hungernd den trostlosen Heimweg antraten. Die Hobos aber, die er in den Städten und deren Umkreis antraf, waren von einem anderen Schlag als die Straßenjungen oder Kellys Anhänger. Es waren gebildete Männer darunter, die sich in die Industriegesellschaft nicht einfügen konnten oder wollten und nun in Parks herumlungerten, diskutierten und Theorien entwickelten. In Boston traf Jack einen Tramp, der »unter seinen Lumpen mehr Wissen und Kultur verbarg, als der Durchschnittsmensch in hochgestellten Positionen aufweisen kann«. Dieser Mann erzählte ihm zwei Tage lang von Marx, Kant und Spencer und erläuterte ihm die Baugeschichte der Straßen und Gebäude in Boston, bevor er plötzlich wieder verschwunden war. In Baltimore kam Jack mit einer Gruppe zusammen, zu der auch Frank Strawn-Hamilton gehörte, »Genie, Landstreicher, Sozialist etc. etc.« in einer Person, der ihn ungeheuer stark beeindruckte.[5]

Ohne Zweifel entwickelte sich zu dieser Zeit Jack Londons

Begriff vom Sozialismus, der sich für immer mit dem verbinden sollte, was er während seiner Reisen durch Amerika gesehen und erlebt hatte, als er der Opfer des kapitalistischen Systems und der durch dieses System hervorgerufenen Zerstörung gewahr wurde. Er selbst drückte dies in dem Aufsatz ›Wie ich Sozialist wurde‹ aus, als er schrieb:

»Auf dem Gestänge der Waggons und den blinden Gepäckwagen erkämpfte ich mir meinen Weg aus der Weite des Westens, wo die Menschen das große Geld machten und die Arbeit den Männern nachlief, in die überfüllten Industriezentren des Ostens, wo die Menschen kleine Fische waren und unter Aufbietung ihrer ganzen Kraft der Arbeit nachjagten. Und bei dieser neuen Erfahrung mit der *Blonden Bestie* stellte ich fest, daß ich das Leben nun unter einem neuen Blickwinkel betrachtete.«

Jacks Biographen haben diese etwas zu dramatische Schilderung unkritisch übernommen, denn, sieht man von der See ab, so wußte Jack wenig von der »Weite des Westens«. Die meisten Jahre seiner Kindheit hatte er auf ärmlichen, kleinen Farmen und in den Armenvierteln von Oakland verbracht; was er also gesehen hatte, waren die schlimmsten Viertel der Stadt und des Hafens. Nur die Seeleute »machten das große Geld« und seine Behauptung, die Arbeit laufe den Menschen nach, war reine Fantasie, wie seine Schufterei für zehn Cent die Stunde deutlich genug zeigt. Der Hintergrund zu der Geschichte ›Der Ausreißer‹ hätte New York oder Chicago sein können, war jedoch bezeichnenderweise Oakland und die Konservenfabrik, in der er gearbeitet hatte. Als er den Westen verließ, waren gerade dort die Menschen »kleine Fische«, durch die Rezession gedemütigt und verarmt.

Der neue Blickwinkel, unter dem Jack das Leben nun betrachtete, war rein subjektiver Art. Durch Begegnungen und Gespräche mit Gewerkschaftlern und Sozialisten wurde seine Aufmerksamkeit auf die tatsächlichen Lebensbedingungen der Arbeiterklasse und ursächliche Zusammenhänge gelenkt: auf die Unbarmherzigkeit des Arbeitsmarktes, die zermürbende Ausbeutung, das Schicksal derer, die beiseite geschoben wurden und nicht die Kraft hatten, mitzuhalten. Seine Schlußfolgerungen aber waren subjektiv und im Prinzip nur auf ihn selbst ausgerichtet. In ›Wie ich Sozialist wurde‹ faßte er sie in Form eines Schwures zusammen, den er ablegte, als er das »Schlachtfeld in der Tiefe des gesellschaftlichen Abgrundes« gesehen hatte:

»Mein ganzes Leben lang habe ich körperlich schwer gearbeitet, und jeder Tag, den ich geschuftet habe, hat mich der tiefsten Stelle des Abgrundes nähergebracht. Ich werde aus diesem Abgrund herauskommen, aber nicht durch die Muskelkraft meines Körpers. Nie mehr werde ich harte körperliche Arbeit verrichten, und Gott soll mich strafen, wenn ich auch nur einen einzigen Tag länger körperlich schwer arbeite, als ich unbedingt muß.«

Jack wollte damit darlegen, wie sehr er den Individualismus ablehnte. Tatsächlich aber ist es eine Bestätigung des Individualismus, eine feierliche Erklärung, ihn auf höherem Niveau fortzusetzen.

Nicht eigene Erfahrung hatte Jack London zum Sozialisten gemacht, sondern die intellektuelle Atmosphäre jener Zeit, die den Sozialismus begünstigte. Da er immer auf der Suche nach Wissen und Ideen war – auf seinen Reisen ging er zum Beispiel zum Lesen in Bibliotheken, kaufte sich Bücher in Antiquariaten und hielt Ausschau nach Leuten, mit denen er sich unterhalten konnte – mußte er früher oder später auf die sozialistische Bewegung im Amerika der neunziger Jahre des vorigen Jahrhunderts stoßen und davon beeindruckt sein. Wäre er nicht während seiner Vagabundenzeit im Osten mit Verfechtern von Marx und Spencer zusammengekommen, so hätten ihn seine Aktivitäten in San Francisco zu ihnen hingeführt. Was er dabei erfuhr, brachte er natürlich in Verbindung mit seinen eigenen Erlebnissen, aber der Klassenkampf, den er angeblich entdeckt hatte, war genau der Punkt, der ihm immer unverständlich bleiben sollte und mit dem er sich niemals identifizierte.

Seine letzten Monate auf der Straße waren zugleich die abenteuerlichsten. In Boston verkaufte er einen Artikel über das Leben der Tramps für zehn Dollar an die neugegründete Zeitschrift ›Bostonian‹; dann trat er die Heimreise an. Den Berichten von Charmian und Irving Stone zufolge reiste er allein, von gelegentlichen Zusammentreffen mit anderen Hobos und der in ›Abenteurer des Schienenstranges‹ beschriebenen Verfolgung seines flinken Namensvetters Skysail Jack abgesehen. Joan fand heraus, daß er zwei Wochen lang zusammen mit einem jungen Gefährten namens Smith unterwegs war, der ihn jedoch in der Nähe von Vancouver verließ und nach Süden weiterzog. Wie alle drei Biographen berichten, durchquerte Jack danach Kanada und fuhr von Vancouver aus als Heizer auf dem Dampfer »Umatilla« nach Hause zurück.

In einem kleinen Buch mit dem Titel ›From Coast to Coast with Jack London, by A no. 1 *the famous tramp* who travelled 500,000 miles for Dollars 761‹ (›Von Küste zu Küste mit Jack London, Aufzeichnungen von A Nr. 1, dem berühmten Tramp, der 500000

Meilen für 761 Dollar reiste‹) findet sich jedoch ein anderer Bericht. 1917, also kurz nach Jacks Tod, veröffentlicht, fand das Büchlein möglicherweise deshalb so wenig Beachtung, weil es damals eine Unzahl von Leuten gab, die behaupteten, sie hätten Jack während seiner Zeit als Tramp getroffen (nachdem er Berühmtheit erlangt hatte, tauchten mehrere Betrüger auf, die unter seinem Namen wertlose Schecks ausstellten und Frauen verführten).

Als Verfasser von ›Von Küste zu Küste‹ wurde ein gewisser Leon Ray Livingston ausfindig gemacht; seine Schilderung weist allerdings zu viele glaubwürdige Stellen auf, als daß man sie einfach als Erfindung abtun könnte. Seinem Bericht zufolge traf er Jack in New York, wo er selbst gerade Godwin, dem Herausgeber der Unterhaltungsbeilage der ›Sunday World‹, eine Geschichte über sein Vagabundenleben ausgehändigt hatte, wofür er als Gegenleistung eine kostenlose Anzeige aufgeben konnte, in der er einen Reisegefährten als Begleiter für die mühsame Rückfahrt nach Kalifornien suchte. Als Livingston am nächsten Tag wieder dort erschien, um die Zuschriften abzuholen, stellte sich ihm ein schmächtiger junger Mann von ungefähr achtzehn Jahren in den Weg, der graue Augen und dichtes braunes Haar hatte und eine Mütze trug. Die beiden mochten sich auf Anhieb und beschlossen, noch am gleichen Abend aufzubrechen.

Nachdem sie aus einem Bahnhof verjagt worden waren, gingen sie zu einer Güterverladestelle. Während sie schliefen, stahl ihnen ein anderer Landstreicher ihre Jacken und Schuhe und der Strahl eines Wasserkranauslegers durchnäßte sie bis auf die Haut. Jack wollte einen Umweg über Boston machen; vom Zugpersonal und der Polizei verfolgt, sprangen sie jedoch auf einen Zug nach Cleveland auf. Mit Unterbrechungen – einige der Vorfälle wurden später in ›Abenteurer des Schienenstranges‹ beschrieben – setzten sie ihren Weg nach Westen fort. In Chicago trafen sie Martin Johnson, der später mit Jack auf der »Snark« segeln sollte.[6] Über Fairfax, Omaha, Laramie, Salt Lake City, Reno, Truckee, New Castle und Sacramento gelangten sie nach Oakland, wo Jack seinen Begleiter Livingston mit zu sich nach Hause nahm und ihn seiner Familie vorstellte.

Es ist möglich, daß Jacks Reise durch Kanada, sein Zusammentreffen mit Smith und seine Jagd nach Skysail Jack schon in eine frühere Zeit des Jahres fallen, d. h. nachdem er die Familie Everhard verlassen hatte, und daß Jack die zeitliche Reihenfolge der Ereignisse in seinen Schilderungen umstellte. Keiner der Biographen bringt jedoch irgendwelche Einzelheiten der Fahrt durch Kanada, außer der Feststellung, daß sie auf der »Umatilla« endete. Obwohl Jack keinen solchen Reisegefährten erwähnt, hatten er und Charmian einige Jahre später einen »A Nr. 1, den berühmten Tramp« in Glen Ellen zu Gast. Die von Livingston erwähnten Stationen ihrer Heimreise sind fast identisch mit jenen Orten, die Jack während seiner Zeit bei Kellys Armee berührte. Vermutlich liegt die Wahrheit irgendwo zwischen den verschiedenen Versionen, die das Ergebnis von Jacks Auslassungen, Livingstons Übertreibungen und den unvollständigen Bruchstücken waren, welche die drei Biographen zusammentrugen.

Die meisten Abenteuer erlebte Jack in diesen letzten Wochen seiner Vagabundenzeit, deren ganze Verwegenheit und Romantik in seinem Buch ›Abenteurer des Schienenstranges‹ eingefangen ist. Einträge in Jacks Tagebuch weisen auf die Strapazen hin: »Die Tage sind brennend heiß, die Nächte aber eiskalt«; »wachte morgens um halb vier auf, war fast erfroren«. Er fuhr auf einem blinden Gepäckwagen in einen Schneesturm hinein, der so dicht war, daß »man nicht mehr über die nächste Stange sehen konnte«. Betteln, Diebstähle, Überfälle und alle Arten von Gefahren wurden hingenommen – sie gehörten zu diesem Leben dazu. Es gab Bremser, die unter dem Wagen ein Kupplungseisen an einer Schnur tanzen ließen, wenn ein Landstreicher auf dem Gestänge mitfuhr, und dabei versuchten, es auf den Schienen aufschlagen zu lassen und beim Zurückschnellen den Landstreicher damit zu erschlagen. Beim Sprung auf schnellfahrende Züge wurden Straßenjungen getötet oder verloren ihre Beine, wenn sie ausrutschten. Die Bruderschaft der Hobos ließ ihre Zinken auf Wassertanks, eingeritzt oder geschrieben, zurück; dies war Skysail Jacks Spur, der Sailor Jack folgte. Einer der stärksten Eindrücke, den das Buch ›Abenteurer des Schienenstranges‹ vermittelt, ist die Erkenntnis, wie bedeutungslos diese vom Wirtschaftsleben Ausgeflippten im Grunde waren. Sie konnten von Zügen abgeworfen oder daruntergestoßen werden, ohne daß irgend jemand danach fragte. Neben den Hobos, die später sagen sollten, sie hätten Jack London gekannt, gab es auch Polizisten und Bremser, die möglicherweise von sich sagen konnten, sie hätten versucht, Jack London zu töten.

Die kriminellen Aspekte dieses Lebens und die im Gefängnis gemachten Erfahrungen blieben in Jacks Gedächtnis haften. In ›John Barleycorn‹ (›König Alkohol‹) schrieb er, daß sein Schwur, keine körperliche Arbeit mehr zu verrichten, auch beinhaltet habe, »keine kriminellen Sachen mehr zu drehen; dies wäre fast so vernichtend für einen Menschen, wie harte körperliche Arbeit«. Jack war jedenfalls fest entschlossen, Schriftsteller zu werden. Als er nach fünf Jahren wieder nach Oakland zurückkehrte, war er einer geworden und begann seinen Aufstieg zum Ruhm. Es sollte jedoch noch einige Jahre dauern, bis er die Tagebücher, die er während dieser Zeit geführt hatte, als Vorlage benutzte. ›Abenteurer des Schienenstranges‹ wurde erst gegen Ende des Jahres 1906 geschrieben, und vorher kam es noch zu einer Diskussion mit seinem Verleger George Brett von der Macmillan Company, ob diese Veröffentlichung nicht dem Absatz seiner anderen Bücher schaden könnte.

Besonders erwähnt werden sollte, daß diese sieben Monate auf der Straße außer einem gelegentlichen Schluck Alkohol ohne Trinken verliefen. Ende 1894 erreichte er die Heimat ohne jenes Gefühl der Niedergeschlagenheit und Entmutigung, zu dem in früheren Zeiten der Alkohol beigetragen hatte. Er wollte unbedingt studieren, eine Ausbildung abschließen, gesellschaftlich anerkannt werden und zu schreiben beginnen. Hierfür schien ihm der Besuch einer Oberschule unerläßlich, dem nunmehr weniger Hindernisse entgegenstanden: John Londons Gesundheitszustand hatte sich gebessert, er arbeitete wieder regelmäßig, die Familie London war in eine weniger schäbige Unterkunft umgezogen und bewohnte nun ein Häuschen in der Twenty-second Avenue. Flora war von Jacks schriftstellerischem Ehrgeiz begeistert und mit Elizas finanzieller Hilfe stattete sie sein Zimmer mit einem Arbeitstisch und einer Studierlampe aus. So wurde Jack kurz vor seinem neunzehnten Geburtstag Student an der Oakland High School.

# 4. Vom Studenten zum Goldgräber in Klondike

Die Kluft zwischen Jack und seinen Schulkameraden war ebenso groß wie seinerzeit nach seiner Rückkehr von See zu den jungen Männern im CVJM; altersmäßig nur wenige Jahre jünger als er, waren sie doch, was praktische Lebenserfahrung anging, weit hinter ihm zurück. In seinen Augen waren es anständige, nette Jungen und Mädchen, denen er sich gerne angeschlossen hätte, aber alles an ihm befremdete sie: er war schäbig und nachlässig gekleidet, trug ausgebeulte Hosen, die irgendein Hafenrauhbein abgelegt hatte, und ein blaues Hemd mit offenem Kragen. Er fluchte und hatte sich an den Genuß von selbstgedrehten Zigaretten und Kautabak gewöhnt. Durch Zahnverfall hatte er bereits alle Vorderzähne verloren, und die restlichen Zähne benötigten dringend Füllungen. Das Tabakkauen war seiner Meinung nach ein gutes Mittel, die Zahnschmerzen zu lindern. Man hat den schlechten Zustand seiner Zähne seiner Nachlässigkeit zugeschrieben; das Ausmaß des Zahnverfalls läßt jedoch eine Karieserkrankung als wahrscheinlicher erscheinen. Auf jeden Fall bezahlte ihm seine Schwester, bevor er auf die High School ging, ein künstliches Gebiß. Auch beschaffte sie ihm ein Fahrrad, eines der neuen, niedrigen »Sicherheits-Räder«.

Wie bei allem, was er bisher angepackt hatte, stürzte sich Jack auch aufs Lernen mit seiner ganzen Kraft. Er ließ alle Fächer, die er als unwichtig für seine Ziele erachtete, links liegen (und bereute später, keine Fremdsprache erlernt zu haben). Sobald die Unterrichtsstunden vorüber waren, setzte er seine Mütze auf und verließ das Klassenzimmer. Ein Schulkamerad erinnerte sich später noch an Jacks Verachtung für die ausgelassenen Balgereien der anderen und die notwendigen Ordnungsrufe der Lehrkräfte. Obwohl er insgeheim den starken Wunsch hatte, von den Kameraden akzeptiert zu werden, kam er gar nicht auf die Idee, selbst Zugeständnisse zu machen. Wenn er den Diskussionsclub der Schule besuchte, warf er nicht nur mit seinem Buchwissen um sich, über das die anderen sich um so mehr ärgerten, da sie es nicht bei ihm vermutet hatten, sondern auch mit den freigeistigen Philosophien und dem politischen Radikalismus, die er bei seinen Hobo-Freunden aufgeschnappt hatte.

Nach dem Unterricht ging er nach Hause, um zu lernen und zu schreiben. Neben den Schulbüchern holte er sich aus der Leihbibliothek Werke, deren Titel in Gesprächen erwähnt worden waren, und saß damit bis in den frühen Morgen hinein an dem kleinen Tisch in seiner Stube. Für die Schulzeitung ›Ägide‹ verfaßte er Artikel über seine Erlebnisse auf der Straße und auf See, die ihm zwar viel Bewunderung einbrachten, aber gleichzeitig den Graben zwischen ihm und seinen Mitschülern noch vertieften; denn er beschrieb darin ein Leben, das so rauh und unkonventionell war wie er selbst. Auch trieb er sich viel bei Versammlungen in dem der High School nahegelegenen Park herum, da er darauf brannte, mehr über den Sozialismus zu erfahren. In Oakland war kurz zuvor eine Ortsgruppe der Socialist Labour Party (Sozialistische Arbeiterpartei) gegründet worden, deren Redner in den Straßen und Parks tatkräftig für ihr Programm warben.

Seine regelmäßigen Besuche in der Bibliothek verschafften ihm etwas, das er in der Schule nicht finden konnte: gesellschaftliche Anerkennung. Wie seinerzeit Ina Coolbrith fiel auch dem neuen Bibliothekar Frederick Irons Bamford sein Eifer auf. Bamford war Anhänger einer christlich-sozialen Gruppierung und war durch seine Bildung über jede klassenkämpferische Militanz erhaben, da er von William Morris, Ruskin, Arnold, Carlyle und deren Kulturlehren durchdrungen war. Dieser Bibliothekar lenkte Jacks Interesse auf neue Bücher und andere Aspekte des Sozialismus; vermutlich war er es auch, der ihm deutlich machte, welche entscheidende Rolle Schriftsteller dabei spielen können, Menschen für die Idee eines besseren Lebens wachzurütteln. Als Jack immer häufiger in die Bücherei ging, um sich mit Bamford zu unterhalten und in der Handbibliothek zu studieren, lernte er einen jungen Mann namens Fred Jacobs kennen und befreundete sich mit ihm.

Fred war in der Bibliothek beschäftigt, und wie Jack studierte er, um dann auf die Universität zu gehen. Er hatte die High School besucht und Abendkurse belegt, plante nun jedoch, mit dem in der Bibliothek verdienten Lohn das Schulgeld für ein Jahr an der University Academy, der »Paukschule« für die Zulassungsprüfungen, zu bezahlen. In seiner freien Zeit übernahm Jack Hausmeisterarbeiten in der Schule, und so sprachen die zwei Jungen eifrig über ihr gemeinsames Ziel, und Fred stellte Jack Freunden vor, die ebenfalls studierten: Jim Reed, Bess Maddern und Ted und Mabel Applegarth. Zu seinem Erstaunen wurde Jack eingeladen, an ihren Unternehmungen teilzunehmen, mit ihnen in Konzerte zu gehen und Radtouren zu machen; ebenso luden sie ihn zu sich nach Hause ein, damit er ihre Eltern kennenlernte.

Die Familien Maddern und Applegarth lebten in einer anderen Welt, jener, die Jack bei Miss Coolbrith entdeckt hatte, als er zehn

Jahre alt war, und die er kürzlich in Bamfords Gespräch über Morris und Ruskin erlebt hatte. Er stieß dort nicht auf Herablassung oder Vornehmtuerei, sondern auf guten Geschmack und Kultiviertheit, auf Bücher und Gemälde. Ted weihte Jack in die Kunst des Schachspielens ein und Bess und Mabel versuchten, ihm das Tanzen beizubringen. Fertigkeiten wie diese, Konventionen des gesellschaftlichen Lebens, in denen seine neuen Freunde aufwuchsen, waren für Jack unendlich begehrenswert – es waren Symbole für alles, was er anstrebte. Er war deshalb eifrig bemüht, von ihnen zu lernen und es ihnen nachzutun. Hinzu kam, daß er sich in Mabel Applegarth verliebte, kaum daß er seinen Fuß über die Türschwelle ihres Elternhauses gesetzt hatte.

Die Vorfahren der Applegarths waren aus England eingewandert. Mabels Vater, ein Bergbauingenieur, war oft von zu Hause fort, und so war Mrs. Applegarth das eigentliche Familienoberhaupt. Sie hielt – was Jack noch nicht erkennen konnte – die Lebensweise des britischen Kleinbürgertums aufrecht, was ein strenges Regiment über ihre zwei Kinder einschloß. Die Mutter begleitete sie bei Radtouren und Picknicks, führte die Unterhaltungen und leitete den »Fin-de-Siècle«-Club, ein regelmäßiges Treffen im Freundeskreis mit Gesprächen über Literatur und Musik.

In Charmians Buch wird Mabel Applegarths Name nicht erwähnt; sie erscheint dort als die »Lilie« und die »Lilienmaid«. Zweifellos wollte Charmian mit der Weglassung des Namens lediglich Peinlichkeiten vermeiden, aber die Umschreibung gibt genau die Art der Gefühle wieder, die Jack für Mabel empfand. Er verglich sie mit einer zartgoldenen Blume auf schlankem Stiel. Mabel war zierlich und wunderschön, hatte weiches blondes Haar und zerbrechliche, weiße Hände – sie war wie eine Figur aus zartem Porzellan, was durch die langen Gewänder jener Zeit noch unterstrichen wurde. In der Kunst der Konversation und Etikette war sie bis zur Vollkommenheit unterwiesen worden, sie spielte Klavier und sang, konnte über Bücher, Kunst und Gedichte plaudern. Jack war wie verzaubert von ihr. Ihre körperliche Zerbrechlichkeit ließ Beschützerinstinkte in ihm aufkommen, und er zog Vergleiche mit anderen Mädchen, die er unter anderen Umständen gekannt hatte, die für Mabel nur vorteilhaft ausfallen konnten.

Natürlich war er in ein Ideal verliebt. Im Begriff, sich von seinem bisherigen Leben loszureißen, wurde er von einer Vision von Kultur und Überlegenheit angezogen, die er in Mabel verkörpert fand. In einem seiner Briefe bat er sie unschuldig um ihre Meinung zu »Stil und Inhalt« einer Passage, auf die er gestoßen war:

»Die Wirkung der lieblich-guten Frau auf den Mann ist wie der Duft einer Blume, die im Garten seiner Kindheit wuchs, ist wie der Klang einer Melodie, die er in seiner Jugend hörte. Er schämt sich seiner roheren Begierden, wenn er in ihrer Nähe ist. Von seinen Irrtümern und Lastern soll sie nichts erfahren. In ihrer Nähe fühlt er sich wie ein anderer Mensch und erkennt, daß er eine Seele hat. Wie aber der Klang der Musik und der Duft der Blume in ihrer Wirkung nachlassen, sobald sie entschwinden, so läßt auch ihr Einfluß nach, wenn er nicht bei ihr ist – es sei denn, sie ist die Frau, die sein Leben bestimmt.«

Ohne Zweifel war Jack unfähig, Frauen als solche zu begreifen, was ihm zeit seines Lebens nicht gelingen sollte. Nach dem Zerbrechen seiner ersten Ehe wurde er bis an sein Lebensende nicht müde, in Briefen zu erklären, daß »alle Frauen« lügen und betrügen und er dieses und jenes »Versagen« bei ihnen »bemerkt« hätte – Überheblichkeiten eines Mannes, der in seinen Erwartungen enttäuscht worden war. Von Mabel wie von allen anderen, die er in seinen verschiedenen Lebensstadien kannte, ob Austernpiraten oder Intellektuelle, erwartete er, daß sie die in seinem Traum für sie vorgesehene Rolle spielten, was immer auch passieren mochte, wenn er daraus erwachte.

Während Jack im Haus der Applegarths verkehrte und sich noch intensiver dem Studium widmete, stürzte er sich auch in politische Aktivitäten, nahm an den Sonntagabend-Vorträgen und Straßenversammlungen der Socialist Labour Party teil und lernte dadurch einige ihrer Mitglieder kennen. Zu ihnen gehörte Herman – »Jim« – Whitaker, der einen Genossenschaftsladen für Lebensmittel führte. Als junger Mann war er Sportlehrer bei der britischen Armee gewesen, und Jack wurde regelmäßiger Kunde in seinem Laden, einmal, um über Sozialismus zu diskutieren, und zum anderen, um in den Abendstunden unter Jims Anleitung Fechten und Boxen zu üben. Er lernte schnell und bewunderte die Methodik dieser Sportarten, die einen starken Gegensatz zu den wilden Hafenschlägereien bildeten, bei denen jeder einfach drauflosschlug.

Zu jenem Zeitpunkt trat er noch nicht in die Partei ein, denn er hatte zu viele andere Eisen im Feuer. Obwohl die Ortsgruppe in Oakland kräftig um neue Mitglieder warb, neigte man dort mehr zu intellektuellen Diskussionen als zu klassenkämpferischen Aktionen. Der Gruppe gehörten einige außergewöhnliche Leute an, wie zum Beispiel Austin Lewis und Strawn-Hamilton, der später von Jack in ›Martin Eden‹ geschildert wurde. Die Atmosphäre zwischen ihnen entsprach aber in jenem Stadium eher einer

»progressiven« Vereinigung, die im Namen höherer Vernunft gegen Ungerechtigkeiten ankämpfte. Die grundlegenden Bücher der sozialistischen Bewegung erreichten Amerika nur langsam; über Marx wurde zwar gesprochen, doch waren seine Werke noch kaum erhältlich, und die Flut der Übersetzungen sozialdemokratischer Werke aus Europa (wovon Lewis mehrere ins Englische übertrug) hatte noch nicht eingesetzt. Die Diskussionen konzentrierten sich stattdessen auf Entwurf und Aufbau eines »Sozialistischen Weltbundes«, und ›Looking Backward‹ (›Ein Rückblick aus dem Jahr 2000 auf 1887‹) von Edward Bellamy galt in jenen Kreisen damals als einflußreichstes Buch.

Diese ganze Atmosphäre kam Jacks Wünschen weitgehend entgegen, denn er lernte dabei ständig hinzu, wurde an immer neue Bücher herangeführt und konnte seinen Verstand in den Debatten schärfen. Aber gleichzeitig erschien ihm die Arbeit zu blutleer. Während seiner Monate auf der Straße hatte er nicht nur kräftigere revolutionäre Töne gehört, sondern auch Streiks im Osten Amerikas miterlebt, wo die Auseinandersetzungen zwischen Arbeitern und Unternehmern erbitterter geführt wurden als an der Westküste. Ihn hatte vor allem die Idee einer Massenbewegung der Arbeiterklasse fasziniert, einer siegreichen, die bestehende Ordnung hinwegfegenden Armee. Die Vorstellung einer solchen Bewegung mußte bei ihm ganz einfach Anklang finden. Er brachte sie in Verbindung mit dem, was er von Darwins und Spencers Gedankengut übernommen hatte; danach handelte es sich hier um den natürlichen Triumph des Tüchtigsten und Stärksten: wie ein riesiges Urtier würden sich die Arbeiter aus dem Schlamm zu allmächtiger Größe erheben.

Als das Ende seines ersten Jahres an der High School näherrückte, entschloß er sich, den Weg zur Universität über die »Paukschule« abzukürzen. Normalerweise hätte er noch zwei weitere Jahre High School vor sich gehabt, aber er war nun fast zwanzig Jahre alt und voller Ungeduld, seine Pläne zu verwirklichen. Die Paukschule war auf wohlhabende Studenten eingerichtet und erhob gepfefferte Gebühren; Jack war jedoch zuversichtlich, daß der Erfolg ihm die Rückzahlung jeder geliehenen Summe ermöglichen würde. Seine Schwester Eliza gab ihm das Geld, und er schrieb sich an der Schule ein. Anfang 1896 begann er dort mit dem Studium, das er mit aller Energie in Angriff nahm. Er hatte vor, sich den vorgeschriebenen Stoff in vier Monaten anzueignen, das heißt bereits nach einem Trimester abzuschließen. Nächte hindurch paukte er, nahm alles in sich auf, was ihm die Lehrer bieten konnten, und machte rasante Fortschritte. Fünf Wochen später wurde er in das Büro des

Direktors gerufen, der ihm sein Geld zurückerstattete und ihm mitteilte, er müsse die Schule verlassen.

Als Begründung hieß es, seine Fortschritte seien so bemerkenswert gewesen, daß sie bei den übrigen Studenten zu Unruhen geführt und sogar den Ruf der Schule in ein zweifelhaftes Licht gerückt hätten; einfacher ausgedrückt, wenn ein fleißiger junger Mann den Stoff in weniger als einem Trimester bewältigen konnte, wofür zahlten die anderen dann eigentlich? Mr. Anderson, der Direktor, deutete an, daß Jacks rasante Fortschritte ihn in Schwierigkeiten gebracht hätten, was er nicht zulassen könne. Mit einem Händedruck verabschiedete er Jack und wünschte ihm Glück. Wäre Jack alles in allem als Schüler akzeptabel gewesen, hätte man ihn bitten können, etwas langsamer zu arbeiten oder für ein oder zwei Monate mit dem Lernen auszusetzen. Nach Lage der Dinge jedoch hatte er einen schlimmen Ruf, und seine Kleidung, sein Auftreten und seine Teilnahme an sozialistischen Versammlungen auf den Straßen bestätigten dies nur.

Im April 1896, also fast unmittelbar nach dem Hinauswurf aus der Paukschule, trat er der Socialist Labour Party bei, wozu das Gefühl erlittenen Unrechts sicherlich den letzten Anstoß gab. Dennoch sollte ihn diese Entwicklung nicht von seinem Entschluß, die Universität zu besuchen, abbringen. Da er wußte, was bei den Zulassungsprüfungen verlangt wurde und wieviel er davon bereits geschafft hatte, lernte er daheim in seinem Zimmer weiter. Fred Jacobs und Bess Maddern halfen ihm in Physik und Mathematik. Zwölf Wochen lang paukte er täglich neunzehn Stunden und gönnte sich nur wenig Erholung. Das Nervenzucken seiner Jugendzeit stellte sich wieder ein, und er war so erschöpft wie damals, als er beim Kohlenschaufeln die Arbeit von zwei Männern leistete.

Die Prüfungen, die im Institut für Maschinenbau in Berkeley abgehalten wurden, begannen am 10. August und zogen sich über mehrere Tage hin. Jack konnte nicht wissen, daß der Andrang zu der Universität so stark geworden war, daß sie 1896 die Anforderungen für die Zulassung anhob, ohne dies jedoch bekanntzugeben. Er saß da, schrieb und schrieb und all die Konzentration und Arbeit der vergangenen Monate erreichten ihren Höhepunkt. Mehr konnte er nicht tun. Sobald die Prüfungen abgeschlossen waren, fühlte er nur noch Abscheu – »ich konnte kein Buch mehr sehen . . . noch wollte ich denken oder jemandem begegnen, der vielleicht denken könnte«.

Die meisten Studenten warteten gespannt auf die Prüfungsergebnisse, die sie in wenigen Tagen erfahren sollten. Jack jedoch ging am nächsten Morgen zur Flußmündung hinunter und lieh sich ein kleines Boot aus. Nachdem er in einer Ecke Bettzeug und einige Nahrungsmittel verstaut hatte, ließ er sich vom Wind in die Suisun-Bucht treiben, die er durchsegeln wollte, um dann in den San-Joaquin-Fluß zu gelangen und so lange weiterzusegeln, bis Wind oder Flut wechselten. Am Nachmittag ließ der Anblick des Hafens von Benicia alte Erinnerungen in ihm aufleben. Er wechselte den Kurs, fuhr auf den Hafenkai zu, den er so gut kannte und machte sein Boot fest. Wie er erwartet hatte, mußte er nicht lange nach alten Bekannten suchen, und gemeinsam steuerten sie Jorgensons Kneipe an und bestellten Whiskey.

Irgendwann während der Zecherei brachte jemand Jacks kleines Boot an einen sicheren Ort und packte die Ausrüstung in ein größeres und geräumigeres Columbia-River-Lachsboot um. Auf diesem Boot verließ Jack in dieser Nacht Benicia unter Brüllen und Johlen. Er schrie konfuse Kapitel aus seinen Lehrbüchern hinaus, leierte Aufgaben herunter, grölte Seemannslieder und Gassenhauer. Auch versuchte er, Segelkunststücke aus seinen Tagen mit Young Scratch wieder einmal zu probieren. Am nächsten Tag setzte Jack dann alleine seine Segelpartie fort. Er verbrachte die Zeit mit Angeln und Schlafen, erholte sich körperlich und geistig und unternahm keinen weiteren Versuch, zu trinken. Am Ende der Woche gab er das Boot wieder ab und kehrte erfrischt nach Hause zurück.

Jack hatte die Prüfungen bestanden und konnte im Herbst sein Studium an der Universität beginnen. Er hatte nicht allein sein Hauptziel erreicht, sondern konnte nun für sich beanspruchen, auf gleicher Stufe mit seinen Freunden zu stehen, in deren privaten Kreisen er neuerdings verkehrte. Die Kurse an der Universität waren auf vier Jahre angelegt, aber Jack dachte nicht an ein Diplom. Es drängte ihn vielmehr, Schriftsteller zu werden. Der Künstler James Hopper, der Jack an der Universität getroffen und sich mit ihm unterhalten hatte, beschrieb ihn so:

»Er hatte den Kopf voll mit gigantischen Plänen – was bei ihm auch später immer der Fall war, wenn wir uns trafen ... Er wollte alle Kurse in Englisch belegen, alle und keinen weniger. Ebenso plante er natürlich, die meisten naturwissenschaftlichen Vorlesungen zu besuchen, dazu viele in Geschichte, und von den philosophischen Fächern wollte er auch noch eine gehörige Portion mitnehmen.«

Hopper hatte Jack schon früher als Junge in Alameda gekannt und fand ihn nun selbstbewußt, kräftig und überaus anziehend, »eine eigenartige Mischung aus nordischem Seemann und griechischem Gott«. Er erinnerte sich auch seiner eigenen Befürchtungen, denn da er selbst bereits das zweite Jahr in Berkeley studierte, war ihm klar, daß Jacks Erwartungen, die er mit dem Universitätsstudium verband, zu hoch waren. Diesen Eindruck teilte er ihm jedoch nicht mit, und selbst wenn er es getan hätte, wäre dies doch wirkungslos an Jack abgeprallt.

In den wenigen Monaten seines Universitätsbesuches widmete sich Jack seiner Arbeit so intensiv wie immer; er verbrachte zahllose Stunden in der Universitätsbibliothek und stopfte alles, was ihm wissenswert schien, in sich hinein. Selten suchte er den Kontakt zu seinen Kommilitonen, obwohl über seine Leistung, Oberschule und Zulassungsprüfungen in Rekordgeschwindigkeit zu absolvieren, überall respektvoll geflüstert wurde. Auch ein anderes Heldenstück wurde bestaunt; in einer Anzeige hatte die Schule einen Schornsteinkletterer gesucht, um den Fahnenmast auf dem Universitätsgelände streichen zu lassen. Eines Morgens kletterte Jack hinauf, und die Studenten, die zu ihren Vorlesungen kamen, sahen, wie er sich von oben hinunterarbeitete und dabei den Mast anstrich, während dieser in einem starken Nordwind schwankte. Wie konnten sie auch wissen, daß er auf der »Sophie Sutherland« oft genug die Masten erklommen hatte!

Ungeklärt ist, warum er nach nur einem Trimester die Universität wieder verließ. Joan London führte es hauptsächlich auf seine Enttäuschung zurück, auf die Erkenntnis, daß die Lehrer neuen Ideen gegenüber feindlich eingestellt und die Kurse oberflächlich waren; vor allem aber auf die Entdeckung, die er Martin Eden in den Mund legte: »Ich kann schneller lernen als sie unterrichten können.« Nach dieser Erfahrung sprach er zeit seines Lebens mit Verachtung vom akademischen Lernen und beschrieb es in einem Brief an Joan als »das Mittel, durch welches die Universität den Zwecken der herrschenden Klasse unterworfen wird«. In einem anderen Brief, mit dem er 1900 der Houghton Mifflin Company, die sein Buch ›The Son of the Wolf‹ (›Der Sohn des Wolfs‹) verlegte, biographische Daten übermittelte, bedauerte es Jack jedoch, daß er nicht länger an der Universität hatte bleiben können und schrieb: »Ich sah mich gegen meinen Wunsch gezwungen, kurz vor Beendigung meines ersten Studienjahres aufzugeben.« Er fuhr fort: »Ich lerne ständig dazu. Das Ziel einer Universität ist ganz einfach, auf zukünftiges, lebenslanges Lernen vorzubereiten. Mir blieb dieser Vorteil versagt, aber irgendwie komme ich doch weiter.«

Tatsächlich spricht außer seiner späteren, erst als erfolgreicher Autor eingenommenen Haltung nichts für eine rasche Ernüchterung. Im ersten Trimester erhielt er gute bis sehr gute Noten für seine Arbeiten; nach den Weihnachtsferien war er an die Universität zurückgekehrt und hatte sich für das nächste Trimester eingeschrieben, als er dann plötzlich aufgab. Nach Ansicht von Irving Stone und Charmian London war der Grund für Jacks Studienabbruch – entsprechend seiner eigenen Darstellung in ›König Alkohol‹ – persönlicher und familiärer Geldmangel. Tatsächlich befanden die Londons sich wiederum in einer schlimmen Notlage, denn John London war ein kranker Mann, der in Alameda hausieren ging. Wenn jedoch drückende Not wirklich der Beweggrund war, so verhielt sich Jack ganz und gar nicht situationsgerecht: er saß nämlich schreibend in seinem Zimmer und fiel so weiterhin seiner Familie zur Last (»Ich ließ es zu, daß mein alter Vater mich mit den kärglichen Überresten seiner nachlassenden Kraft durchfütterte«).

In Wahrheit war es so, daß Jack in dieser Zeit erfuhr, daß John London vermutlich nicht sein Vater war. Wir können nur mutmaßen, wer es ihm sagte; vielleicht entdeckte er es auch durch Zufall – schließlich war der jetzige Wohnsitz der Londons nur wenige Meilen von San Francisco, wo sich das Drama abgespielt hatte, entfernt, und immerhin konnten sich noch viele Leute an Professor Chaney erinnern. Diese Entdeckung mußte eine katastrophale Wirkung auf Jack haben, denn eine uneheliche Geburt war ein kolossaler persönlicher und gesellschaftlicher Makel, Grund genug, die Universität zu verlassen. Jacks Briefwechsel mit Chaney zeigt, wie sehr ihn dieser Gedanke quälte: Er wollte nicht allein wissen, wer sein Vater war, sondern auch, ob seine Mutter womöglich eine »liederliche Frau« oder gar krankhaft veranlagt war?

Dies scheint also der alleinige Grund für sein plötzliches Verlassen der Universität gewesen zu sein; und seine geringschätzige Haltung gegenüber den Universitäten entsprang einfach seiner nachträglichen Erkenntnis, daß er sein Ziel ja auch ohne diese Hilfe erreicht hatte. Ted Applegarth war der einzige Mensch, dem er seine Entdeckung mitteilte, denn als er Chaneys Aufenthaltsort ausfindig gemacht hatte, wollte er als Absender die Adresse der Applegarths angeben, damit der Antwortbrief nicht zu ihm nach Hause kam, wo man ihn hätte entdecken können. Er erzählte Ted, wie tief sein Schmerz war und bat ihn vermutlich auch, Mabel nichts davon zu sagen, denn in seinen Briefen an sie wird dieser Punkt nicht erwähnt. Auswirkungen auf das Verhältnis zu seiner Mutter und seinem Stiefvater lassen sich nirgends ablesen. In späteren Jahren sprach er mit Respekt von John London, war jedoch immer bereit, Flora als Verhängnis abzutun. In einem Brief aus dem Jahre 1907 an Charmians Tante Ninetta Eames heißt es: »Zumindest einen Punkt gibt es, über den wir, Sie und ich, einiggehen, und dies ist der Charakter meiner Mutter... Lassen Sie sich von mir sagen, daß Sie nicht den tausendsten Teil der wahren Teufelin gesehen haben, die sie ist.«

Vielleicht traf es sich ganz glücklich, daß in jener Februarwoche 1897, als Jack die Universität verließ, eine andere aufregende Sache in seinem Leben passierte. Die Socialist Labour Party Oaklands protestierte gegen einen Erlaß der Stadt, der Straßenversammlungen im innerstädtischen Bereich aus feuerpolizeilichen Gründen untersagte. Die Partei entschied, als Testfall eine Versammlung abzuhalten; der dafür vorgesehene Tag sollte Abraham Lincolns Geburtstag sein, und Jack London sollte sich als Freiwilliger dafür opfern. Unterstützt von Jim Whitaker stieg er auf die Rednertribüne und war – als schlechter Stegreifredner – dankbar, als die Polizei eintraf, um die Veranstaltung zu beenden und ihn ins Gefängnis zu bringen. Es kam jedoch nichts dabei heraus; Jack wurde freigesprochen, und der Erlaß blieb unverändert in Kraft. Lediglich etwas Ruhmesglanz fiel auf ihn, als er von Reportern interviewt wurde, die ihn den »Sozialistenjungen« nannten. Mabel Applegarth bekundete ihm ihr Mißfallen. Der Zwischenfall brachte immerhin etwas Ablenkung zu einer Zeit, als Jack Ablenkung bitter nötig hatte.

In ›König Alkohol‹ beschrieb er diesen Abschnitt seines Lebens; alle drei Biographen akzeptierten seine Darstellung, die mit den Worten beginnt: »Ich beschloß, sofort nach Verlassen der Universität meine Schriftsteller-Laufbahn einzuschlagen.« Dann schildert Jack, wie er sich an Gedichten, Erzählungen, Essays und Lustspielen versuchte und sich mit einer alten Schreibmaschine herumschlug, die nur Großbuchstaben hatte und so hart anschlug, daß seine Finger davon schmerzten. Er beschreibt auch, wie er Manuskripte in alle Himmelsrichtungen verschickte und bei keinem Verleger Erfolg hatte. Dies alles geschah in den ersten Monaten des Jahres 1897. Allerdings steht auf einem Brief vom 17. September 1898, mit dem er der Zeitung ›The Bulletin‹ einen Artikel anbot, über dem Text in Charmian Londons Handschrift: »Dies ist Jacks erster Brief an einen Verleger«, und trotzdem übernimmt auch sie die Version aus ›König Alkohol‹ in ihrem Buch.

Aber diese Darstellung kann nicht ganz stimmen. Am 4. Februar 1897 ging Jack von der Universität ab und wurde am 12. Februar verhaftet; im Juli verließen er und Elizas Mann mit ihrer Goldgräberausrüstung San Francisco und fuhren auf der »Umatilla« in Richtung Yukon. Dazwischen arbeitete und lebte er einige Monate lang in einer Dampfwäscherei. In seiner Darstellung erwähnt er Manuskripte aus seiner riesigen Produktion, die »erstaunliche Rundreiserekorde zwischen Pazifik und Atlantik aufstellten«. Jack beschreibt ganz einfach zu viele Aktivitäten, als daß er sie in dem angegebenen Zeitraum hätte bewältigen können, da er in jenen Tagen auch mit Chaney einen regen Briefwechsel unterhielt, mit den Applegarths verkehrte und seine politischen Interessen weiter verfolgte (im Juni schrieb er an Ted Applegarth und schilderte ihm seine Begeisterung über die Entwicklung der Sozialdemokratie in Amerika).

Man muß daraus schließen, daß er mit der Erzählung ›König Alkohol‹ eine Art Schleier über sein damaliges Leben ziehen wollte. Die Periode des Schreibens und Einreichens unzähliger Manuskripte gehört in eine etwas spätere Zeit, und zwar, nachdem er aus Yukon zurückgekehrt war. Nach der Beendigung seines Universitätsbesuches fühlte er sich zunächst einmal äußerst unglücklich und verunsichert und nahm deshalb die Arbeit in der Dampfwäscherei ohne langes Zögern an.

Die Wäscherei gehörte zur Belmont-Akademie, einer Militärschule auf der Halbinsel südlich von San Francisco. Sie war mit modernen Maschinen ausgerüstet, und Jack erledigte mit einem anderen jungen Mann das ganze Aussortieren, Waschen und Bügeln der Wäsche. Es war eine endlose Schufterei bis tief in die Nacht hinein, sechs Tage die Woche. Er erhielt dafür dreißig Dollar im Monat sowie freie Kost und Logis; sein Essen nahm er in der Küche ein. »Am Samstagabend«, so schrieb er, »waren wir total erschöpfte Wracks.« Seine Erfahrungen gab er detailliert in ›Martin Eden‹ wieder, wo er von den »Würmern des Alkoholrausches« als der unausweichlichen, sich förmlich aufdrängenden Zufluchtsmöglichkeit sprach (obwohl er in ›König Alkohol‹ behauptete, während der Zeit in der Wäscherei nicht getrunken zu haben). Er hatte zwar einen Stapel Bücher mitgenommen, war jedoch zu erschöpft, sie aufzuschlagen.

Als die Akademie während der Sommerferien schloß, kehrte er nach Oakland zurück, schlief sich aus, besuchte Freunde und sah sich nach einer anderen Arbeit um. Ähnlich wie Kellys Armee Aufsehen erregt hatte, als Jack drei Jahre zuvor in einer ähnlichen Lage war, so gab es jetzt eine andere, noch weit größere Attraktion: der Goldrausch nach Klondike hatte eingesetzt! Obwohl die Möglichkeit, »mit einem Schlag steinreich zu werden«, Jack sofort reizte, war es für ihn wie hunderttausend andere auch die Zugkraft des unbekannten Neuen, das lockte, das Vordringen in unbekannte Gebiete, um dort Abenteuer und Chancen zu finden, die es bisher nicht gegeben hatte.

Jack suchte verzweifelt nach einem Weg, das Geld für Kleidung,

Ausrüstung, Nahrungsmittel-Vorräte und die Reise selbst aufzutreiben. Er wollte den Dichter Joaquin Miller, den er von Versammlungen der Sozialisten her kannte, im Vertrauen darauf aufsuchen, daß dieser ihn verstehen und ihm das Geld leihen würde. Aber Miller war bereits im Auftrag einer Zeitung nach Klondike abgereist. An seine Schwester wollte er sich nicht wenden, da sie ihm schon so oft geholfen hatte. Und doch kamen die Mittel ganz unerwartet von Elizas Seite: ihr Ehemann James Shepard, der bereits im vorgerückten Alter war, wurde vom Goldfieber gepackt. Er nahm eine Hypothek auf sein Haus und seine Anteile an einem kleinen Geschäft auf und erbot sich, Jack mitzunehmen, um einen jüngeren und erfahreneren Partner dabeizuhaben. In Wirklichkeit war Shepard ganz und gar nicht in der Verfassung, sich in ein derartiges Abenteuer zu stürzen. Noch vor den eigentlichen Reisevorbereitungen erlitt er einen Herzanfall in der Straßenbahn, und der Arzt verordnete ihm Bettruhe. Dennoch durchstreiften er und Jack San Francisco, um Pelze, Schürfgeräte, Zelte, Decken und Material zum Bau von Schlitten und Kanus zu kaufen. Jacks Gepäck wog fast neunhundert Kilogramm.

In einem Brief teilte er Mabel mit, daß er nach Alaska gehen wollte, worauf er eine fast hysterische Antwort von ihrer Mutter erhielt: »Oh, lieber Jack, bitte lassen Sie sich von dieser Idee abbringen, denn wir haben das sichere Gefühl, daß Sie auf dieser Reise den Tod finden und wir Sie niemals wiedersehen werden... Ihre Eltern sind gewiß fast wahnsinnig vor Schmerz. Bitte, lieber Jack, selbst wenn es schon fünf vor zwölf ist, ändern Sie Ihre Meinung und bleiben Sie!« Aber keine noch so flehentliche Bitte hätte Jack zurückhalten können, und bei ihm zu Hause hatte man andere, drückendere Sorgen: sein Stiefvater lag im Sterben! Am 25. Juli fuhren Jack und Shepard durch das Golden Gate von San Francisco und schlossen sich an Bord ihres Schiffes mit drei anderen Männern zu einer Gruppe zusammen.

Für Shepard war wie für so viele andere Glückritter die Expedition schnell vorbei. Der Goldrausch brachte ein Sprichwort hervor: »Für jeden Dollar, der aus dem Boden geholt wird, werden zwei hineingesteckt.« Als die Dampfer die Knäuel von Passagieren samt Fracht absetzten, erhob sich vor ihnen, schneebedeckt und gewaltig, das Coast-Range-Gebirge; über diese Berge mußten sie hinüber, bevor die Reise nach Dawson City angetreten werden konnte. Es gab dort nur eine kleine Zahl von Indianern und Packpferden, die zu Preisen, die der Nachfrage entsprechend hoch waren, ihre Dienste anboten – dreißig Cent verlangten sie für jedes

Pfund Traglast. Einige drehten an dieser Stelle um; andere schleppten eigenhändig ihre Lasten und versuchten so, über die Pässe zu gelangen. Jack und seine Partner übernachteten im Zelt und entschieden sich dann für den Chilkoot-Paß als Übergang. Zu diesem Zeitpunkt beschloß Shepard, nachdem er durch Erzählungen der zurückkehrenden Männer von den noch vor ihnen liegenden Strapazen und Schwierigkeiten erfahren hatte, daß er nun genug hatte. Zu Jacks Erleichterung überließ er ihm die Ausrüstung und wartete auf den nächsten Dampfer für die Rückfahrt. Er traf kurz vor John Londons Ableben in Oakland ein; seine Frau, Johns Tochter Eliza, bezahlte das Begräbnis.

Jack begann den Aufstieg zum Chilkoot-Paß am nächsten Morgen mit den anderen drei Männern. Er trug mehr als seinen Gepäckanteil und quälte sich ab, um an der Spitze zu bleiben. Nachdem sie den Grat erreicht hatten, stiegen sie zu der Kette von Eisseen hinunter, die sie zum Lewes River und weiter zum Yukon führen sollten. Nach kurzer Zeit schuf sich Jack wie zu seinen Zeiten als Austernpirat und Tramp ein Idealbild der eigenen Überlegenheit: Er würde die Besten auf diesem Weg übertreffen, in diesem Fall die Indianer. Später schrieb er: »Ich erinnere mich, daß ich gegen Ende der fast vierzig Kilometer langen Strecke von Dyea Beach über den Chilkoot zum Lake Linderman es mit jedem Indianer aufnahm, und manchen von ihnen habe ich sogar übertroffen. Die letzte Etappenstrecke nach Linderman war fünf Kilometer lang. Ich schaffte den Weg viermal am Tag hin und zurück und trug jedesmal auf dem Hinweg etwa siebzig Kilogramm Gepäck. Das bedeutet, daß ich auf den unwegsamsten Pfaden täglich vierzig Kilometer zurücklegte, wovon ich über zwanzig Kilometer jeweils eine Last von beinah anderthalb Zentnern schleppte.«

Am Linderman-See angekommen, kauften sie Bretter von frischgefällten Baumstämmen und bauten daraus ein Boot. Merritt Sloper, einer von Jacks Begleitern, war Schiffsbauer, und Jack schnitt ein Segel zu, nähte es zusammen und takelte es auf; so ersparten sie sich ständiges Rudern, und die »Yukon Belle« war so solide gebaut, daß ihre Vorräte selbst bei der Fahrt durch Stromschnellen trocken blieben. Sie zogen weiter, während hinter ihnen das Wasser bereits zuzufrieren drohte. Sie schliefen sowenig wie möglich. Am Marsh-See ließ die berittene Nordwest-Polizei nur jene Männer weiterziehen, die mindestens dreihundert Kilogramm Proviant mit sich führten. Durch einen Blizzard wurden sie am Lebarge-See drei Tage lang aufgehalten; dann kämpften sie sich auf Jacks Drängen hin weiter vorwärts, denn anderenfalls hätten sie den Winter dort oben im Zelt verbringen müssen. Meter um Meter erkämpften sie sich den Weg über den See, während sie beobachten konnten, wie er hinter ihnen wieder zufror.

Die turbulentesten und gefährlichsten Abschnitte der Reise waren die Fahrten durch den Box Canyon und die White Horse-Stromschnellen. Beide Male entschloß sich Jack aus Zeitgründen zur Durchfahrt, da es möglicherweise zwei volle Tage gedauert hätte, das Boot über Land an den Stromschnellen vorbeizuziehen und die Lasten zu tragen. Zweifellos war es seinem seemännischen Können und seinen eisernen Nerven, die sich ja bereits in seinen Heldentaten mit Young Scratch Nelson gezeigt hatten, zu verdanken, daß sie heil durchkamen. Im Box Canyon wird das Wasser von hohen Felswänden zurückgeworfen, und dadurch bildet sich ein großer, wirbelnder Wellenkamm in der Mitte des Canyon. Mit den Rudern kämpfend – Slopers Ruder brach dabei entzwei – ritten sie auf den Wellen und wurden durch den Strudel geworfen. Dann folgten zwei Meilen gewöhnliche Stromschnellen, bis sie die White Horse-Stromschnellen erreichten, in denen seit Jahren jeder ertrunken war, der sie zu durchfahren versuchte. Unter den Blicken zahlreicher Leute und die auf den Felsen verstreuten Trümmer zerschellter Boote vor Augen, schossen sie im Triumph durch die bedrohlichen Wasser. Als Jack gebeten wurde, auch andere Boote durch die Stromschnellen zu lotsen, verlangte er fünfundzwanzig Dollar für jede Fahrt; nach einem Aufenthalt von einigen Tagen hatten er und seine Gruppe dreitausend Dollar kassiert.

Am 9. Oktober erreichten sie Upper Island, das dem Ostufer des Yukon vorgelagert und rund einhundertdreißig Kilometer von Dawson entfernt liegt. Dort rasteten Jack und seine Gefährten in einer Blockhütte, einer von mehreren Unterkünften, die von den Pelzhändlern der Beringsee aufgegeben worden waren. Die Tatsache, daß die Hütten noch leer waren, zeigt, wie weit sie die anderen Goldsucher schon hinter sich gelassen hatten. Drei Tage später machten sie sich auf zum Henderson Creek, um ihre Claims abzustecken, und gingen dann weiter nach Dawson, um sie eintragen zu lassen. In der Hauptstadt des Yukon blieben sie fast zwei Monate. Nach Upper Island zurückgekehrt, warteten sie auf den Frühling und den Beginn des Goldschürfens. Aber für Jack sollte es kein Gold geben; wie andere erkrankte auch er an Skorbut, da kein Frischgemüse zu erhalten war. Durch einen Brief hatte er erfahren, daß John London gestorben war, und so verließ er Dawson im Juni 1898 ohne einen Pfennig Geld, um nach Hause zurückzukehren.

In diesem Jahr bei den Goldgräbern begegnete Jack Schauplätzen, Ereignissen und Charakteren, die er in einigen seiner hervorragendsten Geschichten verarbeitete. Er traf Elam Harnish, genannt »Burning Daylight«, und übernahm die beiden Namen und einiges vom Charakter des Mannes für den Helden seiner Geschichte ›Lockruf des Goldes‹; er beobachtete die Hunde, die eine Hauptrolle in ›Ruf der Wildnis‹ spielen sollten; er traf Malemute Kid (›Der Sohn des Wolfs‹) und hörte von den Taten Smoke Bellews (›Alaska Kid‹), wenn er ihn nicht gar selbst kennenlernte. Von fast ebenso großer Bedeutung war ein anderes Material, das ihm die Monate in der kleinen Kolonie in Upper Island lieferten. Viele Männer in den Goldgräberlagern und den Holzfällercamps besaßen ein ausgeprägtes politisches Bewußtsein. Von den etwa sechzig Männern in Upper Island kamen mehrere von Universitäten und aus akademischen Berufen. Ihr Treffpunkt war Louis Savards Blockhütte, wo sie am offenen Feuer saßen und den ganzen Tag lang über Philosophie, Wirtschaftslehren und neue naturwissenschaftliche Lehrmeinungen diskutierten.

Jack hatte sich einen Stoß Bücher mitgebracht. W. B. Hargrave, der auch zu dieser Gruppe gehörte, erinnerte sich an Jacks Begeisterung und seine geistige Beweglichkeit bei den endlosen Diskussionen. Es gibt da die Geschichte von einem alten Goldgräber, der in einen Sturm geraten war, eines Nachts halbtot in die Hütte taumelte und dort eine Menge Leute in wildem Disput vorfand; als er begriff, daß sie über Sozialismus diskutierten, glaubte er, er wäre verrückt geworden.

Hargrave bemerkte bei Jack jedoch auch einen merkwürdigen Mangel an Urteilsfähigkeit, was seine Lektüre und seine Ansichten betraf. Jack hielt Harrison Ainsworth für einen der Großen der Literatur und verehrte und zitierte einige holperige Verse, die in der Zeitung von Klondike erschienen waren. Hargrave hatte den Eindruck, daß Jack lediglich das Gedruckte verehrte, daß alles, was veröffentlicht wurde, für ihn bewundernswert war.

In dieser Atmosphäre erweiterte sich Jacks Horizont, sein Glaube an den Sozialismus wurde genährt und gestärkt und seine Entschlossenheit, Schriftsteller zu werden, wuchs. Die Erregung des Goldrausches verblaßte. 1900 schrieb er in einem Artikel über »die Ökonomie von Klondike«:

»Das neue Klondike, das Klondike der Zukunft, wird sich vom Klondike der Vergangenheit deutlich unterscheiden. Natürliche Hindernisse werden zur Seite geräumt oder bezwungen werden, primitive Methoden abgeschafft sein und die Strapazen der schweren Arbeit und des Reisens auf ein Minimum reduziert werden. Erschließung und Transport werden systematisch erfolgen. Es wird keine Energieverschwendung mehr geben, keinen gedankenlosen Arbeitseifer. Der Grenzbewohner wird dem Arbeiter weichen, der Goldschürfer dem Bergbauingenieur, der Hundeführer dem Maschinenführer, der Händler und Spekulant dem soliden, modernen Geschäftsmann – denn dies sind die Männer, in deren Händen das Schicksal von Klondike liegen wird.«

Der Skorbut überzog Jacks Körper mit offenen Wunden und verschlechterte den Zustand der ihm noch verbliebenen Zähne. Nach einem kurzen Aufenthalt im katholischen Spital fuhr er mit zwei anderen Männern in einem kleinen offenen Boot den Yukon hinunter. Zweitausendfünfhundert Kilometer ließen sie sich bis zur Beringsee treiben und kampierten nachts am Ufer. Auf der Fahrt führte Jack wieder Tagebuch und notierte vor allem, was er in den Indianerlagern sah, an denen sie vorbeikamen. In St. Michael nahm er eine Stelle als Heizer auf einem Schiff nach Britisch-Kolumbien an, fuhr nach Seattle und legte dann den Weg nach Oakland auf Güterzügen zurück. Vielleicht übertrug er später Anfang und Schluß seiner Klondike-Reise, das heißt die Fahrt mit der »Umatilla« und seine Rückreise als Heizer, auf sein Buch ›Abenteurer des Schienenstranges‹. Jedenfalls kam er ohne rosige Zukunftsaussichten zu Hause an; und doch sollte nun sein rascher Aufstieg zum Ruhm beginnen.

## 5. Am Ziel der Wünsche

Nach seiner Rückkehr aus Klondike sah sich Jack zuerst einmal nach Arbeit um. Er hatte einerseits den starken Wunsch, sich ganz dem Schreiben zu widmen, fühlte sich aber gleichzeitig verpflichtet, seine verwitwete Mutter zu unterstützen. Flora war mit der Miete im Rückstand und Rechnungen waren zu bezahlen; Eliza, die ihr gewöhnlich aushalf, war zu einem Zelturlaub verreist. Seit einiger Zeit war noch eine weitere Person durchzufüttern, denn Johnny Miller, ein Enkel aus John Londons erster Ehe war bei ihnen untergebracht, während seine Mutter zur Arbeit ging. Er war praktisch ein Pflegekind geworden.

Für Jack erwies es sich als unmöglich, Arbeit zu finden. Er versetzte sein Fahrrad, die silberne Uhr, welche ihm Shepard für die Reise nach Klondike gegeben hatte, und den Regenmantel, den John London ihm vermacht hatte. In Wäschereien und Fabriken bewarb er sich und meldete sich sogar auf eine Anzeige hin, in der ein Ateliermodell gesucht wurde. Im August, als er schon einen Monat lang wieder zu Hause war, beteiligte er sich auch für kurze Zeit an der Goldsuche in den kalifornischen Bergen. Er griff auf die Gelegenheitsarbeiten seiner Jugendzeit zurück, putzte Fenster, mähte Rasen und schnitt Hecken. Gleichzeitig schrieb er Erzählungen über Klondike und sandte sie an Zeitungen und Zeitschriften. Für die erste erhielt er nicht einmal eine Eingangsbestätigung; eine andere wurde mit dem kurzen Hinweis des Verlages beantwortet, daß »das Interesse an Alaska in erstaunlichem Maße nachgelassen habe«. In nur sieben Tagen schrieb er eine Fortsetzungsgeschichte mit zwanzigtausend Worten und schickte sie ohne Erfolg an den ›Youth's Companion‹.

Während des Sommers bewarb er sich um eine Stelle bei der Post, legte die Aufnahmeprüfung ab und mußte dann auf das Ergebnis warten. Seine Erfolge bei früheren Examen, die zu bestehen er sich in den Kopf gesetzt hatte, mögen dazu geführt haben, daß das Bestehen der Prüfung als selbstverständlich angesehen wurde, und der Gedanke, er könne eine solche Stelle erhalten, gefiel seiner Familie und seinen Freunden. Flora redete ihm zu, doch in Oakland zu bleiben, nun, da sie eine kleine Pension erhielt und wieder begonnen hatte, Klavierstunden zu geben. Auch Eliza war daran gelegen, daß Jack eine angesehene, feste Stellung fand. Sie hatte immer an ihn geglaubt, seine Fähigkeiten bewundert und ihm oft geholfen. In einem Brief an Mabel Applegarth schrieb er in jenem Jahr – vermutlich zutreffend – über sie:

»Hätte ich ihre Ratschläge befolgt, so wäre ich heute ein kleiner Angestellter mit vierzig Dollar im Monat, ein Eisenbahnangestellter oder etwas Ähnliches. Ich besäße einen Wintermantel, ginge ins Theater, hätte einen netten Bekanntenkreis, gehörte irgendeinem schrecklichen, kleinen Heimatverein an, würde sprechen wie sie, denken wie sie, handeln wie sie ... weil ich Eliza zeigte, daß mein Gehirn ein wenig besser war, als es eigentlich sein konnte, berücksichtigt man die Benachteiligungen in meiner Jugend und fehlende Möglichkeiten, und weil ich anders war als die meisten Burschen meines Standes – deshalb fand sie Gefallen an mir. Aber all dies war sekundär; in erster Linie war sie einsam, hatte keine Kinder und einen Ehemann, der keiner war, etc.; sie suchte jemanden, den sie gern haben konnte.«

Die Wunschvorstellungen für seine Zukunft, die er Eliza zuschrieb, entsprachen auch Mabels Wünschen. Sie war noch immer seine Freundin, aber seine idealistische Anbetung war verflogen. Die einjährige Abwesenheit in Klondike war nicht spurlos an ihm vorübergegangen; Mabel machte ihm nun ständig sanfte Vorwürfe, die an Nörgelei grenzten. Mabel litt unter seiner schäbigen Kleidung, darunter, daß es ihm augenfällig an Nahrung und Schlaf mangelte, vor allem aber unter seiner Unfähigkeit, seinen Lebensunterhalt zu verdienen. Sie drängte ihn, die Stelle bei der Post anzunehmen oder auch irgendeine andere, wenn sie nur finanzielle Sicherheit brächte. Tatsächlich empfand sie eine starke Zuneigung für ihn und war bereit, ihn zu heiraten; sie konnte deshalb die Schroffheit seiner Antworten nicht verstehen, die er ihr gab. Bei Jacks Verhalten ihr gegenüber spielte auch ihre zarte Konstitution eine Rolle, die in gewisser Weise Jacks Verständnis vom Mann als kräftigem Beschützer entsprach. Sein Instinkt jedoch zog ihn zu einem kräftigeren, sinnlicheren Typ von Mädchen, dessen Prototyp die Königin der Austernpiraten war – »eine Frau wie eine große, wollüstige Flamme«, wie es Brissenden in ›Martin Eden‹ ausdrückt. Von diesem Standpunkt aus gesehen waren Mabels Zartheit und vornehme Art irritierend. Jack fing an, anderen Frauen nachzuschauen, und er mußte sogar feststellen, daß Mrs. Applegarths Lebhaftigkeit ihn nun erregte.

Er suchte noch immer Mabels Nähe, da er glaubte, ihre Bildung und ihre Literaturkenntnisse seien den seinen überlegen. Er sandte ihr seine Arbeiten zu, um ihr Urteil darüber zu hören, und war dann aufgebracht, weil sie das Wesentliche nicht erfaßte; seine Hartnäkkigkeit verstärkte nur ihre Bitten, diesen lächerlichen Traum aufzugeben. Als Einleitung zu seinem Brief über die »Pflicht« schrieb Jack: »Dein Interesse an meinen Angelegenheiten schätze ich durchaus, aber – wir haben nichts gemeinsam. Ungefähr kennst Du meine Bestrebungen, aber nur ungefähr; von dem wahren Jack jedoch, seinen Gedanken, Gefühlen etc. weißt Du ganz sicher nichts.«[7]

Wieder und wieder ergriff ihn die Verzweiflung. Gegenüber Mabel und Frank Atherton, einem Jugendfreund, äußerte er Selbstmordgedanken. Im November 1898 schrieb er an Mabel: »Ich weiß noch nicht, wann ich kommen kann; vielleicht grabe ich nächste Woche Abwasserkanäle oder schaufle Kohlen.« Eliza gab ihm Geld für Schreibpapier und Tabak, und wenn er bei den Applegarths zum Essen eingeladen war, konnte er nur mit Anstrengung seinen Wolfshunger bezähmen. Andere Freunde, die er um Unterstützung hätte bitten können, besaß er nicht. Zwar ging er immer noch zu den Versammlungen der Sozialisten und besuchte Whitaker, um mit ihm zu boxen, und Strawn-Hamilton, der Jacks Wunsch, sich dem Schreiben zu widmen, guthieß. Die Gruppe seiner Freunde aber, in deren Häusern er während seiner Universitätszeit verkehrt war, hatte sich jedoch zerstreut. Fred Jacobs war als Soldat in den Spanisch-Amerikanischen Krieg gezogen und sollte an Fieber sterben. Seine Freundin Bess Maddern studierte noch in Oakland, und Jack sah sie gelegentlich; doch für ihn war sie nur noch ein Bindeglied zu einer anderen, vergangenen Zeit.

Noch immer wartete er auf das Ergebnis der Postbeamtenprüfung. Am 7. Januar 1899 schrieb er in einem Brief: »Mitten in der Arbeit am Manuskript für den ›Youth's Companion‹ unterbrach ich das Schreiben, um die Aufnahmeprüfung für Beamte im Postdienst abzulegen. Die Leute in Washington sind jedoch sehr langsam, denn ich warte immer noch auf eine Mitteilung über mein Abschneiden bei dieser Prüfung. Ich glaube, daß ich meine Sache sehr gut gemacht habe.« In der Zwischenzeit setzte er das Schreiben fort. Er dachte ganz und gar nicht daran, Meisterwerke zu schaffen, sondern wollte finanziellen Erfolg haben, das heißt, den Weg finden, mit Schreiben Geld zu verdienen. In einer Sonntagszeitung hatte er gelesen, daß das von Zeitschriften gezahlte Mindesthonorar zehn Dollar pro tausend Wörter betrug, und solche Zahlen stachelten Jack an, nach Wegen zu suchen, um auch derartige Gewinne einzuheimsen. So brütete er in der öffentlichen Bibliothek über Zeitschriften und versuchte, die Schreibtechniken herauszufinden, fertigte Wortlisten an, die er in seinem Zimmer aufhängte und durch neue ersetzte, wenn er die Wörter vollkommen beherrschte. Er war ein glühender Bewunderer von Kipling, schrieb manche seiner Geschichten von Anfang bis Ende ab und versuchte, dabei dessen Stil in sich aufzunehmen und ihn sich zu eigen zu machen.

Anfang Dezember, ein oder zwei Tage, nachdem er seinen langen, bitteren Brief an Mabel geschrieben hatte, erhielt Jack die erste Zusage. Sie kam vom ›Overland Monthly‹, einer von Bret Harte gegründeten Zeitschrift. Man schätzte seine Erzählung ›To the Man on the Trail‹ (›Ein Mann geht seinen Weg‹) so sehr, daß man ihm trotz der großen Menge des in der Redaktion vorhandenen Materials anbot, sie auf der Stelle, also noch in der Januar-Ausgabe, abzudrucken, »wenn Sie sich mit fünf Dollar zufriedengeben«. Für Jack war dieses Honorarangebot mindestens so enttäuschend wie sämtliche anderen Manuskriptablehnungen zusammen. Die Geschichte hatte einen Umfang von drei- bis viertausend Worten, und er hatte fünf Tage lang an ihr geschrieben: Man bot ihm also den gleichen Lohn an, den er in der Konservenfabrik und in der Jutemühle erhalten hatte, nämlich einen Dollar pro Tag! Verärgert schrieb er an Mabel: »...wenn die Geschichte es wert ist, veröffentlicht zu werden, ist sie auch wert, anständig bezahlt zu werden.« Worüber sich Jack nicht klar war, war, daß der ›Overland Monthly‹ zwar kein Geld hatte, aber ein hohes Ansehen genoß und daß somit die Annahme seiner Geschichte für ihn von unschätzbarem Wert war, so enttäuschend auch die Bedingungen waren.

Er schrieb an den ›Youth's Companion‹ und erkundigte sich nach der Fortsetzungsgeschichte, die er eingeschickt hatte. In seinem Antwortbrief lehnte der Chefredakteur das Manuskript ab, bemerkte, daß die Kapitel nicht mehr als dreitausendfünfhundert Worte umfassen dürften und legte Jack nahe, den Gedanken des Schreibens als Broterwerb aufzugeben. Jack zählte die Wörter nach und stellte fest, daß sie die vorgeschriebene Anzahl nicht überschritten. Sein zweiter Brief an die Zeitschrift, in dem er auf diese Tatsache hinwies, enthält auch einen Hinweis darauf, was den Chefredakteur zu seinem Ratschlag veranlaßt haben kann, denn Jack entschuldigte sich für seinen ersten Brief und schrieb, daß er krank und verstört gewesen wäre, »keinen Freund gehabt hätte, zu dem er hätte gehen können, und er sich irgendwie hätte abreagieren müssen«. Der Chefredakteur wiederum mußte dadurch den Eindruck erhalten, daß dieser unbekannte junge Mann nicht ganz richtig im Kopf und mit einer anspruchsloseren, ruhigen Arbeit besser beraten wäre. Als aber die Niedergeschlagenheit Jack zu überwältigen drohte, geschah das Wunder: Ein weiteres Manuskript wurde angenommen. Dieses

Mal war es die Zeitschrift ›The Black Cat‹, deren Herausgeber H. D. Umbstaetter schon viel zur Unterstützung junger Schriftsteller getan hatte.

Bei dem eingesandten Manuskript handelte es sich um eine Gruselgeschichte mit dem Titel ›By a Thousand Deaths‹ (›Der tausendfache Tod‹). Umbstaetter erkundigte sich, ob Jack wirklich der Autor der Geschichte sei; da er sie zu langatmig fand, bot er Jack vierzig Dollar dafür unter der Bedingung, daß er einer Kürzung auf die Hälfte des Umfangs zustimmte. Die Geschichte umfaßte viertausend Worte, und bei einer Kürzung auf zweitausend würde er für tausend Worte immerhin zwanzig Dollar erhalten. Dieses Rechenexempel und die Annahme der Geschichte an sich munterten Jacks Lebensgeister wieder auf. Er jagte also doch keinen Hirngespinsten nach, und seine Veranschlagung dessen, was man mit Schreiben verdienen konnte, war mehr als richtig gewesen. Er schrieb sofort an Umbstaetter und erhielt postwendend sein Honorar. Fahrrad, Uhr und Regenmantel löste er im Pfandhaus aus, kaufte Lebensmittel, bezahlte die Miete und deckte sich mit Schreibpapier ein. Einige Jahre später schrieb er in der Einleitung zu einer Auswahl seiner ›Black Cat‹-Geschichten: »Ich war am Ende meiner Kräfte, ausgebrannt, halb verhungert, bereit, zum Kohlenschaufeln zurückzukehren oder in den Tod zu gehen ... Mit der Zusage der Zeitschrift ›Black Cat‹ rettete buchstäblich die Erzählung den Erzähler.« Vielleicht wollte Jack hier für Umbstaetter Reklame machen und trug ein bißchen zu dick auf. Trotzdem kann es keinen Zweifel daran geben, daß dies für ihn die entscheidende Wende war.

Der ›Overland Monthly‹ kaufte ihm eine weitere Geschichte – ›The White Silence‹ (›Das weiße Schweigen‹) – ab, um sie im Februar zu veröffentlichen, und James Howard Bridge, der Herausgeber, bat Jack um seinen Besuch. Er erklärte ihm offen die finanzielle Lage der Zeitschrift, unterstrich jedoch auch den hervorragenden Ruf, welchen das Blatt immer noch genoß. Er wollte Jack für sechs Erzählungen unter Vertrag nehmen. Zwar würde man ihn nur mit siebeneinhalb Dollar für jede Geschichte honorieren, aber sie würden ihm einen Ruf verschaffen, den er durch andere Zeitschriften vielleicht nicht erreichen konnte, und darüber hinaus würde dadurch ganz sicher die Aufmerksamkeit von Kritikern und ernsthaften Lesern auf ihn gelenkt werden. In der letzten Januarwoche erfuhr Jack das Ergebnis seiner Prüfung für die Stelle bei der Post; er hatte sie mit fünfundachtzig von hundert möglichen Punkten bestanden und stand damit auf der Bewerberliste für einen frei werdenden Posten an erster Stelle. Sein Anfangsgehalt würde sich auf fünfundvierzig Dollar im Monat belaufen und würde sich dann später auf fünfundsechzig Dollar steigern. Es könnte jedoch sein, daß er ein Jahr auf eine frei werdende Stelle würde warten müssen. Doch das alles war für ihn ohne Belang, nun, da seine Geschichten gedruckt wurden.

Finanziell hatte er immer noch zu kämpfen. Ende Februar schrieb er an Mabel: »Du weißt ja, wir leben von der Hand in den Mund, da nichts hereinkommt, was nicht erst noch verdient werden müßte. Viele meiner Sachen sind im Pfandhaus, und Rechnungen kommen massenweise ins Haus.« Er fertigte schriftstellerische Brotarbeiten an – Gedichte, Witze, einfach alles, nur um einer Veröffentlichung willen. Der ›Overland Monthly‹ versäumte es, ihm sein Honorar zu schicken, und so ruderte Jack auf die andere Seite der Bucht, drang in die Büroräume ein und drohte, Gewalt anzuwenden. Daraufhin erhielt er fünf Dollar aus den Taschen der Verlagsassistenten Roscoe Eames und Edward Payne.[8] Im Frühjahr verfügten er und Flora nur noch über wenige Cents und knappe Lebensmittelvorräte. Aber Jack blickte nun zuversichtlich und voller Selbstvertrauen in die Zukunft, was sich in der Korrespondenz mit Cloudesley Johns widerspiegelt, die er im Februar 1899 begann. Johns, ein Postbeamter, der wie er Sozialist war und Schriftsteller werden wollte, war von Jacks ersten beiden Geschichten im ›Overland Monthly‹ beeindruckt und schrieb ihm. Über die folgenden drei Jahre hinweg führten sie einen umfangreichen Briefwechsel und blieben bis zu Jacks Tod befreundet. Ein Manuskript, das ihm Johns übersandt hatte, kritisiert Jack in seinem zweiten Brief in verlegerischer Tonart: Er riet ihm, es zu kürzen, dies und das wegzulassen und auf seine Wortwahl zu achten.

Dieser Briefwechsel ist sehr aufschlußreich. Jack entwickelte einen besonderen, auf Johns zugeschnittenen Briefstil, wie er es für jeden Briefpartner tat. Hier schlug er eine kräftige, lebendige Tonart von Mann zu Mann an. Seinen zweiten Brief an Johns beendete Jack mit einer Beschreibung seines Äußeren, da Johns ihn um eine Fotografie gebeten hatte:

»Wurde vergangenen Januar dreiundzwanzig Jahre alt. Bin einssiebzig groß bzw. einseinundsiebzig mit Strümpfen – das Seemannsleben hat mich zusammenschrumpfen lassen. Wiege gegenwärtig sechsundsiebzig Kilogramm, komme aber schnell wieder auf achtzig Kilogramm, wenn ich zum harten Leben in der freien Natur zurückkehre. Bin glattrasiert – wenn ich's sprießen lasse, blonder Schnurrbart und schwarzer Backenbart, aber lang wächst es nie. Das glattrasierte Gesicht macht mein Alter unbestimmt, und gleichermaßen kompetente Leute schwanken bei der Schätzung meines Alters zwischen zwanzig und dreißig Jahren. Graugrüne Augen, dicke Augenbrauen, in der Mitte zusammengewachsen, braunes Haar ... Gesichtsfarbe durch viele, langandauernde Romanzen mit der Sonne gebräunt, obwohl im Augenblick durch den bleichenden Prozeß seßhaften Lebens deutlich gelblich geworden. Mehrere Narben, acht obere Vorderzähne fehlen, gewöhnlich kaschiert durch ein Gebiß. Damit haben Sie mich von Kopf bis Fuß.«

Seine Armut erwähnte er Johns gegenüber mit keinem Wort. Im Gegenteil, er sprach von der Schar der Freunde und alten Schiffskameraden, die bei ihm vorbeischauten, und von seiner Unfähigkeit, nein zu sagen, wenn sie ihn anpumpen wollten (dies schrieb er Ende März 1899, als Flora und er fast verhungerten). Er sprach auch davon, wie weibliche Bekannte zu ihm kamen, damit er ihnen bei Problemen zur Seite stehe und erklärte sich zum Schwerenöter: »Ich bin leidenschaftlich wie Sie, aber vermutlich mit einem weniger gezügelten Temperament und denke, daß ich wohl für irgendein polygames Land erschaffen wurde. Obwohl ich einen starken Willen besitze, setze ich ihn bewußt nicht ein, wenn er einem im selben Augenblick aufkommenden Verlangen entgegenstünde.« Er erwähnte auch die von ihm bevorzugte Art, sich zu kleiden: »Ich mag das angenehm frische Gefühl gut sitzender Kleidung, etc.«

Dies entsprang nicht etwa einer Pose, sondern einer Vision seiner selbst, der er sehr bald gleichzukommen wünschte. Noch ein weiteres persönliches Element wird in der Korrespondenz mit Johns sichtbar. Zwei Monate nach seinem ersten Brief schrieb Jack: »Mein ganzes Leben lang habe ich den idealen Kameraden gesucht, obwohl man ja Ideale gar nicht erreichen kann. Nie fand ich den Mann, dessen Wesenselemente als Ganzes so beschaffen waren, daß er mein Ideal erfüllte, oder ihm zumindest nahekam ... Nach dem zu urteilen, was ich von Dir erfahren habe, kommst Du diesem Ideal näher als irgend jemand zuvor. Aber Persönlichkeit, die sich in Feder und Papier widerspiegelt, und Persönlichkeit, die sich von Angesicht zu Angesicht erweist, sind zwei sehr verschiedene Dinge. Ich bilde mir jedoch ein, Du hättest die zwei wichtigsten Eigenschaften, die ich gesucht habe.« Einige Jahre später bestimmte dieses Verlangen nach einer engen Beziehung zu einem geistig und körperlich begabten Mann – dem großen »männlichen Kameraden« – auch seine Beziehung zu George Sterling, und es ist unmöglich, in dem – wie Joan London es nannte – »emotionalen Wechselspiel« zwischen ihnen die homosexuellen Untertöne zu überhören.

Vor allem aber sprachen Cloudesley Johns und Jack darüber, wie sie erfolgreiche Schriftsteller werden könnten. Wieviele Worte pro Tag sollte man sich als Schreibpensum setzen? Wie hoch waren die Honorare bei dieser oder jener Zeitschrift? Wie brachte man Gedichte und humoristische Geschichten bei Verlagen unter? Sie tauschten ihre Erfahrungen mit Verlegern aus, diskutierten Wortschatz und Ausdrucksweise, schickten sich Zeitungsausschnitte zu und empfahlen sich gegenseitig lesenswerte Bücher. Im Jahre 1903 wurde ein Artikel von Jack mit dem Titel ›On the Writer's Philosophy of Life‹ (›Über die Lebensphilosophie des Schriftstellers‹) veröffentlicht, der als Ratschlag eines anerkannten Schriftstellers aufgefaßt wurde. Geschrieben und erstmals eingereicht worden war der Artikel jedoch schon 1899, und sein Inhalt stammte weitgehend aus dem Briefwechsel mit Johns. Diese Korrespondenz weist deutlich darauf hin, wie professionell Jack vorging. 1900, als ›McClure's‹ ihm gerade dreihundert Dollar für zwei Erzählungen und einen Artikel gezahlt hatte, schrieb er:

»Mein bisher bestes Honorar. Nun schön, wenn sie wollen, können sie mich gerne mit Haut und Haaren kaufen – wenn sie den Preis dafür bezahlen. Ich schreibe für Geld, und wenn es mir gelingt, berühmt zu werden, bedeutet das mehr Geld. Mehr Geld bedeutet ein besseres Leben für mich. Immer werde ich jedoch die Pflicht, Geld zu verdienen, hassen. Jedes Mal, wenn ich schreibe, tue ich es höchst widerwillig. Ich würde viel lieber draußen im Freien jede x-beliebige Gegend durchstreifen.«

Der Abschnitt endet mit den prophetischen Worten: »So wird der Drang, Geld zusammenzuraffen, bei mir nie zum Laster ausarten. Aber der Hang, Geld auszugeben – oh Gott! Ich werde ihm wohl immer zum Opfer fallen.«

Diese Darlegung seines persönlichen Materialismus mag wie eine affektierte Pose klingen, aber dies trifft nicht zu. In einem Brief an Anna Strunsky machte er sich ein wenig lustig über Johns und dessen Streben, für die »Nachwelt« zu schreiben, und er schloß mit den Worten: »Was würde ich darum geben, wenn ich mich einfach hinsetzen und wirklich anspruchsvolle Sachen schreiben könnte? Aber es zahlt sich eben nicht aus und so lasse ich es.«[9] Diese Absichtserklärungen zu Beginn seiner Karriere verdienen Beachtung. Ihm wohlgesonnene Zeitgenossen kritisierten an Jack London, daß er seine höchsten Fähigkeiten als Schriftsteller nicht ausschöpfe, weil er schriebe, was der Markt verlange. Auch später wurde ihm dies nachgesagt. Von Anbeginn seiner Laufbahn hatte Jack nicht verhehlt, daß dies sein Ziel sei, auf welches alle seine Vorbereitungen ausgerichtet waren.

In den Monaten Mai, Juni und Juli wurden weitere seiner Geschichten über Alaska in einer immer größer werdenden Zahl von Zeitungen und Zeitschriften veröffentlicht. Glückstrahlend und in gehobener Stimmung lud er Mabel zu einer Radtour ein. Bei einer Rast in den Bergen berichtete er ihr von seinen Triumphen und seinen Zukunftshoffnungen. Sie fragte ihn, was seine Geschichten ihm einbrachten und brach daraufhin in Tränen aus. Für sie war dies kein Triumph, sondern nur eine Bestätigung ihrer Überzeugung, daß er sich als Postbeamter weitaus besser stünde. Er gestand ihr, daß man ihm eine freie Stelle angeboten und er sie abgelehnt hatte. In einem neuen Anlauf, sie zu überzeugen, las er ihr das Manuskript einer neuen Erzählung vor, das er mitgebracht hatte und den Verlegern einreichen wollte. Auch dies konnte Mabel nicht besänftigen. Wie die meisten seiner Arbeiten enthielt auch diese Geschichte nackte Gewalt; daran zu denken, mit dem Schreiben solch dürftig bezahlter Sachen seinen Lebensunterhalt bestreiten zu wollen, erschien doch hoffnungslos. Warum gab er es denn nicht auf?

Dies war buchstäblich das Ende ihrer Beziehung. Einerseits war es bedauerlich, denn obwohl Mabel und Jack ganz und gar nicht zueinander paßten, so hatte sie doch seine bitterste und verzweifeltste Zeit miterlebt. Aber Jack konnte ihr nie verzeihen, daß sie nicht an ihn geglaubt hatte. In ›Martin Eden‹ dramatisierte er die Geschichte, stellte Mabels Familie als selbstgerecht und kleinlich hin und zeichnete Mabel in der Gestalt der Ruth als schwaches, klägliches Geschöpf. Zu diesem Zeitpunkt jedoch brauchte er keinen moralischen Beistand mehr. Er wußte, er war nun auf dem Weg zum Erfolg, und seit dem Erscheinen seiner Geschichten im ›Overland Monthly‹ sagten es auch andere. Die Zeitungen von Oakland, die ihn den »Sozialistenjungen« genannt hatten, schrieben nun respektvoll von ihm als »Mr. Jack London, dem jungen Schriftsteller«. Flora war auch nicht mehr länger das sich dreinschikkende Opfer seines Eigensinns, sondern ermutigte ihn eifrig. Obwohl die beiden nicht viel miteinander sprachen, war sie entschlossen, zu Jacks Erfolg beizutragen, und nahm die damit verbundene Mühsal tapfer auf sich. Vielleicht war dies für sie eine Art Rehabilitation: Die Karriere ihres Sohnes würde nicht nur ein sorgenfreies Leben und gesellschaftliches Prestige mit sich bringen, sondern auch rechtfertigen, was vierundzwanzig Jahre zuvor in San Francisco geschehen war.

Jack richtete sein Augenmerk auf die neuen Zeitschriften. Noch war William Randolph Hearst nicht in Erscheinung getreten, aber durch ›Munsey's‹, ›McClure's‹ und J. B. Walkers ›Cosmopolitan‹

wurde in den achtziger Jahren des vorigen Jahrhunderts der moderne Journalismus aus der Taufe gehoben, und ihren Gründern darf man Weitblick und Scharfsinn nachsagen. Vorausgegangen waren dieser Entwicklung das Heranwachsen eines neuen, rasch anwachsenden und breitgestreuten Lesepublikums sowie technische Neuerungen, welche die Druckkosten drastisch senkten – wohingegen die grelle Buntheit amerikanischen Lebens ihren Niederschlag in der Presse noch nicht gefunden hatte. Diese neuen Zeitschriften wurden für nur zehn Cent das Stück verkauft und deckten einen Bereich ab, den die älteren Magazine wie ›Harper's‹, ›Scribner's‹, ›Atlantic Monthly‹, die fünfundzwanzig Cent und mehr kosteten, nie anvisiert hatten. Im Juli schrieb der ›Cosmopolitan‹ einen Wettbewerb und zweihundert Dollar für den besten Artikel zu dem Thema »Loss by lack of Co-operation« (»Verlust durch Mangel an Zusammenarbeit«) aus. Jack nahm teil und gewann.

Sein Aufsatz trug den Titel: ›What Communities Lose by the Competive System‹ (›Was Gemeinwesen durch das System des freien Wettbewerbs verlieren‹). Er hatte darin alles verarbeitet, was er bei sozialistischen Versammlungen, in den Debatten in Louis Savards Hütte und aus Büchern gelernt hatte. Obwohl er selbst mit seiner Arbeit zufrieden war, meinte er dennoch, daß der Essay für den ›Cosmopolitan‹ zu radikal sein würde. Als Jack erfuhr, daß er mit seiner Geschichte den ersten Preis gewonnen hatte, schrieb er an Johns: »Ich schmeichle mir, einer jener seltenen Sozialisten zu sein, denen es jemals gelang, mit ihrem Sozialismus Geld zu verdienen.« Der Artikel kann jedoch kaum als revolutionär bezeichnet werden, vor allem nicht im Vergleich zu seinen späteren, mit Elan verfaßten Schriften zum Sozialismus. Mit rationalen Argumenten legte er dar, daß Wettbewerb zu Verschwendung und unrationeller Produktion führe und deshalb durch eine Planwirtschaft ersetzt werden müsse.

Zuvor jedoch hatte der ›Atlantic Monthly‹ eine seiner Arbeiten angenommen. Für hundertzwanzig Dollar kaufte das Blatt die längere Kurzgeschichte ›An Odyssey of the North‹ (›Eine Odyssee des Nordens‹), die im Juli 1899, also genau zwölf Monate nach seiner Rückkehr aus Klondike, erschien. Als Literaturzeitschrift genoß der ›Atlantic Monthly‹ ein so hohes Ansehen, daß ein in ihr veröffentlichter Artikel für den Verfasser allein schon eine Anerkennung bedeutete. Jack hatte sicher ein überwältigendes Gefühl dabei, aber an Johns schrieb er darüber in einer so sachlichen Art, daß dies nur Heuchelei gewesen sein kann. Eine andere Zeitschrift, die ›Arena‹, hatte als erste eine seiner Geschichten über seine Zeit als Tramp angenommen. »Ich spiele mit dem Gedanken, einige meiner alten drittklassigen Arbeiten aus der Versenkung zu holen und sie an ›Harper's‹, ›Century‹ etc. zu schicken«, schrieb er, »das heißt, falls überhaupt die Aussicht besteht, daß sie etwas annehmen, was die miesesten Blätter schon einmal abgelehnt haben.«

Nachdem der ›Atlantic‹ die ›Odyssee‹-Geschichte gekauft hatte, stellte Jack eine Sammlung von Erzählungen zusammen und sandte sie an den Verlag Houghton Mifflin and Co. in Boston. Sie wurde angenommen und im Frühjahr 1900 unter dem Titel ›Der Sohn des Wolfs‹ veröffentlicht.[10] Das Gutachten des Lektors dazu zeigt, warum Jacks Geschichten Anklang fanden:

»Er gebraucht zwar den in den Goldgräberlagern üblichen Slang etwas zu freizügig, aber sein Stil ist frisch, stark und kraftvoll. Er zeichnet ein lebendiges Bild der Schrecken von Kälte, Finsternis und Hunger, der Freuden menschlicher Kameradschaft unter widrigen Umständen und der edelsten Charakterzüge, die der gnadenlose Kampf mit der Natur herausschält. Kein Leser wird daran zweifeln, daß der Autor dieses Leben selbst erlebt hat.«

Am Jahresende bat ihn die Bezirksgruppe der Socialist Labour Party in San Francisco, einen Vortrag zu halten. Für seine Rede in der Union Square Hall wurde mit Anschlägen und Handzetteln geworben, auf denen er als »Jack London, der berühmte Zeitschriftenautor« angekündigt wurde.

Am 7. April 1900, dem Tag der Veröffentlichung des Buches ›Der Sohn des Wolfs‹, heiratete Jack Bess Maddern. Keinem seiner Biographen gelang es, viel über seine Beweggründe zu dieser Heirat zu sagen. Da Jack über mehr Wohnraum verfügen wollte, hatte er für Flora und sich ein größeres Haus gesucht. Wie Charmian berichtet, war Bess Jacks Schwester Eliza beim Einrichten der Wohnung behilflich und als er sie in seinem neuen Heim bei der Arbeit sah, entschloß er sich spontan, sie zu heiraten. Nach Joans Version – und man sollte nicht vergessen, daß sie beider Tochter war – entwickelte sich zwischen ihnen eine Kameradschaft, die sich während der ersten Zeit immer mehr vertiefte. Sie unternahmen zusammen Radtouren und machten Fotos, die sie dann am Abend entwickelten. Joan bestätigte die Plötzlichkeit der Entscheidung, denn noch zwei Wochen zuvor hatte Jack davon gesprochen, daß er »nie kühn genug gewesen war«, sich eine Frau zu nehmen.

Für seine Freunde kam dies sicherlich vollkommen überraschend. Am 3. April schloß er einen Brief an Cloudesley Johns mit folgenden Zeilen: »Du wirst es irrsinnig komisch finden. Hör zu. An der Adresse wirst Du festgestellt haben, daß ich umgezogen bin. Gut. Nächsten Samstag werde ich heiraten. Toll, was?« Johns Antwort darauf lautete lediglich: »Du lieber Himmel!« Am selben Tag schrieb Jack an Mrs. Ninetta Eames, der Frau des Managers des ›Overland Monthly‹:

»Sie wissen, daß ich Dinge rasch zu erledigen pflege. Letzten Sonntagmorgen hatte ich nicht die leiseste Absicht, zu tun, was ich nun tun werde. Ich ging hinunter, um einen Blick auf das Haus zu werfen, in das ich einziehen wollte – und das war der Vater des Gedankens. Ich faßte einen Entschluß. Am Sonntagabend eröffnete ich das Werben um eine Frau; bis Montagabend war die Sache schon gut gediehen und am nächsten Samstagmorgen werde ich heiraten – eine gewisse Bessie Maddern, die Kusine von Minnie Maddern Fiske.[11] ... Ich werde dadurch häuslich werden und kann dann meiner Arbeit mehr Zeit widmen. Man lebt ja schließlich nur einmal und warum dann nicht richtig? Außerdem habe ich nun einmal ein großes Herz, und durch eine gewisse Beschränkung meiner Freiheit werde ich zu einem reineren und gesünderen Menschen werden als wenn ich mich ungebunden treiben lassen könnte, wo immer es mich gerade hinzieht. Sicher werden Sie das verstehen.«

Der Brief schloß: »Die Hochzeit wird im engsten Familienkreis stattfinden.« Charmian, die Nichte von Mrs. Eames, schrieb ihrer Tante das spontan geäußerte Urteil zu, daß Jack mit einer »bewußt eingegangenen Vernunftehe einen Fehler beging«. Natürlich war es alles andere als das; es handelte sich vielmehr um einen impulsiven Schritt, begleitet von Vorbehalten und Vorsätzen, die so naiv waren wie sein Gerede, durch Einschränkung seiner Freiheit ein »reinerer und gesünderer Mensch« zu werden. Fred Jacobs, den Bess eigentlich bald hatte heiraten wollen, war nur kurz zuvor verstorben (im Februar war sein Leichnam zum Begräbnis nach Oakland überführt worden). Bess muß Jack wohl klargemacht haben, daß sie ihre Gefühle nicht so schnell auf einen anderen Mann übertragen könne, worauf Jack ihr seinerseits erklärte, daß es nicht Leidenschaft sei, was er suche. In einem 1911 an sie gerichteten Brief schrieb er: »Erinnere Dich daran, daß, als ich Dich bat, meine Frau zu werden und Du ja sagtest, ich Dir gleichzeitig ausdrücklich erklärte, daß ich Dich nicht liebte. Du warst mit der Heirat auf dieser Grundlage einverstanden.«

Ein früherer Brief an Johns liefert hierzu die Erklärung: Jack harrte voller Ungeduld darauf, sein Leben so zu führen, wie er es in jenem Brief dargestellt hatte – umgeben von Freunden beiderlei Geschlechts, gastfreundlich und großzügig, ausgestattet mit Kleidern, die er mochte. Auch hatte er von seinem starken Wunsch nach Kindern gesprochen. Durch den Umzug in die 1130 East 15th Street ergab sich hierfür die richtige Umgebung. Es war ein Haus mit zwei Stockwerken, sieben Zimmern und einem hübschen, kleinen Garten. Ein Zimmer sollte sein Arbeitsraum werden, wofür er schon Bretter für die Bücherregale hatte anfertigen lassen; ein anderer großer Raum mit Blick auf die Bucht war als Salon ausersehen, in dem er seine Freunde empfangen wollte. Was nun noch fehlte, war jemand, der die Rolle der Gastgeberin spielte, der dem Heim häuslichen Charme verlieh und ihm Kinder gebar. Nach diesen Kriterien scheint er Bess ausgewählt zu haben, so etwa, wie man sich beim Einstellungsgespräch für eine Angestellte entscheidet und sie bittet, gleich dazubleiben.

Arme Bess! In der Gemütsverfassung, in der sie sich befand, nachdem sie ihren Verlobten Fred verloren hatte, war ein Angebot zu solchen Bedingungen offensichtlich für sie annehmbar; und wenn Jack zu einem zurückhaltenden häuslichen Leben fähig gewesen wäre, hätte die Ehe vielleicht eine Chance gehabt. Vermutlich ging Bess von Erwartungen ihres verstorbenen Verlobten aus, die Fred früher einmal Jack gegenüber kundgetan hatte und die dieser Mabel folgendermaßen schilderte:

»... ein Bild, wie es Fred gewöhnlich ausmalte, steht mir vor Augen. Ein behagliches kleines Haus, einige Dienstboten, ein ausgewählter Freundeskreis und vor allem eine liebe kleine Frau und ein paar Miniaturausgaben von uns beiden...; ein gemütliches Kaminfeuer, schläfrige Kinder, die sich vor dem Zubettgehen noch ein wenig auf dem Boden kuscheln, eine Art träumerische Eintracht zwischen dem Feuer, meiner Frau und mir; eine gesicherte, wenn auch ruhige und gleichförmige Zukunft, ein zufriedenes Wissen um die vielen kleinen Annehmlichkeiten des zivilisierten Lebens, mit denen ich mich umgebe und umgeben werde« (Brief an Mabel Applegarth, Weihnachten 1898).

Was Jack bei dem Versuch, die Vision seiner selbst zu verwirklichen, nicht einschloß, war jene Neigung, die er Johns gegenüber erwähnte; seine sexuellen Bedürfnisse waren stark, und er dachte nicht daran, sie zu unterdrücken: »Ich möchte« sollte seine ständige Redensart werden, seine Rechtfertigung für alles. Möglicherweise glaubte er, daß eine Ehe mit Bess irgendwie seine Gefühle in Ordnung halten würde, daß Monogamie ihren eigenen Mechanismus hätte, der ohne Wartung einfach funktionierte; der naive Satz, »ein reinerer, gesünderer Mensch« zu werden, deutet darauf hin. Allerdings war Bess keine leidenschaftliche Frau. In einem wütenden, anklagenden Brief, in dem es um Gelddinge ging, schrieb er ihr 1911: »Du leidest unter etwas, das Du als sexuell anstößiges

Verhalten betrachtest. Du beschuldigst mich dieses Vergehens und denkst keinen Augenblick daran, daß der Grund dafür Deine eigene sexuelle Verklemmtheit ist.«

Das Mysteriöse an dieser Eheschließung war Jacks Beziehung mit Anna Strunsky. Im Herbst 1899 waren sie bei einem von Austin Lewis' Vorträgen einander vorgestellt worden. Anna war eine siebzehnjährige russische Jüdin von großer Schönheit und scharfer Intelligenz. Sie besuchte die Stanford University, und das Haus ihrer Familie in San Francisco war ein Ort der Wärme und Kultur. Ihre erste Begegnung mit Jack beschrieb sie so: »Ich hatte ein wunderbares Glücksgefühl. Für mich war es, als ob ich Lassalle, Karl Marx oder Byron in ihrer Jugendzeit traf.« Als das Jahr zu Ende ging, korrespondierten sie bereits regelmäßig. Anna war Mitglied der Socialist Labour Party und eine glühende Verfechterin sozialer und persönlicher Ideale; in späteren Jahren wurde gelegentlich die Vermutung geäußert, daß ihr Charme, der ihr beständig die Zuneigung ihrer Mitmenschen einbrachte, sie gehindert hatte, ihre Fähigkeiten zur vollen Entfaltung zu bringen. Zu jener Zeit aber, sowohl vor als auch nach seiner Verheiratung, war Jack ganz offensichtlich in sie verliebt und sie in ihn.

Es ist richtig, daß Anna die Freundschaft zwischen ihnen als »stürmisch« und »einen Kampf« beschrieb, aber beide beachteten dabei gewisse Grenzen: »Diese Meinungsverschiedenheiten – was waren sie mehr als das Ausleben unserer Unreife, unserer Hoffnungen auf das Absolute der Wahrheit, des Rechts und der Gerechtigkeit, vielleicht der normale Ausdruck des Kampfes zwischen den Geschlechtern in den ewigen Fragen des Lebens?« Wie andere auch, entwickelte sie im Laufe der Zeit ernstere und grundsätzlichere Kritik an Jacks Einstellungen. Aber nicht ihre, sondern seine Gefühle interessieren uns hier. Seine Briefe an sie waren in einer von Herzen kommenden, zärtlichen Sprache verfaßt. Einige begannen mit »Liebste, Allerliebste«, in anderen waren Seufzer wie »Ach!« eingeflochten. Sie diskutierten das Wesen der Liebe in den ›Kempton-Wace Briefen‹, und als er Bess verließ, wurde bezeichnenderweise Anna dafür verantwortlich gemacht.

Nie enthüllte Jack Charmian die wahre Natur dieser Beziehung. Sie nahm an, daß Anna bei seiner Entscheidung, Bess zu heiraten, eine Rolle spielte und vermutete, daß er sich absichtlich einer Frau zuwandte, die intellektuell nicht anspruchsvoll war, denn »seine Zukunftspläne waren systematisch auf die Schriftstellerei hin ausgerichtet«. Es fällt schwer, sich vorzustellen, daß Jack ein solches Opfer brachte. Denkbar wäre – will man nicht von vornherein auf jegliche Spekulation verzichten –, daß Anna ihn abgewiesen hatte, vielleicht mit der Begründung, sie sei noch zu jung und Heiraten käme für sie erst in einigen Jahren in Frage. Auf jeden Fall muß diese Absage auf eine Art erfolgt sein, die den Fortgang ihrer Freundschaft nicht beeinträchtigte. Daß die Beziehung durch etwas gedämpft wurde, ist aus seinem Brief vom Juli 1900 an sie ersichtlich. Er begann sein Schreiben mit »Genossen!« und fuhr fort: »Das vom Stapel gelassene Schiff rauscht ins Meer, die Helling empört sich mit Knarren und Ächzen, den Lauten des Schwachen; Meer und Schiff aber hören es nicht. So geschah es auch mit uns, als unsere Lebensströme ineinander rauschten – unser innerstes Wesen blieb davon unbenetzt. Genossen! Oh, endlose Welt!«

Das Buch ›Der Sohn des Wolfs‹ wurde sofort ein großer Erfolg, und Jack London wurde lobend mit Kipling verglichen und ein »erzählerisches Naturtalent« genannt. Der ›Atlantic Monthly‹ schrieb: »Das Buch vertieft im Leser den Glauben an die männlichen Tugenden unserer Rasse.« Der Band erreichte hohe, wenn auch nicht sensationelle Verkaufszahlen, und der Beifall der Kritiker sorgte dafür, daß die Zeitschriften Jacks Geschichten bereitwillig annahmen.

Ende Mai kaufte ›McClure's‹ Jack zwei Geschichten ab. Er schrieb Beiträge für den ›Examiner‹ in San Francisco und für andere Zeitschriften, arbeitete so hart wie eh und je und tauschte immer noch Tips mit Johns aus. Aber das Buch ›Der Sohn des Wolfs‹ hatte ihn zu ehrgeizigeren Projekten angespornt. In einem Brief an ›McClure's‹ entwarf er das Konzept zu einem Fortsetzungsroman, der bei ihnen erscheinen könnte; er erkundigte sich, ob sie Interesse daran hätten und das Buch mit Vorschüssen finanzieren würden, während er es schrieb. McClure stimmte dem zu und zahlte an Jack monatlich einhundertfünfundzwanzig Dollar, während er ›A Daughter of the Snows‹ (›An der weißen Grenze‹) schrieb.

Ursprünglich belief sich dieses Abkommen auf eine Laufzeit von fünf Monaten, aber aus verschiedenen Gründen brauchte Jack länger. Einer dieser Gründe war der Beginn der Arbeit an den ›Kempton-Wace Briefen‹ zusammen mit Anna Strunsky. Dies bedeutete nicht nur Lesen ihres Teils und Schreiben seines eigenen, sondern machte auch häufige Besuche bei ihr und Briefe zwischen ihnen notwendig. Auch wurde er nun immer häufiger von den Sozialisten gebeten, für sie Vorträge zu halten und etwas zu schreiben. Aber auch das Romanschreiben selbst war mühsam. Schon nach den ersten Seiten begann er Zweifel zu äußern. Als Folge des durch die Veröffentlichung seines Essays über den Wettbewerb hervorgerufenen Interesses unterbreitete ihm der ›Cosmopolitan‹ im Dezember das Angebot, für ein festes Jahresgehalt exklusiv für diese Zeitschrift zu schreiben. Jack lehnte ab, aber nicht, ohne sich zuvor bei ›McClure's‹ zu vergewissern, ob sie ihre Zahlungen auch fortsetzen würden.

Zu Beginn des Jahres 1901, als die Arbeit für ›An der weißen Grenze‹ fast beendet war, schrieb er an Johns: »Ich arbeite nun am Schlußteil des Romanes und weiß, daß er mir mißlungen ist. Ich sage dies nicht in einem Anfall von Pessimismus, sondern aus ruhiger Überzeugung heraus.« Und er fährt fort: »Ich werde den Roman innerhalb von zehn Tagen abgeschlossen haben – n. g. [nicht gut]. Aber ich weiß, daß ich einmal einen guten Roman schreiben werde.« Seine Vorahnungen trafen zu: McClure war von dem Werk äußerst enttäuscht. Er hatte eine Sammlung von Klondike-Geschichten von Jack gekauft und veröffentlicht, um seinen Namen im Gespräch zu halten, fand jedoch die Qualität des Buches ›An der weißen Grenze‹ so ungenügend, daß er es ablehnte. Im Sommer stellte er die monatlichen Zahlungen ein und wies auch andere, von Jack eingereichte Geschichten ab. So mußte Jack sich wieder an die Zeitschriften und Blätter wenden, die ihm nicht mehr als zehn oder zwanzig Dollar für seine Artikel und Geschichten bezahlten.

McClure befürchtete, daß Jack sich bereits ausgeschrieben hatte und tatsächlich hatte er zu viel in zu kurzer Zeit produziert und sich sowohl physisch als auch vom Material her, aus dem er schöpfte, verausgabt; Jack selbst hatte die Alaska-Geschichten gründlich satt. Aber hinter diesem Problem lag ein anderes, größeres, das ihn sein Leben lang begleiten sollte. Das Geld zerrann ihm zwischen den Fingern, und mit ständig neuen Plänen und Versprechungen gab er es schneller aus, als er es verdienen konnte. Das Schreiben begann ihn anzuwidern. Er nahm sich ein tägliches Schreibpensum von fünfzehnhundert Worten vor, brachte es jedoch selten mit Vergnügen hinter sich. Jack bestritt nun für mehrere Menschen den Lebensunterhalt und half weiteren aus. Seinem eigenen Bericht zufolge zahlte er im Januar 1901 die monatlichen dreißig Dollar an Flora und hatte gerade weitere sechsunddreißig Dollar für überfällige Rechnungen ausgegeben, hatte Mammy Jennys Hypothekenzinsen und Steuerschulden beglichen, einem arbeitsunfähigen Freund Geld gegeben und Jim Whitaker, der eine große Familie zu versorgen hatte und sein Glück als Schriftsteller versuchte, unterstützt.[12]

Hinzu kamen die Kosten des Lebensunterhaltes für ihn und Bess, die kurz vor ihrer ersten Entbindung stand. Es machte Jack nichts aus, für alle möglichen Leute zu sorgen; im Gegenteil, dies gehörte zu seinem Selbstverständnis. Mit leichter Hand, fast prahlerisch ging er Verpflichtungen ein und häufte Schulden an und war dabei lediglich bemüht, Wege und Möglichkeiten zu finden, wie er durch Schreiben immer höhere Einnahmen erzielen könnte. Flora wurde zusammen mit Johnny Miller und dessen Mutter in einem eigenen Häuschen untergebracht, und Jack zog mit Bess in weniger als zwei Jahren dreimal um, jedesmal in ein größeres und eleganteres Haus.

Sie bewirteten Freunde, und ihre »Mittwochabende« waren verschwenderische, vielbesuchte Einladungen, die jedesmal ihren Höhepunkt fanden, wenn Jack aus seinen Manuskripten las. Er war auch eine zentrale Figur in dem von Frederick Bamford gegründeten Ruskin-Club, bestehend aus einer Gruppe von Intellektuellen, die sich einmal im Monat zu einem Essen trafen, dem stets der Vortrag eines berühmten Radikalen folgte.

Die Geburt ihres Kindes war, obwohl Jack vorgab, hocherfreut zu sein, für ihn eine katastrophale Enttäuschung.[13] Er hatte sich einen Jungen gewünscht und zwar so sehr, daß er schon vorher fest davon überzeugt war, daß es auch so kommen würde. Neun Tage vor der Geburt schrieb er an Anna: »Oh, Anna, jetzt kommt es darauf an! Kein wimmerndes, schwächliches Kind, groß und stark muß es sein! Wenn nicht, so muß die Schuld getragen werden. Das Kind oder ich – einer wird dafür büßen müssen!« Das Baby war ein Mädchen. Später sollte es eine Frau von herausragender Bedeutung werden, aber seine Ankunft war zunächst ein harter Schlag für Jacks stolze Träume; was hätte er alles mit einem kräftigen Jungen unternehmen können! Sein Selbstbewußtsein erlitt weitere Schläge. Nachdem McClure ihm eine Abfuhr erteilt hatte und er für den ›Examiner‹ in San Francisco Artikel schrieb und von aktuellen Ereignissen berichtete, verspottete ihn ein Journalist, der sich »Yorick« nannte, und bezeichnete Jacks Stil als Musterbeispiel des Sensationsjournalismus. Ein Freund, dem gegenüber Jack sich großzügig erwiesen hatte, schnitt ihn demonstrativ vor seiner »Clique«.

Gegen Ende des Jahres 1901 kam es zu einem neuen Anfang. Die Macmillan Company bot ihm an, seine Werke zu verlegen, und fragte an, was er an fertigen Manuskripten vorliegen habe. Mit Unterbrechungen hatte er an dem Buch ›The Children of the Frost‹ (›In den Wäldern des Nordens‹) gearbeitet, einer Sammlung von Indianergeschichten, für die er als Material Notizen verwendete, die er sich während seiner Rückkehr aus Klondike gemacht hatte. Er bot ihnen diese Sammlung zur Veröffentlichung an, sobald sie abgeschlossen sei, und erkundigte sich gleichzeitig, ob sie ihm wohl einen Vorschuß darauf geben könnten. Der Vertrag wurde unterzeichnet, und damit begann Jacks lange Verbindung zur Macmillan Company, die fast alle Bücher, die er in seinem weiteren Leben schrieb, herausbrachte. Die Beständigkeit der Verbindung beruhte weitgehend auf dem Verständnis, das George Brett, der Verlagschef der Macmillan Company, für Jack aufbrachte.

Dieser Durchbruch scheint ihn jedoch nicht besonders stark

bewegt zu haben. Vielleicht bedeutete er ihm lediglich eine lukrativere Absatzmöglichkeit für Erzählungen über den eisigen Norden oder aber seine Fehlschläge hatten ihn vorsichtig gemacht. McClure hatte ihm das Manuskript zu ›An der weißen Grenze‹ nicht zurückgeschickt, da er es ja praktisch gekauft hatte; 1902 veräußerte er es an J. B. Lippincott, zog die geleisteten Vorschüsse ab und zahlte an Jack einen Restbetrag von hundertfünfundsechzig Dollar aus. Im Oktober 1902 wurde es gleichzeitig mit dem Buch ›In den Wäldern des Nordens‹ und einem Abenteuerroman für Jungen veröffentlicht, den Jack an die Century Company verkauft hatte. Immer noch arbeitete er mit Anna an den ›Kempton-Wace Briefen‹ und lud sie ein, in seinem Haus zu wohnen, um schneller mit dem Werk voranzukommen. Sie folgte der Einladung, verließ das Haus jedoch bereits nach wenigen Tagen, da sie Bess' Abneigung spürte. Jack schrieb an Cloudesley Johns: »Wenn hier nicht bald etwas Aufregendes passiert, muß ich zu scharfen Getränken Zuflucht nehmen.«

Am 21. Juli erhielt er ein Telegramm mit einer Anfrage der amerikanischen Presseagentur, American Press Association, ob er nicht für sie nach Südafrika gehen wolle. Der Burenkrieg war gerade zu Ende gegangen, und Jack sollte in Artikeln über die Nachkriegssituation berichten. Er kabelte seine Zustimmung und brach am nächsten Tag auf. Nur zehn Tage vorher hatte er zum wiederholten Male seine pessimistische Stimmung zum Ausdruck gebracht: »Unter uns gesagt, ich wünschte, ich hätte nie ein Buch aufgeschlagen. Ich bin ein Narr gewesen.« Und nun saß er in einem Zug und fuhr – zweifellos erfüllt von Gedanken an frühere Fahrten auf dem Gestänge und unter den »blinden« Gepäckwagen – quer durch Amerika. In New York machte er Zwischenstation, um sich mit Brett zu treffen und Pläne für künftige Veröffentlichungen zu besprechen. Im Laufe ihrer Unterhaltung erwähnte Jack die Möglichkeit, seine Reise in England zu unterbrechen, da er sich gern einmal die Slums von London angeschaut hätte, um dort neues Material für seine Bücher zu finden.

Brett war von der Idee begeistert und drängte ihn, sie zu verwirklichen. Jack sollte im East End von London wohnen, wieder zum Tramp oder Arbeitslosen werden, die sozialen Gegebenheiten von innen erleben und Tatsachenmaterial sammeln. Bis zum 30. Juli blieb Jack in New York und verließ dann an Bord der »Majestic« Amerika. Als er an Anna schrieb, hatte er sich bereits in seine Rolle als Beobachter, der auf der Seite der Unterdrückten stand und über deren soziale Lage berichtete, hineingedacht.

»In einer Woche werde ich in London sein. Dann werde ich zwei

Tage Zeit haben, um meine Vorbereitungen zu treffen und in die Anonymität unterzutauchen, damit ich die Krönungsfeierlichkeiten aus dem Blickwinkel der Londoner Bestien anschauen kann. Denn das sind sie: Bestien, wenn sie den Slumbewohnern von New York auch nur entfernt ähnlich sind – Bestien mit einem gelegentlich aufblitzenden göttlichen Funken.

In den Pullman-Wagen, den New Yorker Clubs und den Rauchsalons der Ozeandampfer begegnete ich den Männern von Welt und, um die Wahrheit zu sagen, meine Hoffnung auf den Erfolg unserer Sache nimmt zu, wenn ich sehe, wie total ihr Unwissen und ihr Unverständnis ist für die Kräfte, die am Werk sind. Sie leben in gesegneter Unkenntnis des kommenden Umbruchs, während ihre Einstellung zu den Arbeitern immer verbitterter wird. Die wachsende Macht der Arbeiter schmerzt und verbittert sie nämlich, ohne ihnen jedoch die Augen zu öffnen.«[14]

Worum handelte es sich bei den »Vorbereitungen«, die Jack treffen wollte? Auf den ersten Seiten des Buches ›The People of the Abyss‹ (›In den Slums‹) wird berichtet, wie er die amerikanische Botschaft und das Thomas-Cook-Reisebüro aufsucht, um sich für sein Vorhaben beraten zu lassen, und danach ein Taxi besteigt und vom Fahrer irgendwohin ins East End gefahren werden möchte; dann, ohne eine Erklärung zu geben, wie es dazu kam, wird erzählt, wie er zum Haus eines Geheimpolizisten geht, der von seinem Auftrag zu wissen scheint und eine Unterkunft für ihn besorgt. Aus zwei Gründen enthüllte Jack nicht, wie es in Wirklichkeit ablief. Zum einen war es sein Gespür für den packenden Anfang einer Geschichte; sich ganz auf sich allein gestellt in diesen Wirbel hineinzustürzen wirkte eben viel dramatischer als eine Einführung in jenes Milieu durch aufmerksame Freunde. Zum anderen war es die politische Couleur seiner Beschützer, denn sie waren Mitglieder der Social Democratic Federation (Sozialistischer Bund der Sozialdemokraten), der britischen Marxisten-Organisation, die ihn ins East End begleiteten. Nachdem Jack sein Buch geschrieben hatte, war er sich nicht sicher, ob diese Tatsache geeignet war, veröffentlicht zu werden, und entschied (oder wurde von Brett dahingehend beraten), daß die Grundlage des Werkes der Augenzeugenbericht eines einzelnen sein müsse, und zwar ohne den – wie viele es bezeichnen würden – Makel politischer Färbung.

Als nahezu sicher kann man annehmen, daß er über Anna mit der Partei in Kontakt kam. Ende 1900 erscheint in ihrem Briefwechsel ein Hinweis auf H. M. Hyndman, den Führer der Social Democratic Federation (SDF), der in einem Brief an sie einige von Jacks Werken gelobt hatte. Eine kleine Gruppe von SDF-Mitgliedern wußte von Jacks Aufenthalt und bewahrte Stillschweigen darüber. Seine Begleiter waren ein gewisser Ernest Hunter, späterer Journalist beim ›Daily Herald‹, und Edward Fairbrother. Sie beschafften auch die von Jack zitierten offiziellen und medizinischen Berichte über Armut und Lebensbedingungen in den Slums. In seinem Buch erwähnt Jack, wie sich das Verhalten der Leute änderte, als er in abgerissener Kleidung steckte; unter diesen Umständen wäre ihm der Zugang zu den zitierten Büchern und Unterlagen sicher unmöglich gewesen. Seine Unterkunft lag zwischen der Flower- und Dean-Street im Herzen des Bezirkes, in dem fünfzehn Jahre zuvor Jack the Ripper sein Unwesen getrieben hatte.[15] Er trug schäbige, gebrauchte Kleider, die er in Stepney gekauft hatte, und trat als Seemann auf. Die Nächte verbrachte er in Penner-Unterkünften (»Ich bitte meinen Körper um Vergebung für all die Scheußlichkeiten, durch den ich ihn gezogen, und meinen Magen um Vergebung für all die Scheußlichkeiten, die ich in ihn hineingestopft habe«). Er sah sich die Krönungsprozession Edwards VII. an, zog in die Hopfenfelder hinaus und trieb sich Tag und Nacht auf den Straßen herum. An George und Carrie Sterling schrieb er: »Ich habe über Armut gelesen und auch schon manches gesehen, aber dies hier übertrifft alles, selbst meine schlimmsten Erwartungen.« Und an Anna: »Dieses menschliche Höllenloch, das man East End nennt, macht mich ganz krank.« Was Jack am meisten entsetzte, war die körperliche Verfassung der Menschen. In Großbritannien waren die Slumbewohner keine »Bestien«, wie er erwartet hatte, sondern unterernährte Spottfiguren der menschlichen Rasse.

Auch anderen blieb dieses Phänomen nicht verborgen. So schreibt C. E. Montague in ›Disenchantment‹ (›Die große Ernüchterung‹), diesem wunderbar einfühlsamen Buch über den Ersten Weltkrieg, von »Bataillonen fahler, verkümmerter, fast zahnloser Burschen aus den heißen, feuchten Spinnereien von Lancashire; Bataillonen langsamer, starrender Gesichter ... Bataillonen von Männern aus den Überseegebieten, auffallend größer, stärker, stattlicher, stolzer; mit besseren Nerven, besserer Schulausbildung, ausgeprägterem Interesse am Leben; Männer die schneller mit einer Sache fertig wurden und alle Umschwünge geschwinder erfassen und parieren konnten; Männer, die schon gelernt hatten, auf unsere Leute mit dem halb neugierigen, halb mitleidigen Blick herabzusehen, den eine höhere, glücklichere Kaste für eine niederere erübrigt.«

Mit einem solchen Blick starrte Jack all jene an, denen er begegnete, zum Beispiel den Mann (möglicherweise vom SDF), der ihm erzählte, er wiege etwas mehr als ein Zentner und gelte deshalb als Prachtexemplar. »Ich schämte mich, ihm zu sagen, daß ich über anderthalb Zentner wog und begnügte mich damit, ihn zu taxieren. Armer, mickriger kleiner Mann!« Und dann der Vorfall mit den zwei Männern, die ihn einmal begleiteten und Brotkrusten und Schalen vom schmutzigen Pflaster aufhoben und verschlangen:

*»... und dies geschah zwischen 6 und 7 Uhr am Abend des 20. August im Jahre des Herrn 1902, im Herzen des größten, reichsten und mächtigsten Weltreiches, das die Erde je gesehen hat.«*

Das Buch ›In den Slums‹ wurde noch im East End niedergeschrieben. Die Reise nach Afrika war abgesagt worden; er sandte deshalb sein Manuskript an die American Press Association und bereiste vor seiner Rückkehr nach Amerika einige Wochen lang Deutschland, Frankreich und Italien. Während dieser Zeit schrieb er Bess die einzigen Liebesbriefe, die sie jemals von ihm erhalten hat. Seit einigen Monaten war sie wieder schwanger und erneut wallte in Jack die Hoffnung auf einen Sohn auf. Seine Briefe waren zärtlich und ernsthaft; Bess war ihrerseits von der Hoffnung erfüllt, daß in Zukunft alles anders werden würde. Das Kind, das im Oktober zur Welt kam, war wiederum ein Mädchen. Als Jack per Telegramm die Nachricht erhielt, trat er sofort die Rückreise an. Es war praktisch das Ende ihrer Ehe.

Die American Press Association hatte Jacks Manuskript als journalistischen Bericht betrachtet und ihn Zeitschriften zur Veröffentlichung in Serienform angeboten. Jack hätte es lieber bei Macmillan's gesehen, gestattete jedoch, daß die Anfragen bei Zeitschriften fortgesetzt wurden, und so wurde es schließlich als Fortsetzungsbericht in dem radikalen Monatsblatt ›Wilshire's‹ veröffentlicht, das nur ganz wenig dafür bezahlte. Jack begann dann, den Durchschlag, der in seinem Besitz verblieben war, zu überarbeiten, und sandte ihn zur Veröffentlichung in Buchform an Brett. Es war genau das, was Brett sich vorgestellt hatte und entsprach weitgehend dem sozialen Bewußtseinsstand Amerikas. Aber Brett kannte auch die Grenzen dieses Bewußtseins und, nachdem er einen Vertrag angeboten hatte, bat er deshalb Jack, für den amerikanischen Markt einige Änderungen vorzunehmen. Jack schrieb über die endgültige Fassung:

»In dem Krönungskapitel habe ich alle Anspielungen auf den englischen König gestrichen, an einigen Stellen die Darstellung abgemildert, die Form in vielerlei Hinsicht verbindlicher gemacht sowie Vorwort und Schlußkapitel hinzugefügt« (Brief an Brett vom 16. Februar 1903).

Dem Buch ›In den Slums‹ verdankt Jack seinen Ruf, ein Schriftsteller der Arbeiterklasse zu sein. Zweifellos ist es sein aufrichtigstes, vielleicht sein einzig wirklich aufrichtiges Werk. Es ist kein propagandistisches Werk, es sei denn in dem Sinne, daß durch das bloße Aufmerksammachen auf einen Mißstand die Forderung nach Änderung hervorgerufen werden kann. Jack führte das Leben eines Slumbewohners, sammelte am eigenen Körper Erfahrungen, sah die Schrecken mit eigenen Augen. Jahre später sagte er: »Von all meinen Büchern liebe ich ›In den Slums‹ am meisten. Kein anderes meiner Werke kostete mich soviel Herzblut und Tränen wie diese Studie über die durch das Wirtschaftssystem entwürdigten Armen.« Für ihn wie für andere Sozialisten war es nur logisch, daß diese als »Menschenmaterial« mißbrauchte Masse revoltieren mußte, so wie es der unterdrückte Mob in Frankreich getan hatte – sie mußte endlich »aus ihren Höhlen und Löchern herauskriechen«, um ihre Ausbeuter zu stürzen. Wehe den Herrschenden!

Zu jener Zeit war auch Jacks Auffassung vom Sozialismus bereits fertig ausgeprägt und sollte sich sein Leben lang nicht mehr verändern. Nur zwei oder drei Jahre später sollte sein Glauben daran immer mehr schwinden. Teilweise schuld an diesem Prozess waren die Sozialisten selbst, die ihn zunächst als Wunderkind und später als Berühmtheit verherrlichten. Anfänglich war Jack der Sozialistenjunge von Oakland, der auf die Tribüne und vor die Öffentlichkeit geholt wurde, wenn man Aufsehen erregen wollte. Die Episode seiner Verhaftung wegen Verletzung der Gesetze über öffentliche Versammlungen, als er gerade einundzwanzig Jahre alt war, hat zu der Legende geführt, er sei ein bemerkenswerter Straßenredner gewesen. Tatsächlich jedoch strahlte er keine Wirkung aus, da ihm eine tragende Stimme fehlte, und er hielt danach bei Freiluftveranstaltungen keine Reden mehr. Seine späteren Vorträge und Ansprachen las er vom Blatt ab, und einige davon wurden zur Grundlage seiner Essays über den Sozialismus.

Von dem Zeitpunkt an, da seine Geschichten im ›Overland Monthly‹ erschienen, behandelten ihn die sozialistischen Parteigruppen von Oakland und San Francisco als Star. Seinen wachsenden Ruf als Schriftsteller benutzten sie, um Leute in die Versammlungen zu locken und sich Prestige zu verschaffen. Ihre Beweggründe für dieses Vorgehen sind verständlich, obwohl die Wirkungen auf lange Sicht hin für sie nicht vorteilhaft sein konnten. Aber sie waren im Begriff, die Bewegung aufzubauen, und alles, was Anziehungskraft besaß und ihnen Ansehen einbrachte, war willkommen. Die Wirkung auf Jack war jedoch verheerend. Er wurde praktisch von jeder Kritik ausgenommen und durfte Erklärungen abgeben, die man bei anderen zurückgewiesen oder verurteilt hätte. Hatte er erst einmal den Kern einer Sache erfaßt, so tendierte Jack schon immer dazu, die Führung zu übernehmen und Vorschriften zu diktieren; nun konnte er Äußerungen über die Gesellschaft verkünden, denen Vorrang eingeräumt wurde. Er hatte sich angewöhnt, jeden, der gegen ihn anging, als minderwertig oder »unbedeutende Person« abzukanzeln.

Darüber hinaus gab es unter den Sozialisten keinen einheitlichen Standpunkt. Einige hatten mit der Socialist Labour Party gebrochen, um zu der neu gegründeten Socialist Party of America (Sozialistische Partei von Amerika) überzuwechseln. Jack schloß sich ihnen an, aber organisatorischer Streit über dem Bruch ging bezeichnenderweise an ihm vorbei: er war sein eigener Herr. Ihre Einstellungen reichten vom christlichen oder ethischen Radikalismus bis zum marxistischen Materialismus, vom Reformismus bis zum Syndikalismus. Auch kamen viele Menschen zu Jacks Vorträgen, die sich überhaupt nicht für Sozialismus interessierten, sondern lediglich diesen aufregenden jungen Schriftsteller sehen und mit ihm persönlich auf Tuchfühlung gehen wollten. Schmeicheleien von jenen, die er als gesellschaftlich höherstehend erachtete, genoß Jack am meisten. Der sozialistische Übersetzer und Schriftsteller Austin Lewis, der ihn während dieser Zeit beobachtete, schrieb: »Sowohl die sehr offene Bewunderung der Ehrlicheren als auch die subtilere Schmeichelei der Blasierteren trugen zur Bildung eines ganz bestimmten Bewußtseins bei.«[16]

Bekanntschaft mit dem Sozialismus machte Jack, als er sich als Vagabund auf den Straßen herumtrieb, und er brachte ihn sofort in Beziehung zu seinen eigenen Erfahrungen und den sozialen Gegebenheiten, die er beobachtet hatte. Seine Vorstellung vom Sozialismus wurde gefestigt durch die Versammlungen und Diskussionen in Oakland und die Gespräche in den Blockhütten von Klondike. Was er über Marx und den »Genossenschaftsstaat« erfuhr, begeisterte ihn, und neben dem Sozialismus nahm er andere Philosophien und deren jeweilige Offenbarungen in sich auf. Er wog sie nicht gegeneinander ab oder durchdachte die zwischen ihnen bestehenden Gegensätze, sondern betrachtete diese Lehren so, als ob sie von geistigen Übermenschen stammten und nebeneinander bestehen könnten. Außerdem pickte er sich aus seiner Lektüre wahllos Ideen heraus, oft nur Phrasen, die wenig Sinn ergaben, bei ihm jedoch Anklang fanden.

Seine Verwendung philosophischer Phrasen und Schlagwörter hat die Tatsache verdeckt, daß er nur relativ wenige Werke der Denker gelesen hatte, über die er sprach. Das soll nicht heißen, er sei ein Schwindler gewesen. Anfänglich las er sorgfältig und verdaute alles, aber als dann sein Wissensdurst stärker wurde, überflog er die Bücher, pflückte sich einige Punkte heraus und glaubte, damit das Wesentliche erfaßt zu haben. Seine Fortschritte in der Paukschule und bei der Vorbereitung auf die Zulassungsprüfung der Universität haben zweifellos zu seiner Vorstellung beigetragen, daß Lernen so vor sich gehe; aber immer war er in Eile und erwartete, über Nacht zum Meister zu werden. Sicherlich war seine große Begabung, Wichtiges zu erkennen, zu behalten und anzuwenden, ein bedeutender Teil seines geistigen Rüstzeugs, zum Verständnis jener aber, die er als Väter seiner Gesellschaftsphilosophie beanspruchte – Marx, Darwin, Spencer und Nietzsche –, war dies bei weitem nicht ausreichend.

Untersucht man Jacks gesellschaftskritische und politische Essays, so zeigt sich dies ganz deutlich. Trotz ihrer beeindruckenden Sprache grenzen viele seiner Aussagen ans Absurde oder ergeben keinen Sinn. So hatte er zwar den Anfang der Marxschen Wirtschaftstheorie erfaßt, daß nämlich im Kapitalismus die Arbeiterklasse einen Mehrwert erarbeitet, der von den Kapitalisten eingesteckt wird, aber er konnte nicht verstehen, wozu dieser Mehrwert verwendet wurde. Der Aufsatz ›The Question of the Maximum‹ (›Die Frage des Maximums‹), den er 1898 schrieb und wiederholt als Rede vortrug, bis er überarbeitet in dem Band ›Revolution and Other Essays‹ (›Revolution und andere Essays‹) erschien, behandelt dieses Problem. Jack kommt dabei – wohl um seiner eigenen Verblüffung zu begegnen – zu dem Schluß, daß wohl bald ein kritischer Punkt erreicht sein müsse; die Folge wäre dann entweder der Sozialismus oder die Herrschaft durch eine »Oligarchie«, deren einziger Daseinsgrund es sei, den Mehrwert in nicht-produktiver Arbeit zu verbrauchen (dieser Gedankengang wird in der ›Eisernen Ferse‹ wiederholt).

›Revolution‹, sein berühmtester Essay über Sozialismus, wurde sehr beifällig aufgenommen, als er ihn 1905 zum ersten Mal als Rede an der Universität von Kalifornien vortrug. Doch der häufig zitierte Anfang enthält ein typisches Beispiel einer um des dramatischen Effektes willen nachlässig formulierten Äußerung, die in ihrer Art alle politischen Erklärungen Jack Londons charakterisiert:

»Neulich erhielt ich einen Brief. Er war von einem Mann in Arizona und begann: ›Lieber Genosse‹ und endete: ›Es lebe die Revolution‹. Ich beantwortete den Brief und begann: ›Lieber

Genosse‹ und endete: ›Es lebe die Revolution‹. In den Vereinigten Staaten gibt es vierhunderttausend Männer und fast eine Million Menschen, zählt man Männer und Frauen zusammen, die ihre Briefe mit ›Lieber Genosse‹ beginnen und mit ›Es lebe die Revolution‹ beenden.«

Es folgen weitere Zahlen aus Deutschland, Frankreich, Österreich, Belgien, Italien, England, der Schweiz, Dänemark, Schweden, Holland, Spanien – »alles Revolutionäre und unsere Genossen«. Die meisten Kommentatoren haben im nachhinein festgestellt, daß seine Einbildungskraft dabei mit Jack durchgegangen war. Aber der Satz »... fast eine Million, zählt man Männer und Frauen zusammen« stellt eine andere Art Trugschluß dar. Glaubte Jack wirklich, daß die Zahl der weiblichen Revolutionäre so beträchtlich höher lag als die der männlichen? Er hätte über diese Vorstellung selbst gelacht; und trotzdem behauptete er offensichtlich genau das. Die Aussage ist einfach sinnlos und nur um des rhetorischen Effektes willen gemacht.

Weder in ›Revolution‹ noch in der ›Eisernen Ferse‹ findet man irgendeine Erklärung, was Sozialismus ist oder wie er erreicht werden kann. Nur Metaphern der Macht werden angeführt: »Hier sind unsere Hände. Es sind starke Hände. Wir werden Euch Eure Regierungen, Eure Paläste und all Euren purpurnen Luxus wegnehmen...« Die Argumente, die er gegen den Kapitalismus ins Feld führt, sind nicht wirtschaftlicher und historischer Art wie bei Marx noch entsprechen sie der Evolutionstheorie Spencers; statt dessen erhebt Jack einfach den Vorwurf der Unfähigkeit: »Die Klasse der Kapitalisten, blind und gierig, wie besessen alles an sich reißend, hat nicht nur das beste Management hervorgebracht, sondern gleichzeitig auch das schlimmste, denn es ist ein ungeheuer verschwenderisches Management.« Nur in seinem Essay ›The Class Struggle‹ (›Der Klassenkampf‹) gibt er eine genaue Erklärung des Zweckes der Revolution und sagt, wie sie stattfinden wird – und diese Erklärung stammt aus der Grundsatzerklärung der Socialist Party of America!

Die Stärke der von Jack verfaßten Propagandaschriften liegt in ihren Angriffen auf die Mißstände in der Gesellschaft, wie beispielsweise in seinem Werk ›In den Slums‹, in den ersten Kapiteln der ›Eisernen Ferse‹ und in einigen Essays und Abschnitten seiner autobiographischen Bücher. Er liebte es, aggressiv zu sein, und konnte in dieser Stimmung höchst amüsant sein. Noch heute wird die Verurteilung von Streikbrechern, die ihm zugeschrieben wird, gern zitiert:

»Als Gott die Klapperschlange, die Kröte und den Vampir erschaffen hatte, blieb ihm noch etwas von der ekligen Masse übrig, und daraus schuf Er den räudigen STREIKBRECHER. Ein STREIKBRECHER ist ein zweibeiniges Tier mit einer Korkenzieher-Seele, einem mit Wasser vollgesogenen Gehirn und einem Rückgrat aus Sülze und Leim. Wo bei anderen das Herz ist, da trägt er ein Geschwür aus verfaulten Prinzipien. Wenn ein STREIKBRECHER die Straße entlanggeht, wenden sich die Menschen ab, weinen die Engel im Himmel und der Teufel schließt die Höllentore, damit er ja nicht hineinkommen kann. Kein Mensch hat das Recht, ein STREIKBRECHER zu sein, solange es noch einen Teich gibt, tief genug, um seinen Körper darin zu ertränken, oder ein Seil, lang genug, um seinen Kadaver daran aufzuknüpfen.«[17]

Als zum ersten Mal etwas von ihm veröffentlicht wurde, entsprach sein kraftvoller Stil dem Kampfgeist der wachsenden Arbeiterbewegung in Amerika – er gab die Stimmung bei Kellys Armee und bei den Hobos im Osten genau wieder. Hierin bestand der Unterschied zwischen Jack und den anderen Schriftstellern, die vorgaben, Sozialisten zu sein. Ihre Gesellschaftskritik blieb im Rahmen der Konventionen, seine aber waren Frontalangriffe, und Verleger wie Öffentlichkeit mochten sie. Es war eine Weiterführung des lebensprühenden Elements seiner Abenteuergeschichten.

Trotzdem verbargen sich hinter diesem stürmischen Ton große Wissenslücken. Schon immer bestanden neun Zehntel der sozialistischen Propaganda aus dem Hervorheben der Übel des Kapitalismus. Bei korrekter Argumentation folgt daraus eine Analyse, aus der Notwendigkeit und Methode einer grundlegenden Veränderung abgeleitet werden. Jack lieferte keine solche Analyse. Er faßte in Worte, was er gesehen hatte, und identifizierte sich mit den Ausgebeuteten und Aufständischen. Dies tat er nicht nur, indem er sich zum Proletarier erklärte, sondern auch durch seine demonstrative Verachtung für die herkömmlichen Institutionen der Wissensvermittlung und »die Salons der Gesellschaft«. Wie das Gesellschaftssystem funktionierte, davon hatte er jedoch keine Ahnung, und die männliche, kämpferische Symbolik verbarg nur seine oberflächlichen Kenntnisse. Durch die Schmeicheleien der Sozialisten und seinen schnellen Aufstieg zum Ruhm fühlte er sich als Prophet. Unbewußt stellte er seine eigene Situation in dem idealisierten Selbstporträt des Ernest Everhard dar, dem Helden der ›Eisernen Ferse‹. Everhards geistige Stärke wird in einer Reihe von Diskussionen demonstriert, in denen er seine Gegner mit scheinbarer Allwissenheit förmlich erdrückt; tatsächlich dienen sie jedoch lediglich als Beiwerk, als Kanäle für Jacks phrasenhafte Antworten.

Das andere Element, das Jacks soziales Denken beherrschte, war seine Überzeugung von der rassischen Überlegenheit. Es mag in seiner Kindheit mit Floras Snobismus begonnen haben oder er hat die Grundlagen dafür irgendwo bei seiner Lektüre als Jugendlicher aufgelesen. Genährt wurde diese Überzeugung sicherlich auch durch seine Bewunderung für Kipling, aber die entscheidende Prägung erfuhr er durch das Buch ›Social Evolution‹ (›Die soziale Evolution‹) von Benjamin Kidd. Heute ist es nahezu in Vergessenheit geraten, damals aber war diese allgemein verständliche Version der Philosophie Herbert Spencers weitverbreitet. Das Werk wurde 1894 veröffentlicht, und für Arthur M. Lewis war seine Wirkung bedeutend genug, um Kidd als Beispiel in sein Werk ›Ten Blind Leaders of the Blind‹ (›Die zehn blinden Führer der Blinden‹) aufzunehmen.[18] Die wesentliche Forderung des Buches war die Anwendung des Prinzips vom Überleben des Tüchtigsten auf die Gesellschaft. »Diese geordnete und herrliche Welt«, schrieb Kidd, »die wir heute um uns sehen, ist und war immer schon der Schauplatz eines unaufhörlichen Kampfes zwischen allen Lebewesen, die sie bewohnen – Kampf nicht nur zwischen biologisch verschiedenen Arten, sondern auch zwischen Lebewesen der gleichen Art.«

Kidd behauptete, daß dieser Kampf der Schlüssel zum Fortschritt sei, und er lehnte den Sozialismus, obwohl er eine »wahre, keineswegs übertriebene Lehre auf der Grundlage klarer Vernunft sei«, ab, weil dieser den Existenzkampf aufheben würde. Die Interessen der ausgebeuteten Klasse müßten den Interessen der Rasse untergeordnet werden; und die stärkste, in der Entwicklung am weitesten fortgeschrittene Rasse sei eben die angelsächsische. Jack war tief beeindruckt. Es ist durchaus möglich, daß seine Verehrung für Herbert Spencer auf Kidd zurückgeht. Seltsamerweise unterläßt er es, ihn zu erwähnen, aber vielleicht geschah dies, weil Kidd von Marxisten als Reaktionär verdammt wurde. Er macht jedoch wiederholt Anleihen bei ihm; so entstammt der Titel von Jacks 1900 geschriebenen Essays ›The Shrinkage of the Planet‹ (›Das Schrumpfen des Planeten‹) einem Satz von Kidd.

1899 stellte Jack in einer Reihe von Briefen an Cloudesley Johns Behauptungen über die Überlegenheit der angelsächsischen Rasse zusammen. Johns muß ihm an mehreren Stellen widersprochen haben, denn in seinen Antworten berief sich Jack auf eine metaphysische Logik, die er »das Gesetz« nannte. Zuerst sprach er von Frauen, die nach »dem Gesetz« aufgrund ihres Bedürfnisses, sich den Männern unterzuordnen, unmöglich wirtschaftliche und politische Unabhängigkeit erreichen konnten. In bezug auf Rasse und Sozialismus lautete die Logik, der sich »der Mensch als winziger Wurm beugen muß«, folgendermaßen:

»Der Sozialismus ist kein ideales System, das von Menschen für das Glück aller Lebewesen oder auch nur aller Menschen ersonnen wurde. Es wurde vielmehr erdacht für das Glück bestimmter, verwandter Rassen in einer Weise, die diesen bestimmten, bevorzugten, verwandten Rassen mehr Kraft gibt, damit sie überleben und die Erde beherrschen und die minderwertigeren, schwächeren Rassen ausrotten. Gerade die Männer, die für den Sozialismus eintreten, mögen Euch erzählen, daß alle Menschen Brüder seien, und ich weiß, daß sie dies ehrlich meinen. Aber dies ändert nichts am Gesetz – sie sind nur Werkzeuge, die blind für die Weiterentwicklung dieser bestimmten, verwandten Rassen arbeiten, zum Nachteil der niedrigeren Rassen, die sie Brüder nennen würden.«

Dies war die Lehre Kidds in fast reiner Form und die Auffassung, welcher Jack bis ans Ende seines Lebens anhängen sollte. In seinem letzten Lebensjahr wiederholte er sie in seiner Antwort an einen Briefpartner, der ihn herausgefordert hatte, sogar in noch dogmatischerer Form:

»Betrachten Sie die gesamte Geschichte der vom Menschen beherrschten Welt, und Sie werden sehen, daß die Welt zu allen Zeiten der reinen Rasse gehörte und niemals dem Bastard. Ich fordere Sie hiermit auf: Studieren Sie die Geschichte der menschlichen Rasse! Und denken Sie daran: die Natur läßt keinen Bastard leben – oder vielmehr, die Natur läßt keinen Bastard überleben... Sie werden alles dazu in Ihrem Bücherschrank finden. Und nennen Sie mir dann eine einzige Rasse, die sich die Kraft ihrer Zivilisation, ihrer Kultur und Kreativität bewahrte, nachdem sie sich mit anderen, niedrigeren Rassen vermischte.[19]

Während der relativ kurzen Zeitspanne, in der er den Sozialismus optimistisch beurteilte, sprach Jack gelegentlich anders darüber. In ›Revolution‹ erklärte er, daß die sozialistische Kameradschaft »über geographische Grenzen hinwegschreitet und rassische Vorurteile überwindet«. Möglicherweise waren die wenigen, matten Floskeln dieser Art Zugeständnisse für das Wohlwollen, das die radikale Bewegung ihm entgegenbrachte; aber seine Überzeugung, daß die Angelsachsen die Herren der Erde werden müßten, änderte sich nie. 1904 schrieb er einen Artikel, betitelt ›The Yellow Peril‹ (›Die gelbe Gefahr‹), der unpassenderweise in die Essaysammlung ›Revolution‹ aufgenommen wurde, in dem er wiederholte, daß der Angelsachse die ethische Überlegenheit verkörpere: »Wir sind die Rasse, die für das Recht eintritt.«

Um ihm Gerechtigkeit widerfahren zu lassen, muß man auch einige Zeiteinflüsse mitberücksichtigen. Ein großer Teil des Wissens, das heute zum Verständnis der Rassen beiträgt, war damals noch nicht verfügbar. Hinzu kommt, daß auch die Begründer der sozialistischen Lehre selbst sich über die Beurteilung der Frage des Rassenproblems nicht sicher waren. In einem Brief von Friedrich Engels an den Studenten Starkenburg aus dem Jahre 1894 heißt es: »Wir betrachten die wirtschaftlichen Bedingungen als den für die geschichtliche Entwicklung entscheidenden Faktor. Aber die Rasse ist selbst ein wirtschaftlicher Faktor.« In seinem etwa zur gleichen Zeit geschriebenen Werk ›Grundprobleme des Marxismus‹ äußert sich Plechanow in puncto Gleichheit der Rassen zuversichtlich, ist sich dessen aber nicht sicher.[20]

Eine weitere Rolle spielten die wiederholten Kontroversen über die Einwanderung in die Vereinigten Staaten. Zu Beginn der zweiten Hälfte des 19. Jahrhunderts war es zu einer fremdenfeindlichen Welle gekommen, die sich zuerst gegen die irischen »Papisten« und später gegen die Einwanderer aus Süd- und Osteuropa richtete. Aus dieser Quelle wurde auch Flora Londons Rassenstolz gespeist. Darüber hinaus waren die chinesischen Einwanderer seit 1860 in Kalifornien ein zentrales, politisches Thema. Obwohl die eigentlichen Probleme rein wirtschaftlicher Natur waren, lieferten rassische Gesichtspunkte die allgemeinen Argumente: den Chinesen wurde vorgeworfen, sie könnten sich nicht dem amerikanischen Leben anpassen und wären sittlich vollkommen verwahrlost. Als Jack mit den Austernpiraten und der Fischereischutz-Patrouille die Bucht von San Francisco befuhr, waren die chinesischen Fischer Freiwild für jedermann.

Trotzdem überstiegen Jacks Vorurteile das übliche Maß. Kidds Lehren sagten ihm zu, weil sie seine Auffassung von sich selbst bestätigten. Als Kind hatte er nie Kind sein dürfen und wußte wenig von gemeinschaftlichem Spielen; er entdeckte und erreichte alles allein. Selbständig handelnd, hatte er zwar Erfahrungen gemacht, aber diese nie mit jemandem geteilt. In Gruppen blieb er immer abgesondert, war zuerst ein Außenseiter, der Anerkennung suchte, und wurde dann rasch der Überlegene. Bei seinen Abenteuern hatte er die Anerkennung seiner Überlegenheit als etwas ihm Zustehendes gefordert und errungen. Er hatte schwerer arbeiten und besser segeln können als irgend ein anderer, hatte die Studenten im Lernen übertroffen und die Indianer beim Gepäckschleppen über die verschneiten Berge des Nordens ausgestochen.

Der Marxismus hätte ihn die Wechselwirkung zwischen Mensch

und seiner gesellschaftlichen Umwelt gelehrt: Jack London war das Produkt der Kräfte seiner Zeit. Aber diese Erklärung hätte ihn schon durch ihre Bedeutung nicht befriedigen können, denn er mußte ja Teil einer zum Herrschen geborenen Minderheit sein, für die die Welt geschaffen war. Wenn jedoch William Chaney tatsächlich sein Vater war, so hatte er natürlich – Ironie des Schicksals – keinen Tropfen angelsächsischen Blutes in seinen Adern. Vielleicht bestärkte ihn dies gerade: wenn er durch sein Blut nicht beweisen konnte, zur höchsten der bevorzugten Rassen zu gehören, dann durch Leistung. Es wurde immer als unmöglich angesehen, daß solche Überzeugungen mit einer sozialistischen Einstellung vereinbar seien. Und doch war es gerade diese Synthese, die den »Sozialismus à la Jack London« so anziehend machte: ein feuriger Aufruf zum Handeln, die ständige Wiederholung, daß Jack keine Zeit an jene verschwenden konnte, die nicht zum Kampf bereit waren. Nach seiner Auffassung würden nur die Stärksten zum Kampf gerüstet sein und das entscheidende Gefecht mit den gesellschaftlich Herrschenden überleben. So wollte es das Gesetz.

Während Jacks Aufenthalt in Europa wurden drei seiner Bücher veröffentlicht: ›An der weißen Grenze‹, ›In den Wäldern des Nordens‹ und ›Joe unter Piraten‹. Ihr Erscheinen in einem einzigen Monat stellt einen Rekord dar und gibt Aufschluß über das von ihm geleistete Arbeitspensum. ›An der weißen Grenze‹ wurde wohlwollend, aber ohne Begeisterung aufgenommen, denn der durch seine anderen Werke erworbene Ruf hielt jeden Kritiker davon ab, das Buch als das zu beschreiben, was es war – ein Erstlingsroman von geringer Qualität. ›Joe unter Piraten‹, eine unkomplizierte Abenteuergeschichte für Jungen, war ganz offensichtlich nur aus einem Grunde geschrieben, nämlich, um ihm Geld einzubringen. Das Buch ›In den Wäldern des Nordens‹ jedoch machte Eindruck und erhielt sogar mehr Lob als ›Der Sohn des Wolfs‹. Jack wurde nun nicht mehr mit anderen Schriftstellern verglichen, denn man erkannte an, daß er seinen persönlichen Stil bei Erzählungen durchgesetzt hatte – »ein Gebiet, daß mit dem Recht des Eroberers das seine ist«, wie es ein Kritiker formulierte.

George Brett erkannte, daß die Qualität der drei Bücher sehr unterschiedlich war, weil Jack bis zum Exzeß gearbeitet hatte. Die veröffentlichten Arbeiten wiesen keine kontinuierliche Entwicklung auf, sondern stammten aus seinem während der drei vorhergehenden Jahre angelegten literarischen »Bestand«. Diesen Vorrat hatte er nun fast ausgeschöpft und dachte daran, erneut eine Menge zu schreiben, um ihn wieder zu ergänzen. Bretts Ratschlag an Jack lautete: »Ich hoffe, daß Ihre Arbeiten künftig jene erkennbaren Fortschritte zeigen werden, die ich an Ihren früheren Büchern so deutlich ablesen konnte, welche sich aber in Ihrem letzten oder vorletzten Band nicht so klar zeigen, da diese hastiges Arbeiten erkennen lassen.« Jack räumte ein, daß Brett seine Situation zutreffend beschrieben habe. In einem langen Antwortbrief an ihn bezeichnete er sich selbst als langsam arbeitenden Schreiber: »Ich habe nur deshalb so viel produziert, weil ich ständig, tagein, tagaus, pausenlos gearbeitet habe.«[21]

Macmillan unterbreitete ihm ein finanzielles Angebot, das Jack von dem Zwang hastigen Schreibens befreien und ihm die Möglichkeit geben würde, sich auf, wie Brett es ausdrückte, »das Beste, was ein Mensch leisten kann«, zu konzentrieren. Zwei Wochen nach seiner Rückkehr nach Kalifornien sandte ihm Jack das überarbeitete

Manuskript der ›Kempton-Wace Briefe‹ und eine vollständige Offenlegung seiner finanziellen Situation sowie seiner weiteren Pläne zu. Er wollte wegkommen von den Klondike-Geschichten, mit denen er seine Lehrzeit absolviert hatte. Jack dachte nun an einen Roman mit dem Titel ›The Flight of the Duchess‹ (›Die Flucht der Herzogin‹)[22] und eine Seegeschichte; auch einige Kurzgeschichten über Erlebnisse aus seiner Zeit bei der Fischereischutz-Patrouille wollte er schreiben. Mit dem Werk ›In den Slums‹ hätte Brett dann innerhalb der nächsten zwölf Monate sechs Bücher von ihm in Händen. Jack schlug vor, daß Macmillan ihm als Gegenleistung einhundertfünfzig Dollar monatlich bezahlen sollte; mit dieser Summe könnte er sich und seine Familie ernähren, während er sich »größeren und ehrgeizigeren Projekten« widmen wollte.

Macmillan stimmte Jacks Vorschlag zu und verlängerte die ursprünglich vorgesehene Laufzeit des Vertrages auf zwei Jahre. Für Jack war es äußerst wichtig, von der Lohnschreiberei wegzukommen, denn die »Lehrzeit«, von der er gesprochen hatte, war zu hektisch gewesen und hätte so nicht viel länger ohne Kurskorrektur weitergehen können. Ohne Bretts kluge Voraussicht hätte Jack leicht von ›McClure's‹, dem ›Cosmopolitan‹ oder einer anderen Zeitschrift gekauft werden können, die sich damals mit Sensationsreportagen und Enthüllungsgeschichten riesige Auflagen sicherten. Nach Lage der Dinge konnte er nun über das nachdenken, was er immer als »bedeutende Bücher« bezeichnete. Auch erwartete er weitere Einnahmen aus den Veröffentlichungen seiner Bücher im Ausland. Isbister & Co., eine Londoner Firma, hatte es übernommen, seine Werke in England herauszubringen (die Firma ging jedoch Anfang 1904 in Konkurs, und Jacks gesamte Einnahmen beliefen sich auf zehn Pfund).

Im Mai 1903 wurden die ›Kempton-Wace Briefe‹ veröffentlicht. Brett war von dem Buch nicht gerade begeistert gewesen und aller Wahrscheinlichkeit nach betrachtete er es als Resultat eines beiläufigen Versuchs, das man wegen der zu erwartenden anderen Arbeiten in Kauf nehmen müsse. Nachdrücklich versuchte Jack, ihm klarzumachen, daß das Buch gute Erfolgschancen hätte: »Wir neigen heutzutage mehr denn je zu einer kritischen Prüfung unserer Gefühle, und der Hang des amerikanischen Lesepublikums zu wissenschaftlichen Dingen ist so stark, daß eine wissenschaftliche Diskussion über die Liebe einfach Interesse erregen muß.« Das Buch wurde anonym veröffentlicht und kam besser an, als Brett erwartet hatte. Die Kritiker fanden es »ungewöhnlich« und im Einklang mit der kritischen Haltung der Zeit, wie Jack vorhergesagt hatte. Ein

Journalist aus San Francisco, der möglicherweise dort bei den Vorträgen der Sozialisten gewesen war, erkannte Jacks Satzbau und seinen leidenschaftlichen Einsatz für den evolutionären Prozeß wieder, und als die zweite Auflage gedruckt wurde, waren die Namen der Autoren bereits bekannt.

Die ›Kempton-Wace Briefe‹ sind ein Roman, in dem eine Geschichte anhand eines Briefwechsels erzählt wird. Nur zu einem geringen Maß stellt er eine wirkliche Debatte zwischen Anna Strunsky und Jack dar. Als er Johns das Buch erläuterte, schrieb er:

»Eine junge, russische Jüdin aus San Francisco und ich haben oft über unsere Begriffe von Liebe diskutiert. Sie ist zufällig ein Genie. Von ihrer Philosophie her ist sie Materialistin, von ihrer Natur jedoch Idealistin und ist so beständig gezwungen, alles Wissen über die Welt zu biegen und zu drehen, um sich mit sich selbst in Einklang zu bringen. Schließlich beschlossen wir, daß Briefe der einzige Weg seien, die Frage auszudiskutieren. Dann überlegten wir, ob eine Sammlung dieser Briefe nicht eine Veröffentlichung wert wäre.«[23]

Diese Stelle deutet zum einen darauf hin, daß Jack Johns nichts über Anna, die er immerhin schon fast ein Jahr lang kannte, erzählt hat, und sie umreißt zum anderen auch den Kern der ›Briefe‹. Der in ihnen abgehandelte Gegensatz besteht nicht zwischen seinen und ihren Ansichten, sondern wird aus Widersprüchen konstruiert, die er ihr allein zuschreibt. Da Anna anscheinend keinen Sinn für Spitzfindigkeiten hatte, akzeptierte sie die falsche Ausgangslage, denn sie hätte durchaus anführen können – und sollen –, daß eine materialistische Philosophie ein Gefühlsleben ganz und gar nicht ausschließt oder abwertet. Statt dessen wird dargestellt, wie sie die romantische Liebe gegen eine klinisch-kühle Einstellung verteidigt, von der Jack behauptete, sie sei die entsprechende Haltung des wissenschaftlichen Materialisten.

Keiner von beiden argumentierte aus Überzeugung. Annas Briefe sind sprachlich gewandte Plädoyers, dem Ruf des Herzens zu folgen, während Jack seine Beiträge als Forum zu Erklärungen über das Überleben des Tüchtigsten und über eugenische Prinzipien benutzt. Es wurde einmal die Ansicht geäußert, seine Briefe spiegelten die Gründe für seine Heirat mit Bess wider. Während er jedoch an den ›Briefen‹ arbeitete, war seine Ehe ganz und gar nicht glücklich, und kurz nach der Fertigstellung des Buches schrieb er an Johns: »Für einen Mann ist es manchmal in Ordnung, aus philosophischen Gründen zu heiraten, aber denk daran, daß es für die Frau verdammt hart ist.« Nicht er, sondern Anna stand im Mittelpunkt des Buches. Jack war mehr als nur verliebt in sie, und die anhaltende Diskussion über Gefühle war eigentlich das tastende Fragen zwischen zwei Verliebten. Außerdem war sie »zufällig ein Genie«. Diese Bemerkung zeigt, worin er schließlich seine größte Befriedigung fand, nämlich, indem er die intellektuelle und gesellschaftliche Überlegenheit bei anderen anerkannte und gleichzeitig deutlich machte, daß er ihnen bei der Auslegung der Gesetze des Lebens aber überlegen war.

Während er auf die Veröffentlichung der ›Briefe‹ und ›In den Slums‹ wartete, schrieb er eine Hundegeschichte. Er hatte Macmillan noch ein weiteres Buch mit Klondike-Geschichten versprochen, das als Ergänzung zu seiner Geschichte ›Batard‹ (›Der Bastard‹) geplant war. In Briefen an Anna und Brett schrieb er, daß die Geschichte mit ihm durchgegangen sei; er habe einen Umfang von viertausend Worten vorgesehen gehabt und zweiundvierzigtausend seien es schließlich geworden. Unter dem Titel ›Ruf der Wildnis‹ sandte er sie an die ›Saturday Evening Post‹, um sie als Fortsetzungsgeschichte, und an Macmillan, um sie als Buch veröffentlichen zu lassen. Weder ihm noch den Verlegern gefiel der Titel, und alle versuchten, einen besseren zu finden. Die ›Post‹ schlug schließlich vor, sie ›The Wolf‹ (›Der Wolf‹) zu nennen. Brett, der die Erzählung persönlich für ein Meisterwerk hielt, hatte Bedenken, ob sie beim Publikum überhaupt ankommen würde. Tiergeschichten waren zwar immer populär, aber sie mußten sentimental sein; so ließen sich etwa Erzählungen von Seton-Thompson und Bücher wie ›Black Beauty‹ (›Schwarze Schönheit‹) gut verkaufen. Brett bot ihm auf der Stelle zweitausend Dollar für die Geschichte und Jack war damit einverstanden. Die ›Saturday Evening Post‹ zahlte ihm siebenhundert Dollar. Für die Arbeit eines Monats schien dies ein bemerkenswertes Honorar, doch wurden insgesamt von ›Ruf der Wildnis‹ über sechs Millionen Exemplare verkauft!

Dem Buch war ein sofortiger Erfolg beschieden. Die erste Auflage von zehntausend Exemplaren war am ersten Tag sofort vergriffen, und die Kritiker waren voller Lob für die Qualität seiner Prosa wie auch für die Großartigkeit der Geschichte selbst, die ganz offenkundig mehr als nur eine packende Erzählung war. John L. Hervey sprach von »ihren tieferen Bedeutungen und deren künstlerischer Darstellung, die sich demjenigen Leser erschließen, der sich nicht nur für die Geschichte an sich interessiere«. Mit ein Grund für den Erfolg des Buches war die schöpferische Pause während der Europareise, die Jack gutgetan hatte, bevor er sich wieder dem Klondike-Thema zuwandte. Die »tieferen Bedeutungen« jedoch ergaben sich aus der allegorischen Übertragung auf den Menschen:

Da ist einmal der Kampf ums Überleben, den Jack von der Stadt, wo er ihn kurz zuvor selbst erlebt hatte, in eine kalte, primitive Welt übertrug; außerdem findet sich darin sein eigener, nur durch persönliche Kraft erreichter Aufstieg aus einem armseligen Elternhaus zu einer überragenden Stellung.

Inwieweit Jack eine solche Allegorie beabsichtigt hatte, als er ›Ruf der Wildnis‹ niederschrieb, ist nicht sicher. Nachträglich bekannte er, daß ihm dies nicht bewußt gewesen sei: »Ich tat es nicht absichtlich.« Dies erscheint jedoch unwahrscheinlich, um so mehr als er unmittelbar danach daranging, den gleichen Stoff in menschlichem Kontext zu entwickeln und das Thema im Titel zu wiederholen, nämlich im ›Seewolf‹. Und doch sprach er von seinem Buch ›Ruf der Wildnis‹ lediglich als einer Geschichte, mit der er eben Glück gehabt hatte; das gleiche hätte auch mit jeder anderen Arbeit passieren können. Auch war er keineswegs verärgert über die Tatsache, daß sie für die Verleger eine Goldgrube darstellte, denn er sah, daß Brett ein Risiko eingegangen war und an den ›Kempton-Wace Briefen‹ wenig verdient hatte. Mit den zweitausendsiebenhundert Dollar, die er zusätzlich zu seinen regelmäßigen Zahlungen von Macmillan erhielt, konnte er Rechnungen bezahlen und sich etwas leisten. Er kaufte sich ein Boot, das den Namen »Spray« trug, und segelte damit über die Bucht und die Flüsse entlang, während er seine Bücher schrieb.

Seine Ehe zerbrach in jenem Sommer, als sich endlich der Erfolg einstellte. Die letzte gemeinsame Wohnung, die er im Februar 1902 mit Bess bezogen hatte, war ein großräumiges Haus in Piedmont, das inmitten eines zwei Hektar großen bewaldeten Grundstücks stand. Das Haus mit Blick auf die ganze Bucht von San Francisco besaß eine »vielgerühmte, breite, lange und kühle Veranda«; zu dem Anwesen gehörte auch ein Häuschen für Flora und Johnny Miller. Nachdem Jack sein Buch ›Ruf der Wildnis‹ geschrieben hatte, begann er aufs neue, verschwenderische Einladungen zu geben. Jede Woche kamen hundert Leute zu ihnen, die meisten mittwochs, jenem Tag, an dem das Haus jedermann offenstand und das Wohnzimmer vor Leuten wimmelte. Jack unterhielt zwei Bedienstete und außerdem kam Mammy Jenny, um sich um die Kinder zu kümmern. Bess jedoch mochte diesen Lebensstil nicht und konnte sich nicht daran gewöhnen. Ihr fehlte die Energie, den ständigen Bedarf an Lebensmitteln zu organisieren, und sie war nicht geneigt, sich nach Jacks Wünschen zu kleiden oder sich an den Spielen und den Unterhaltungen zu beteiligen. Sie verstand nicht, warum er von Freunden umgeben und von ihnen bewundert werden wollte, vor allem aber war sie eifersüchtig auf die Frauen, die ihn besuchten und auf die Art, wie er das ihm gezeigte Interesse genoß.

Obwohl Jack später schrieb: »Sie fürchtete jede andere Frau... War auf jede eifersüchtig... Bessie mißtraute jeder«, ist es ganz offensichtlich, daß sie reichlich Grund dazu hatte. Schon bald nach ihrer von Anfang an zum Scheitern verurteilten Ehe war er, wie er nun zugab, »in eine Beziehung mit Anna Strunsky verwickelt«. Wenn er Oakland verließ, hatte er stets nach seinem »Ich möchte«-Prinzip gelebt. 1902, auf seiner Reise durch Amerika, als er Brett treffen und nach London weiterfahren wollte, begegnete er im Zug einer Frau. An Charmian schrieb er darüber: »Ich will Dir von einer kleinen Affäre berichten, die zeigt, mit welcher Leichtigkeit ich bei meinen sexuellen Wünschen die Zügel schießen lasse. Du wirst Dich daran erinnern, wie ich nach Südafrika aufbrach. In meinem Eisenbahnabteil reiste auch eine Frau mit ihrer Zofe und einem Kind. Gleich zu Beginn, beim ersten Blickwechsel, waren wir uns einig und liebten uns bis Chicago. Es war sexuelle Leidenschaft, schlicht und einfach... Nichts blieb zurück, als unsere drei Tage und Nächte vorbei waren.«[24]

Im Erfolg schwelgend und im Vergnügen, Geld hinauszuwerfen und umschmeichelt zu werden, fühlte sich Jack durch Bess' Abneigungen und ihrem Versagen, ihm einen Sohn zu schenken, berechtigt, zu tun, wie ihm beliebte. Die Mittwoch-Partys wurden mehr und mehr zu einem lärmenden Herumtollen mit derben Späßen und Schabernack. Auf dem Grundstück wurden Picknicks veranstaltet, bei denen kreischende Mädchen mit Obst warfen und Jack nachjagten und mit Wasser gefüllte Eimer durch die Luft flogen. In einem späteren Brief, in dem er über die Ereignisse des Sommers berichtete, schilderte Jack ein typisches Nachmittags-Picknick:

»Ich erinnere mich sehr gut an diesen Sonntag. Ich verbrachte viel Zeit – praktisch die ganze Zeit – damit, mit dem Mädchen herumzualbern, während Joaquin sich vollaufen ließ. Ich beschmierte Kates Gesicht mit Kirschen und Schmutz, wie Du Dich erinnern wirst, und all das Herumbalgen mit Kate dauerte eine ganze Weile. Dann goß ich eine Menge Wasser über Charmian, und als dann Carlt und Charmian anfingen, mit der Puderdose herumzuspielen, warf Carlt die Dose ins Gebüsch, und es dauerte eine ganze Weile, bis ich besagte Dose wieder aus dem Gebüsch herausgefischt hatte.«[25]

Zwischendurch spielten sie Karten, ließen Drachen steigen, trugen Stücke vor, spielten Klavier und sangen. Man kann hinter all dem Treiben Jacks Suche nach der Kindheit erkennen, die er nie gehabt hatte, und nach sexuellen Kontakten zu Mädchen, die er halb verachtete. Er sagte einmal, daß er beschlossen habe, in jenem Sommer »mit voller Absicht vor die Hunde zu gehen«. Dennoch arbeitete er regelmäßig; es war auch nicht sein eigener Zusammenbruch, sondern der seines häuslichen Lebens, den er herbeiführen wollte.

Im Juni reiste Bess mit den zwei kleinen Mädchen nach Glen Ellen, im Bezirk Sonoma County, um dort Ferien zu machen. Sie wohnten in einer Blockhütte, die zu einer ganzen Siedlung gehörte und deren Besitzer Mrs. Eames vom ›Overland Monthly‹ war. Jack schlug ihnen vor, mit der »Spray« eine Segelpartie zu unternehmen, bevor er nachkäme – angeblich hatte er noch an seinem Buch ›Der Seewolf‹ zu arbeiten. In Wirklichkeit wollte er »ein paar tolle Tage mit der nächstbesten Frau, die ich auftreiben kann«, verbringen. Er faßte als mögliche Partnerin Charmian Kittredge ins Auge, denn »sie empfahl sich warm genug, um mir auf verbotenen Wegen zu folgen«. Bevor er jedoch dazu kam, ihr den Vorschlag zu unterbreiten, fuhr er mit einigen Freunden in die Stadt; bei dieser Fahrt verlor die Pferdekutsche ein Rad und stürzte um, wobei Jack am Knie verletzt wurde. Charmian kümmerte sich um ihn und sie unterhielten sich und tauschten Küsse. Als Jack, der seine Teilnahme an der Segelpartie wegen des Unfalls abgesagt hatte, nach Glen Ellen fuhr, schrieb er ihr und besuchte sie: »Ich begehrte sie immer mehr, und immer größer wurde mein Verlangen, sie zu meiner Geliebten zu machen.«[26]

Er setzte jedoch sein zügelloses Leben fort. Während er Charmian im Auge behielt, traf er sich mit der Ehefrau eines anderen Mannes und traf Vorbereitungen, mit ihr eine Dampferfahrt zu machen. Bess wußte nicht im einzelnen, was vorging, erriet aber das Wesentliche. Als in Verbindung mit der Dampferfahrt ein Telegramm eintraf, bestand sie darauf, es zu lesen. Sie setzte die Papierfetzen eines zerrissenen, maschinengeschriebenen Briefes, der an Jack gerichtet war, wieder zusammen und erfuhr dadurch alles, außer, daß der Brief von Charmian kam. Sie war zudem tief beunruhigt durch die Veröffentlichung der ›Kempton-Wace Briefe‹, da ihr die überschwenglichen Sätze über Liebe verdächtig waren. Sie fragte Jack, ob er eine andere Frau liebe, und da er sich nicht um den Schmerz kümmerte, den er ihr damit zufügte, bejahte er es.

Der Tag der Trennung kam gegen Ende Juli in Glen Ellen. Sie saßen gerade an einem Bach, als Jack Bess fragte, ob sie mit ihm fortgehen und auf einer Ranch in der Wüste im südlichen

Kalifornien leben möchte, wo er ungestört arbeiten könne. Sie stimmte zu. Wenige Stunden später kam er zu ihr in die Hütte und teilte ihr mit, daß er sich von ihr trenne. Er wollte nicht weiter darüber sprechen und verließ am nächsten Morgen das Haus. Obwohl sie ja bereits wußte, daß er sich mit anderen Frauen traf, war Bess völlig niedergeschmettert. Wie einst die Briefe aus Europa, so hatte auch die Unterhaltung über Südkalifornien in ihr die Hoffnung auf einen neuen Anfang geweckt. Nicht im Traum dachte sie daran, daß Jack und Charmian sich gegenseitig Briefe geschrieben hatten, deren leidenschaftliche Worte unmißverständlich zeigten, daß sie nun ein Verhältnis miteinander hatten.

Es gab einen besonderen Grund dafür, warum Bess die Wahrheit nicht ahnte. Jack ging nach Piedmont zurück, holte seine persönlichen Sachen aus dem Haus und veranlaßte Flora und Johnny, in eine Wohnung in Oakland zu ziehen, während er selbst auf der »Spray« wohnte. Charmian nahm sich Bess' an, ging hinüber zum Haus und tröstete sie. In einem Brief an Jack vom September jenes Jahres stand: »Gestern abend ging ich zu Bessie. Sie war reizend zu mir, so reizend, daß es mich ganz krank machte. Sie bat mich inständig, herüberzukommen und die ganze Nacht bei ihr zu bleiben, die ganze Zeit über. Sie war so nett und gastfreundlich zu mir, daß es schien, als ob all die Sorgen und das Auseinanderreißen der Ehe nur ein Traum sei. Manchmal muß ich gegen das Gefühl erbärmlicher SCHLECHTIGKEIT ankämpfen, wenn ich an all das denke, aber dann schaltet sich meine Vernunft ein und kommt mir zu Hilfe, aber trotzdem!!!« Bess' zweite und beständigere Verbündete war unerwarteterweise Flora. Seit Jacks Heirat in den Hintergrund gedrängt, großzügig aber kränkend behandelt, war sie voller Groll gegen Bess gewesen. Nun aber trat sie hervor, um Jack wegen des Verlassens seiner Familie zu verurteilen; mit Bess blieb sie ihr Leben lang befreundet.

Was waren dies für Menschen? Wie unreife, gierige Kinder waren sie überzeugt, daß alles, was sie haben wollten, ihnen auch gehören müsse. Jack war nicht gefühllos und ohne Zweifel tief verstört; sein Vorschlag, nach Südkalifornien zu ziehen, muß ein letzter, halbherziger Versuch gewesen sein, von dem Weg abzukommen, den zu beschreiten es ihn trieb. In zunehmendem Maße hatte ihn Bess' Engstirnigkeit gestört; er zeigte wenig Reue über die Trennung und schrieb einen Monat später an Johns: »Ich muß lachen, wenn ich daran denke, welch ein Heuchler ich war, als ich im Bungalow von Dir die längst fälligen Glückwünsche zu meiner Heirat hören wollte – aber, glaub mir, ich war ein grinsender Heuchler, der auf glühenden Kohlen saß.« Sobald die Trennung amtlich war, flammte auf beiden Seiten Feindseligkeit auf. Jack schrieb Bess lange rachsüchtige Briefe und beschimpfte sie bis an sein Lebensende weiter. Im Grunde aber hatte die Katastrophe mit dem gleichen überstürzten Geltendmachen seiner Wünsche begonnen, das er auch jetzt zeigte. Ungeduldig, die Erfüllung seines angestrebten Zieles zu erreichen, hatte er Bess zu einer überhasteten Heirat gedrängt, deren Umstände die Ehe von vornherein zum Scheitern verurteilten; gleichzeitig war er verliebt in Anna und hatte nicht die Absicht, sie aufzugeben oder sich – wie er selbst über sich schrieb – irgendwelchen Beschränkungen zu unterwerfen, »falls diese mit meinem Verlangen kollidierten«.

Sorge und Kummer bereiteten ihm die Kinder. Obwohl er enttäuscht war, daß sie Mädchen waren, bedeutete es ihm sehr viel, Vater zu sein. Kurz nach der Trennung von Bess erfuhr er, daß Joan an Typhus erkrankt war. Er stürzte nach Hause, blieb nahezu ständig am Bett des Kindes und versprach alles zu tun, wenn sie nur wieder gesund werden würde. Das Gerücht machte die Runde, daß Jack und seine Frau sich versöhnt hätten. Aber als es Joan wieder besser ging, verließ er das Haus. Es ist unmöglich, Jack London zu verstehen oder zu beurteilen, ohne seine Kindheit, in der es keine Beständigkeit oder Zuneigung gab, zu berücksichtigen. Als Junge hatte er nicht nur Fantasiewelten der Erwachsenen entdeckt, sondern auch wiederholt die Erfahrung gemacht, daß er durch Zerschneiden von Familien- und anderen Banden diese Fantasien fast unmittelbar darauf verwirklichen konnte. »Pflicht« bedeutete für ihn lediglich, Zwang zu finanzieller Unterstützung und die Notwendigkeit zu arbeiten. Und dies tat er. Er schickte Bess regelmäßig Geld und bezahlte alle Rechnungen. Und wenn er härter und länger arbeitete, für seine Familie sorgte und sie absicherte, so tat er seine Pflicht auf die gleiche Art, wie er sie als Junge getan hatte; und er konnte durchaus glauben, daß es keine andere Art der Verantwortung gab.

Charmian Kittredges bisheriges Leben war in anderen Bahnen verlaufen. 1903 war sie zweiunddreißig Jahre alt, also fünf Jahre älter als Jack; ihre Eltern waren tot, und sie war in San Francisco von ihrer Tante Ninetta Eames aufgezogen worden. Als Stenotypistin arbeitete sie in einem Transportbüro und half gelegentlich beim ›Overland Monthly‹ aus. Charmian war eine junge Frau der neuen Generation: tüchtig, unkonventionell, ungewöhnlich lebenslustig und mutig. Fotografien von ihr bezeugen, daß sie nicht sonderlich hübsch war, aber sie besaß eine attraktive Figur und hatte gelernt, sich möglichst vorteilhaft zu kleiden. Sie las viel und verstand es, eine Unterhaltung anregend zu führen, sie spielte Klavier und konnte reiten; regelmäßig kam sie mit ihrem Pferd durch die Wälder geritten, um die Londons zu Hause zu besuchen. Warum Charmian noch nicht geheiratet hatte, ist ein wenig rätselhaft. Einige Beobachter behaupteten, daß sie etwas zu viel redete und etwas zu laut lachte und damit ihren Wunsch, einen Ehemann zu finden, überdeutlich zum Ausdruck brachte. Auch Jacks Bemerkung, daß »sie sich warm genug empfahl«, deutet in diese Richtung.

Charmian und Jack begegneten sich zum ersten Mal im Jahre 1900, als er seine Geschichten für den ›Overland Monthly‹ schrieb. Er besuchte zwei- oder dreimal das Haus der Eames und hatte sich sogar in jener Woche mit ihr verabredet, als er Bess Maddern heiratete. Er erwähnte sie in einem Brief an Johns: »Ich habe die Bekanntschaft von Charmian Kittredge gemacht, eines bezaubernden Mädchens, das Buchbesprechungen schreibt und eine hübsche kleine Bibliothek besitzt, wo ich all die neuen Bücher gefunden habe, die auszuleihen die öffentlichen Büchereien zurückschrekken.« Nach seiner Eheschließung trat Charmian eine Reise in die Staaten an der Ostküste und nach Europa an, die fünfzehn Monate dauerte. Nach ihrer Rückkehr besuchte sie die Londons gelegentlich und nahm an deren Parties teil. Charmian war überzeugt davon, daß Jack nicht zu Bess paßte. Derselben Meinung war auch Mrs. Eames, eine unsympathische, aber rührige Frau, die die Verbindung zwischen ihrer Nichte und Jack schon so gut wie geplant hatte. Als er ihr von seiner plötzlichen Entscheidung zu heiraten schrieb, beklagte sie den Entschluß als unheilvollen Fehler, der zu nichts Gutem führen könnte. Sie scheint den Lauf der Dinge auch weiterhin scharf beobachtet zu haben, bereit, jederzeit einzugreifen, wenn sich die Gelegenheit dazu bot und behandelte Jack als ihren Protégé. Da Charmian durch Ninetta Eames beeinflußt wurde und sich selbst zu Jack hingezogen fühlte, war ihr Widerstand gegenüber einem Annäherungsversuch Jacks nie sehr groß.

Als bekannt wurde, daß sie Jacks Geliebte war, wurde Charmian von den meisten seiner Freunde kritisiert, und bis an ihr Lebensende mußte sie sich Vorwürfe und Schmähungen gefallen lassen; eines der Anliegen des Buches von Irving Stone ›Zur See und im Sattel‹ ist es, ihre Person herabzusetzen. Auch die Veröffentlichung der zwischen ihr und Jack gewechselten Liebesbriefe in der von ihr verfaßten Biographie trug nicht dazu bei, die mißbilligenden Stimmen zu dämpfen. Es war ein mutiger, aber falscher Schritt, denn diese Briefe, in denen jeder den anderen an jugendlich verliebten Ausdrücken übertrumpfen wollte, bestätigte den Lesern nur, daß Jack London, der Meister des Realismus, zu einer ihm unwürdigen Liebestollheit verleitet worden war. Gewiß ist richtig, daß Charmian und Jack schändlich und hinterlistig gehandelt hatten, aber dazu ließe sich sagen, daß Jack, wenn nicht Charmian, so eben eine andere Frau gefunden hätte, die jedoch aller Wahrscheinlichkeit nach eine Ehe mit ihm nicht so erfolgreich geführt hätte, wie Charmian es tat.

Charmian war von Anfang an klar, daß ihre Beziehung auf ihrer völligen Anpassung an Jacks Wünsche beruhte. In ihrer Biographie schildert sie als eindrucksvolles Beispiel einen Vorfall aus der Zeit, als sie auf das Scheidungsurteil warteten. Jack, der sich bei Charmian und ihrer Tante aufhielt, litt unter Depressionen, die er »die lange Krankheit« nannte. Sie bedrängten ihn, die »Spray« zu verlassen und den Sommer in Glen Ellen zu verbringen, aber er lehnte ab, da ihn, wie er sagte, die Ruhe verrückt machen würde.

»›Also gut‹, sagte ich und gab es mit meinem strahlendsten Lächeln auf, ihn zu überreden, ›Du sollst natürlich tun, was Du für richtig hältst. Wir werden nun nicht mehr davon reden.‹ Er stutzte, errötete, drehte sich um und sah mich an. Und während er nach meiner Hand griff, flüsterte er mit unterdrückter, völlig veränderter Stimme, die Bände sprach: ›Mein Gott – Du – Du bist eine Frau unter Millionen!‹«

Charmian lernte Kartenspielen und Segeln, sie boxte mit ihm, tippte seine Arbeiten und las Korrekturabzüge. Sie mußte sich daran gewöhnen, sich seinen Stimmungen entsprechend zu verhalten, ihn nie zu unterbrechen und nicht Klavier zu spielen, außer wenn er es wünschte. Jack gewährte ihr keinerlei finanzielle Selbständigkeit, verweigerte ihr ein eigenes Bankkonto, ja sogar ein eigenes »Taschengeld« und bestand darauf, daß nur er allein das Geld ausgab. Ihre persönlichen Probleme mußte Charmian für sich behalten. Als sie 1910 ihr Kind bekommen und verloren hatte, mußte sie zwei bis drei Jahre lang ihren schwachen Gesundheitszustand vor ihm verbergen, denn er hatte ihr deutlich zu verstehen gegeben, daß er kein Verständnis für weibliche Unpäßlichkeiten hatte. Ähnlich schrieb er ihr vor ihrer Heirat: »Eines möchte ich Dir zu Deinem eigenen Besten und unserem gemeinsamen Glück sagen: Ich glaube nicht, daß Du eine hysterische Frau bist. Aber trotzdem, bekomme niemals hysterische Anfälle in meiner Gegenwart!«

Vor allem aber auf sexuellem Gebiet war Jack von ihr gefesselt worden. Sein erster Brief an sie, den er schrieb, bevor er Bess mitteilte, daß er sie verlassen wollte, macht deutlich, daß Charmian eine Leidenschaftlichkeit gezeigt hatte, die sich Jack bis dahin nur in seiner Fantasie hatte vorstellen können: »Wärest Du spröde oder aufgeregt gewesen, hättest Du durch das geringste Anzeichen von Prüderie oder falsche Überempfindlichkeit das Lügen gestraft, was Du vorgegeben hattest zu sein, dann, glaube ich, wäre ich zutiefst angewidert gewesen.« Die Liebesbriefe, die er ihr auch in späteren Jahren noch schrieb, brachten vorwiegend körperliche Vorzüge zur Sprache, wie ihre Reit- und Schwimmkünste und den »Mumm«, den sie zweifellos besaß. 1914 schrieb er ihr aus New York von seinen häufigen Gedanken an »Deinen süßen, wunderbaren Körper«; mit »Mein Gefährte« und »Meine Gefährtin« redeten sie sich einander an.

Es handelte sich hierbei nicht allein darum, daß er starke sexuelle Befriedigung verlangte. Vielmehr lehnte er prinzipiell jede andere Art von Beziehung zu einer Frau ab, da er glaubte, seine Versuche in »geistiger« Liebe mit Mabel und in ehevertraglich besiegelter Zuneigung zu Bess hätten das Trügerische solcher Ideen hinreichend bewiesen. 1910 schrieb er einer Frau, die gegen die Art der Darstellung solcher Beziehungen in ›Martin Eden‹ protestiert hatte:

»Ich zeigte mich gegenüber Martin Eden nicht heimtückischer als das Leben gegenüber vielen Männern und Frauen ist ... aufgrund dessen, was ich von der Liebe weiß, glaube ich, daß Martin Eden seine erste große, echte Liebe erlebte, als er sich in Ruth verliebte, und daß nicht nur er, sondern zahllose Männer und Frauen auf diese oder jene Art in ähnlicher Weise geprellt worden sind.«

Liebe als körperliche Hingabe konnte Jack verstehen und in diesem Sinne treu sein. Wenn sie aber komplexere Formen annahm und gefühlsmäßige Selbstaufgabe verlangte, war sie für ihn nicht mehr verständlich und verunsicherte ihn, bis er schließlich in seiner Verärgerung alles zur Wahnvorstellung erklärte. Noch ein weiteres Element bestimmte seine Hingabe an Charmian: er mochte Frauen nicht. In einem früheren Abschnitt seines Lebens hatte er sexuelle Beziehungen zu Männern gehabt und Charmian wußte davon. Sie sprach von »Verirrungen in seinen jungen, stürmischen Tagen«, und in einem langen Brief der Selbstprüfung schrieb er ihr in den Anfangstagen ihrer Ehe: »Einige Male bin ich, durch Kameraden herausgefordert, mit einem oder zwei Männern und einer oder zwei Frauen intim gewesen.« Sein Verlangen nach »dem männlichen Kameraden« blieb bestehen und zeigte sich in seiner Beziehung zu George Sterling noch deutlicher. Jedoch scheint Charmians sportliches Wesen in Verbindung mit ihrer ausgeprägten Sexualität die homosexuellen Neigungen, die Jack zweifellos hatte, befriedigt zu haben.

Durch die Trennung von Bess war er wieder einmal knapp bei Kasse. Sein Buch ›In den Slums‹ erschien im November 1903 und wurde überall begeistert aufgenommen. Johns besuchte Jack und wohnte bei ihm auf der »Spray«, und Jack übersandte Macmillan die erste Hälfte des Manuskriptes ›Der Seewolf‹. Brett war begeistert davon und trat mit der Zeitschrift ›Century‹ in Verbindung, um ihr den ›Seewolf‹ als Fortsetzungsroman anzubieten. Die ›Century‹ bot Jack viertausend Dollar für das komplette Manuskript, also weit mehr, als ›Ruf der Wildnis‹ ihm eingebracht hatte, und dies alles, bevor über das Honorar der Buchveröffentlichung überhaupt gesprochen worden war. In der Zwischenzeit jedoch war Jacks Einkommen sehr bescheiden, und fast alles davon ging an Bess. Er hatte als Lohnschreiber für den ›Youth's Companion‹ und andere Zeitungen gearbeitet, um zu Bargeld zu kommen, aber trotzdem hatte er eine Woche vor Weihnachten ganze zwanzig Dollar auf seinem Bankkonto.

Durch den Ausbruch des Krieges zwischen Rußland und Japan im Jahre 1904 bot sich die Gelegenheit zu einem Wechsel der Umgebung und einigen gutbezahlten, journalistischen Artikeln. Jack ließ durchblicken, daß er zur Verfügung stünde, und erhielt sofort einige Angebote: »Ich hätte für ›Harper's‹, ›Collier's‹ und den ›New York Herald‹ gehen können«, schrieb er an Johns, »aber das Angebot von Hearst war das beste.« Zusammen mit mehreren anderen Korrespondenten verließ er am 7. Januar San Francisco in Richtung Yokohama, nachdem ihn seine »Clique« zum Schiff begleitet hatte. Der ›Seewolf‹ war in einem raschen Endspurt abgeschlossen und am Tag zuvor an die ›Century‹ abgeschickt worden; Charmian und George Sterling wurden mit dem Korrekturlesen betraut. Fünf Tage nach Jacks Abfahrt versammelte sich die »Clique« im Haus der Sterlings wieder, um an Jacks 28. Geburtstag auf seine Gesundheit anzustoßen.

Noch etwas gab es, wovon er an seinem Abreisetag nichts wußte. Überzeugt, daß Jack ein Verhältnis mit einer anderen Frau hatte, hatte Bess nichts unversucht gelassen, deren Namen herauszufinden. Sie vertraute sich Charmian und Flora an und bat Eliza Shepard um ihre Hilfe. Eliza wußte, daß Jack Vertrauen zu ihr hatte und sagte zu, ihn zum Abschied aufs Schiff zu begleiten, und sie versprach Bess: »Und ich weiß, daß ich dort herausfinden werde, wer diese Frau ist.« Sie fand es heraus. Und so fuhr Jack durch das Golden Gate einem neuen Abenteuer entgegen und ahnte nicht, daß Bess nun Bescheid wußte.

Jacks Reise als Kriegsberichterstatter war eine einzige Serie von Mißgeschicken und Irrtümern. Die Seereise versprach problemlos zu werden, aber dann erkrankte er an Grippe und verstauchte sich außerdem seinen Fuß so stark, daß er kaum noch laufen konnte, als sie in Yokohama ankamen. Er fuhr mit dem Zug nach Tokio, wo die Korrespondenten von offizieller Seite betreut wurden und sehr schnell herausfanden, daß es der japanischen Regierung in Wirklichkeit darauf ankam, die ausländischen Journalisten vom Kampfgeschehen fernzuhalten.

Entschlossen, bis zu den Orten vorzudringen, wo die Truppen zusammengezogen wurden, begann Jack eine Reihe von erfolglosen Reisen mit Bahn und Schiff. Er schrieb häufig an Charmian und schickte Telegramme und Fotos an Hearst. Von Korea aus wollte er an die mandschurische Kriegsfront reisen, aber er irrte von einer Stadt zur anderen, da immer wieder Überfahrten gestrichen wurden. In Moji wurde er beim Fotografieren beobachtet und unter Spionageverdacht verhaftet; sein Fotoapparat wurde beschlagnahmt. Schließlich charterte er eine Dschunke. Die koreanische Küste, deren wilde Landschaft zwischen den Schneestürmen zu erkennen war, beschrieb er später in seinem Buch ›Die Zwangsjacke‹. In einigen Dörfern, bei denen die Dschunke anlegte, war er der erste Weiße, den die Einwohner erblickten, und eine besondere Kuriosität war sein künstliches Gebiß, das er immer wieder vorführte. Durch die strenge Kälte und die sich hinschleppende Ausheilung seiner Grippe und seiner Fußverstauchung war die Reise sehr strapaziös. Ein englischer Journalist, der ihm einmal dort begegnete, beschrieb Jack als körperliches Wrack.

In den letzten Februartagen erreichte er Seoul. Der Krieg dauerte nun schon zwei Wochen. Obwohl bereits andere Korrespondenten die Stadt passiert hatten, schienen die Militärbehörden keine Jack betreffenden Instruktionen erhalten zu haben. Er mietete also zwei Reitpferde und drei Packtiere, heuerte einen japanischen Dolmetscher sowie drei Koreaner als Köche und Pferdepfleger an und brach zur Front auf. Nach einem zweiwöchigen Ritt kam er nach Siu-Wan, den nördlichsten Punkt, den ein Journalist bisher erreicht hatte – und wurde prompt zurückgeschickt. Er kehrte jedoch lediglich bis nach Ping-yang zurück, doch die japanischen Behörden bestanden auf seiner Rückkehr nach Seoul. Es mutet wie Ironie an, daß der

Druck hierzu von der Gruppe der Journalisten ausging, die noch immer in Tokio festgehalten wurden. Sie protestierten dagegen, daß sie selbst zurückgehalten wurden und wiesen darauf hin, daß anscheinend einigen Korrespondenten die Weiterreise erlaubt worden war; als Antwort darauf beorderten die Japaner alle Korrespondenten zurück.

Jack verbrachte einen Monat ungeduldig wartend in Hotels und sah zu, wie lange Kolonnen von Soldaten und knarrende, mit Vorräten beladene Ochsenkarren vorbeizogen. Er hatte Läuse in seinen Kleidern, und sein Haß auf gelbhäutige Menschen wuchs. Erneut versuchte er, nach Norden zu reiten und sah sich japanischen Wachen mit aufgepflanzten Bajonetten gegenüber. Mit einigen anderen Zeitungsreportern wurde er der Ersten Kolonne der japanischen Armee zugeteilt, durfte jedoch nicht weiterreisen. Er sandte Depeschen mit dem Kommentar: »Kann nur Blödsinn berichten. Dies ist ganz und gar keine Kriegsberichterstattung, und die Japse lassen nicht zu, daß wir irgend etwas vom Kriegsgeschehen zu sehen kriegen.« Im CVJM von Seoul hielt er – im Abendanzug – eine Lesung aus seinem Buch ›Ruf der Wildnis‹ ab. Der April verging und im Mai schrieb Jack an Hearst, daß er nach Hause zurückkehren würde, wenn nicht Wege und Möglichkeiten gefunden werden könnten, die ihm den Zugang zur russischen Seite ermöglichen würden.

Bevor das Problem ernsthaft überdacht werden konnte, führte seine Verärgerung zu jenem Vorfall, der seine Rückkehr in die Vereinigten Staaten unumgänglich machte. Jeder der Korrespondenten hatte einige Diener, darunter auch einen Pferdeknecht, und zwischen diesen Burschen kam es zu ständigen Reibereien um die Futterrationen. In einen solchen Streit griff Jack ein, als sein Bursche behauptete, ein anderer hätte ihnen ihren Anteil gestohlen. Dabei verlor er die Beherrschung und schlug den anderen Stallknecht zu Boden. Dies war eine ernste Angelegenheit. Die anderen Journalisten bewaffneten sich, während man Jack verhaftete und vor General Fuji, den Kommandeur, brachte. Es war die Rede von Kriegsgericht und Exekution. Richard Harding Davis, einer der noch in Tokio verbliebenen Korrespondenten, sandte ein Telegramm an den amerikanischen Präsidenten Theodore Roosevelt. Jack wurde schließlich freigelassen, mußte jedoch auf der Stelle nach Tokio zurückkehren und Japan verlassen. Davis begleitete ihn nach Yokohama und auf sein Schiff.

Trotz seiner Enttäuschung hatte Jack bessere Arbeit als jeder andere Korrespondent geleistet. Seine Berichte und Bilder wurden von der Hearst-Presse veröffentlicht, und man fand seine antijapanischen Gefühlsäußerungen durchaus akzeptabel. Andere jedoch waren schockiert. Edwin Emerson Jr.[27], einer der Kriegsberichterstatter, erklärte, daß ein Mann, der »nach eigenen Bekundungen die Japaner verabscheute und haßte«, für die Aufgabe eines Berichterstatters ungeeignet sei. Am meisten erstaunt und verletzt waren natürlich Jacks sozialistische Parteigenossen. Sie wußten, daß Hearst gegen »die gelbe Gefahr« zu Felde zog und die Ausweisung aller Asiaten aus den USA forderte, hatten jedoch nicht im Traum erwartet, daß ein glühender Verfechter des Genossenschaftsstaates wie Jack diesen Rassismus schüren würde. Seine Berichte enthielten unglaubliche Beleidigungen, so zum Beispiel, als Jack seine Reaktion auf den Anblick russischer Gefangener schilderte, die blauäugig und weißhäutig waren: »Diese Männer waren von meiner Art ... mein Platz war eigentlich eher dort drinnen bei ihnen in der Gefangenschaft als in der Freiheit unter den Exoten.«

Der Bruch zwischen Jack London und seinen Genossen der sozialistischen Bewegung war nun abzusehen, und tatsächlich hätte es jetzt dazu kommen müssen. Der Kampf gegen Rassendiskriminierung stand mit an oberster Stelle auf ihrem Parteiprogramm, und schon allein ihr beflissenes Schweigen gegenüber seinen Erklärungen und Taten ist mehr als nur ein wenig schockierend. Man versuchte, ihn zur Abgabe einer Erklärung zu veranlassen, als er während eines Vortrags in der Oaklander Parteizentrale von seinen Erfahrungen in Japan sprach und »die gesamte gelbe Rasse in empörendster Weise beschimpfte«. Genossen deuteten auf den Wandspruch: »Arbeiter aller Länder, vereinigt euch!« Jacks Antwort auf ihre Kritik bestand darin, auf den Tisch zu hauen und laut zu verkünden: »In erster Linie bin ich Weißer und erst dann Sozialist!« Bei sich zu Hause demonstrierte er etwas, was fast so bemerkenswert war wie seine Erklärungen. Er hatte sich einen koreanischen Diener mitgebracht, und seine vielen Besucher stellten fest, daß der Junge nicht nur saubermachte und am Tisch bediente, sondern Jack auch ankleidete und ihn »mein Gebieter« nannte. Jack rechtfertigte dies mit leichter Hand, indem er Manyoungis »servilen Charakter« lobte und sie fragte: »Warum soll ich meine Schnürsenkel selbst binden, wenn es jemand erledigen kann, dessen Aufgabe dies ist, während ich meinen Geist schule oder die Leute unterhalte, die gerade zu Besuch da sind?«

Eine ganze Reihe von Sozialisten mied ihn daraufhin und als er ein Jahr später von Oakland fortzog, brachen etliche seiner Beziehungen vollkommen ab. Seine Genossen wiesen jedoch seine Ansichten nicht öffentlich zurück oder distanzierten sich davon. Sein Wert als Aushängeschild war größer als der Abscheu, den seine Haltung hervorrief. In seinem letzten Lebensjahr kritisierte er die Führer der sozialistischen Bewegung wegen der von ihnen eingegangenen Kompromisse. Der Vorwurf war durchaus berechtigt, nur hätte er bereits jene Zeit mit einbeziehen sollen, da zu viele aus Opportunismus die Augen schlossen, als Jack die brüderliche Gemeinschaft aller Menschen verleugnete. In den Jahren um 1930 bemerkte Austin Lewis gegenüber Joan London: »1899 stand Jack mit einem Fuß auf dem Boden der Sozialdemokratie, aber der andere Fuß versank schon im Sumpf der philosophischen Lehren, denen später der Faschismus entsprang.« Lewis war immer aufrichtig zu Jack; andere jedoch erwiesen sich weder gegenüber der Bewegung noch gegenüber sich selbst als aufrichtig.

Jacks Ansehen als Schriftsteller wuchs, und sein Privatleben komplizierte sich. Bevor er am 30. Juni 1904 von Bord ging, überreichte man ihm die Scheidungsklage mit dem Bescheid, daß seine Einnahmen und sein Besitz zum Zwecke der Sicherung von Ansprüchen beschlagnahmt worden seien. Wäre es nach ihm gegangen, hätte das Scheidungsverfahren schon längst beginnen sollen, aber zu seiner Bestürzung wurde Anna Strunsky als Mitbeklagte genannt. Obwohl man Bess mitgeteilt hatte, daß Jack mit Charmian liiert war, glaubte sie, daß Anna es gewesen sei, die ihre Ehe zerstört hatte. Als Schuldvorwurf brachte sie nicht Ehebruch vor, sondern die Behauptung, daß Jacks Verbindung mit Anna, besonders die Zusammenarbeit bei den ›Kempton-Wace Briefen‹, ihn seiner Frau entfremdet hätte. Die Affäre ging durch alle Zeitungen Amerikas. Anna hatte San Francisco vor Veröffentlichung der ›Briefe‹ verlassen und hielt sich nun in New York auf; als Reporter sie aufsuchten, teilte sie ihnen mit, daß es sich lediglich um »gemeine« Anschuldigungen handelte.

Jack schrieb Anna und bat sie um Verzeihung, aber er war ängstlich bemüht, Charmians Namen aus der Sache herauszuhalten. Sie hielt sich seit einiger Zeit an der Ostküste auf und war, wie sie bekannte, über den Skandal erschrocken. Jack suchte Bess auf, um eine Abmachung mit ihr zu treffen, wobei er darauf hinwies, daß nur die Anwälte von einem Streit um Geld profitieren würden. Seinerseits willigte er ein, für sie und die Kinder ein Haus in Piedmont zu bauen und sie erklärte sich ihrerseits bereit, den Grund ihres Scheidungsbegehrens auf einfaches Verlassen abzuändern. Jack bewohnte in Glen Ellen ein Haus, das Ninetta Eames gehörte, segelte mit der »Spray« und schrieb lange Briefe an Charmian, in denen er versuchte, sie gleichfalls dorthin zu locken.

›The Faith of Men‹ (›Der Glaube der Menschen‹), ein weiterer Erzählungsband mit Klondike-Geschichten, wurde 1904 veröffentlicht und erlebte schnell eine zweite Auflage. Der ›Seewolf‹ war als Zeitschriftenserie ungeheuer erfolgreich, und der Macmillan-Verlag, der die Buchausgabe vorbereitete, berichtete von zwanzigtausend Vorbestellungen. Obwohl Jack geistig erschöpft und körperlich krank war – ihn plagte ein nervöser Hautausschlag und ein erneuter Grippeanfall – fuhr er fort, soviel zu arbeiten, wie er nur konnte, da er mehr und mehr Geld brauchte. Er schrieb ›The Game‹ (›Gewagtes Spiel‹), einen Kurzroman über einen Preiskämpfer, und arbeitete an einem Drama, ›The Scorn of Women‹ (›Die Verachtung der Frauen‹), dessen Inhalt sich an eine seiner Erzählungen anlehnte. Das Geld, das er von der Zeitschrift ›Century‹ und von Hearst erhielt, wurde für den Kauf von Land und die beginnenden Bauarbeiten an Bess' Haus verbraucht. Auf Jacks Ersuchen hin hatte Brett den monatlichen Vorschuß auf zweihundertfünfzig Dollar erhöht; ein Teil davon floß an Bess und die Kinder, Anwaltsrechnungen kamen ins Haus, und außerdem war da sein noch immer unverminderter Wunsch, nach außen hin gut zu leben und Freunde zu bewirten. In einem Brief an Brett regte er an, seine früheren Werke wieder aufzulegen, und entwarf neue Projekte.

Der ›Seewolf‹ wurde eine Sensation. Mit Jacks größtem Realismus geschrieben, verband das Buch brutale Abenteuer mit einem intellektuellen Thema. In der Person Wolf Larsens wurde eine der außergewöhnlichsten Romangestalten geschaffen – Nietzsches Übermensch, der durch rauhe, physische Kraft lebte und dennoch einen ausgeprägten Hang zur Philosophie und Poesie besaß. Seine Gegenspieler waren die beiden Liebenden, die gleichzeitig die Vernunft verkörperten, welche Larsen beiseite fegte. Der dramatische Reiz des Buches war der von Stevensons ›Dr Jekyll and Mr Hyde‹ (›Der seltsame Fall des Dr. Jekyll und Mr. Hyde‹) in lebendigerer Form, oder auch der von Dickens ›Edwin Drood‹ (›Das Geheimnis um Edwin Drood‹): der Kampf zwischen den zwei Seelen in der Brust eines Menschen. Eine weitere Faszination, die von dem Buch ausging, war die Darstellung philosophischer Ideen und Wendungen in leicht verständlicher Form. Millionen wurden von Larsens Rechtfertigungssprüchen erregt – »Besser in der Hölle regieren als im Himmel dienen« und »Gewalt geht vor Recht«.

In späteren Jahren beteuerte Jack beharrlich die tiefere Bedeutung des ›Seewolfs‹ und behauptete, daß das Buch Teil einer Widerlegung des Individualismus sei. 1915 schrieb er in einem Brief an die Schriftstellerin Mary Austin:

»Vor vielen Jahren, am Anfang meiner Karriere als Schriftsteller, griff ich Nietzsche und seine Idee des Übermenschen an, und zwar im ›Seewolf‹. Eine Menge Leute lasen den ›Seewolf‹, aber niemand entdeckte, daß es ein Angriff auf die Übermensch-Philosophie war. Später dann schrieb ich, von meinen kürzeren Arbeiten abgesehen, einen weiteren Roman, in dem ich die Idee des Übermenschen angriff, nämlich mein Werk ›Martin Eden‹. Auch hier entdeckte niemand, daß es sich um einen solchen Angriff handelte.«

In dieser Erklärung steckt eine ungeheure Selbstoffenbarung. In Wirklichkeit hatte er nämlich Nietzsche noch gar nicht gelesen gehabt, als er den ›Seewolf‹ schrieb. Charmians Bericht zufolge las er ›Also sprach Zarathustra‹ und ›Zur Genealogie der Moral‹ zum ersten Mal, als sie das Stück ›Die Verachtung der Frauen‹ für ihn abtippte. Er war begeistert von Nietzsche, empfahl ihr sofort dessen Bücher, und sie lasen und diskutierten Nietzsches weitere Werke. Dies muß in der zweiten Hälfte des Jahres 1904 gewesen sein, also einige Zeit nach Vollendung des ›Seewolfs‹. Zuvor hatte Jack, als er Strawn-Hamilton und anderen zuhörte, lediglich Ausdrücke von Nietzsche wie »Blonde Bestie«, »Übermensch«, »lebe gefährlich« aufgeschnappt und sich daraus eigene Bilder geformt.

Ganz offensichtlich lehnte Jack den Individualismus nicht ab – im Gegenteil, der Zeitraum, in dem der ›Seewolf‹ geschrieben und veröffentlicht wurde, war einer, in dem er persönlichen Eigenwillen und seine Überzeugung von der Überlegenheit der angelsächsischen Rasse stärker denn je geltend machte. Nietzsches Sentenzen im Munde Wolf Larsens erscheinen als Ausschmückung von dessen Persönlichkeit; sie bieten zwar Anlaß zu interessanten Diskussionen, sind aber nicht das tragende Element der Handlung. Auch ohne Bücher hätte Larsen der gleiche Mensch sein können, und tatsächlich erscheint ja als Nebenfigur sein Bruder Death Larsen, der »all meine Brutalität besitzt, jedoch kaum zu lesen oder schreiben vermag« und »nie über das Leben philosophiert hat«.

So spannend auch die Diskussionen sind, die persönlichen Auswirkungen bleiben doch reine Wunschgebilde. Wolf Larsen ist nicht unmoralisch oder anstößig, wie es ein solcher Charakter im wirklichen Leben wäre. Er hat immer die Sympathie des Lesers für sich, und sein Ende ist mehr das eines tragischen Helden als einer verdientermaßen zugrunde gehenden Gestalt. In diesem Sinne beinhaltet das Buch überhaupt keinen »Angriff«. Was man statt dessen erkennt, ist eine Hypothese des Individualismus, mit der Jack ein außergewöhnliches Drama geschaffen hat. Aber dies beeinflußte nicht die Widersprüchlichkeit in seinen Anschauungen, und die Frage taucht in seinem Buch ›The Mutiny of the Elsinore‹ (›Die Meuterei auf der Elsinore‹) wieder auf, das er Anfang 1913 schrieb. Obwohl es sich vorwiegend um eine Abenteuergeschichte handelt, ist es doch auf noch drastischere Weise von Nietzsche geprägt als der ›Seewolf‹. Jack hatte ein Manuskript mit dem Titel ›Chameleon: Being the Book of My Selves‹ (›Wie ein Chamäleon‹) von Benjamin De Casseres entdeckt, das ihn vorübergehend sehr beeindruckte. Er sandte es an George Brett und schrieb dazu: »Dieser Mann ist wirklich und wahrhaftig der amerikanische Nietzsche. Wie Sie wissen, stehe ich intellektuell gesehen auf der entgegengesetzten Seite von Nietzsche. Dennoch bewegt mich keiner in meinem eigenen Lager so stark wie Nietzsche oder De Casseres.«

Der aufregende Charakter Larsens machte die eine Schwäche des ›Seewolfs‹ verzeihlich: die Liebesgeschichte zwischen Humphrey Van Weyden und Maud Brewster, die nach Meinung der meisten Kritiker schwach und farblos bis zur Absurdität geraten war. Ambrose Bierce schrieb: »Ich gestehe, daß ich eine überwältigende Abneigung gegen diese beiden geschlechtslosen Verliebten empfinde.«[28] Dies war jedoch mehr dem Magazin ›Century‹, einer relativ seriösen Familienzeitschrift, zuzuschreiben als Jack. Begeistert wie er von der ersten Hälfte des ›Seewolfs‹ war, bemerkte R. W. Gilder, der Herausgeber, doch, daß im kurzen Überblick über die restlichen Kapitel vorgeschlagen wurde, die Liebenden allein auf einer Insel stranden zu lassen. Sein Angebot über viertausend Dollar hatte er deshalb mit der Bedingung verknüpft, daß die Zeitschrift das Recht zu Umstellungen und teilweisen Änderungen haben müsse. Jack antwortete darauf: »Sie haben meine ausdrückliche Erlaubnis, Korrekturen nach Ihrem Gutdünken vorzunehmen ... Ich selbst bin vollkommen sicher, daß selbst die Prüdesten unter den Amerikanern durch die zweite Hälfte meines Buches nicht schockiert werden.« Obwohl die beiden Liebenden von Anfang an als anständige Menschen gezeichnet worden waren, so hatte Jack damit doch einen deutlichen Hinweis erhalten, darauf zu achten, daß dies auch weiterhin so blieb.

Die längere Erzählung ›Gewagtes Spiel‹ war das Produkt einer seiner damaligen Vorlieben – der Boxkämpfe im West Oakland Athletic Club. Aufgrund der Thematik wurde das Buch kein Verkaufsschlager; doch ging es seltsamerweise in Großbritannien besser als in den USA. Zu jener Zeit verfaßte Jack mehrere andere

Arbeiten über das Boxen. Eines Abends, als er im Club keine Karte mehr für einen Ringplatz erhalten konnte, verschaffte ihm Fred Goodcell vom ›Oakland Herald‹ einen für die Presse reservierten Platz, und danach schrieb er einige Monate lang regelmäßig kurze Artikel über die Kämpfe für den ›Herald‹, wofür er bei jeder Veranstaltung einen Ringplatz als Gegenleistung erhielt. Später sollte er im Auftrag der Hearst-Presse von Weltmeisterschaftskämpfen berichten.

Jack erhielt seine stärksten Impulse immer durch unmittelbare Ereignisse, und es war jederzeit möglich, daß er seine Philosophien und Erklärungen aufgrund einer augenblicklichen Erregung oder eines gerade gelesenen Buches beiseite schob. Im Januar 1905 begann er wieder leidenschaftliche Vorträge über den Sozialismus zu halten. Ein Anreiz dafür war der unerwartet hohe Wahlerfolg der Bewerber der Socialist Party bei den Wahlen von 1904, als Debs und Hanford als Kandidaten für das Amt des Präsidenten und Vizepräsidenten der Vereinigten Staaten fast eine halbe Million Stimmen erhielten und allein in Kalifornien mehr als fünfunddreißigtausend Stimmen für die sozialistischen Bewerber abgegeben wurden, gegenüber nur 7575 Stimmen im Jahre 1900. Ein anderer Beweggrund für Jack waren die aufflackernden Unruhen in Rußland. Alles, was er bei seiner Rückkehr aus Japan gesagt hatte, war nun vergessen. Dem ›San Francisco Examiner‹ teilte er mit, daß die Sozialisten in Japan und Rußland seine Genossen seien: »Für uns Sozialisten gibt es weder Grenzen noch Rassen, weder Länder noch Nationalitäten.«

Im Januar 1905, zwei Tage vor dem »Blutsonntag« in St. Petersburg, hielt er in der Universität von Berkeley seinen Vortrag ›Revolution‹. Einige Tage darauf setzte er wie andere Radikale seinen Namen unter einen Aufruf zur finanziellen Unterstützung der russischen Revolutionäre. Noch immer in erregter Stimmung, verkündete er in einem Vortrag vor Geschäftsleuten, daß jene Männer, die zaristische Beamte getötet hatten, seine Brüder seien. In einer anderen Rede zitierte er William Lloyd Garrisons Satz »Zur Hölle mit der Verfassung«, der aus einer Rede über die Verurteilung der Sklaverei aus dem Jahre 1856 stammte; auch andere hatten diesen Ausspruch zuvor gebraucht, aber Jack erregte damit so viel Aufsehen, daß in den Schlagzeilen der Zeitungen der Satz ihm zugeschrieben wurde[29]. Die Oaklander High School verweigerte ihm daraufhin die Erlaubnis, auf ihrem Gelände zu sprechen. Im März kandidierte er für den Posten des Bürgermeisters von Oakland, erhielt jedoch nur neunhunderteinundachtzig Stimmen.

Im April 1905 wurde seine Essaysammlung ›War of the Classes‹ (›Klassenkampf‹) veröffentlicht, die innerhalb von sieben Monaten drei Auflagen erreichte.

Das Manuskript war Macmillan bereits 1903 vorgelegt worden. Es handelte sich dabei um eine Sammlung von Vorträgen und Artikeln, bei denen Brett Bedenken gegenüber einer Veröffentlichung hatte. Im April 1904 bat ihn Jack in einem Brief von Korea aus, noch einmal zu überdenken, ob es tunlich sei, »die Sammlung auf unbestimmte Zeit hinaus nicht als Buch herauszubringen«. Der ursprünglich dafür vorgesehene Titel lautete: ›The Salt of the Earth‹ (›Das Salz der Erde‹). Es wurde dann nochmals überarbeitet, mit einem anderen Titel versehen und aufgrund des offensichtlichen Interesses für den Sozialismus und der Beachtung, die Jack in der Öffentlichkeit fand, unverzüglich veröffentlicht. Der Zeitpunkt dafür war zweifellos gut gewählt. Als Reaktion auf Jacks Vortrag in Berkeley hatten Upton Sinclair und einige andere die Gründung der Intercollegiate Socialist Society (Sozialistische Studentenvereinigung) angeregt. Während die Unterstützung für die Socialist Party of America wuchs, wurde die Vereinigung Industrial Workers of the World (Gemeinschaft der Fabrikarbeiter in aller Welt) ins Leben gerufen, um die große Masse der Ungelernten unter einem militanten Banner zu organisieren. Jacks besondere Stellung beruhte nicht allein auf der Tatsache, daß er ein Revolutionär war, der gewagte Sachen verkündete, sondern er war der Schriftsteller, dessen Bücher von den Arbeitern gelesen wurden. Seine Schriften wurden als Groschenhefte vervielfältigt. In der amerikanischen Umgangssprache war ein »Jack-London-Sozialist« jemand, der den Klassenkampf ohne Rücksichtnahme verfechten würde.

Charmian war endlich aus Iowa zurückgekehrt und lebte nun in Glen Ellen bei ihrer Tante. Bis Jacks Scheidung rechtskräftig wurde, hielten sie ihre Beziehung geheim, und seine Besuche in Glen Ellen in Begleitung seines Dieners Manyoungi wurden von Mrs. Eames als ein Sichzurückziehen von seinen sonstigen Pflichten erklärt. Charmian und er wechselten Briefe, und sie besuchte seine Vorträge und Versammlungen. Da sie nicht wußte, wie lange sie noch auf die Scheidung zu warten hätten, war sie unsicher, an wen Jack geraten könnte, wenn er nicht bei ihr weilte. Die Presse verfolgte jeden seiner Schritte erwartungsvoll, und sein Name wurde aufgrund von Spekulationen mit verschiedenen Frauen in Verbindung gebracht. Im Februar 1905 schrieb er spöttisch an Brett: »Ich habe bemerkt, daß Sie mir nicht zu meiner Verlobung mit Blanche Bates gratuliert haben. Warum diese kalte Gleichgültigkeit?«

Ein Brief, den Charmian an Jack richtete, zeigt die Art ihrer Befürchtungen: »Der Schock jedoch, den Du mir an jenem Abend versetztest, als Du den ›Streikbrecher‹-Vortrag in der Stadt hieltest, hat mich sehr nachdenklich gestimmt. Ich sah, wie Du am Ende Deines Vortrages unter den Zuhörern nach ihr suchtest. Ich sah auch, wie Du ihr zuwinktest, und ebenso sah ich, wie sie sich auf eigenartige Weise zurücklehnte, vor Stolz anschwoll und errötete. Dann, beim Aufglühen Deiner Zigarette sah ich Euch aufeinander zugehen und ich wußte, daß Ihr den Abend zuvor gemeinsam verbracht hattet.«

In diesem Brief klingt ein Gefühl der Großmütigkeit an – »Schließlich bist Du nur ein kleiner Junge, lieber Mann, und leicht zu durchschauen« – aber es muß ihr schwer ums Herz gewesen sein. Zusammen mit Ninetta Eames versuchte sie ihn zu überreden, in Glen Ellen zu bleiben und dort zu arbeiten, aber er war dagegen. Abwechselnd ruhelos und apathisch, war er selbst nicht sicher, was er eigentlich tun wollte. Der Wendepunkt kam Mitte März. Jack war mit der »Spray« auf den Flüssen gekreuzt, wobei ihn Cloudesley Johns zeitweise begleitete, als er entdeckte, daß er an einem Tumor litt, der zwar nicht bösartig war, ihm aber seit geraumer Zeit zu schaffen gemacht hatte und nun so bald wie möglich entfernt werden mußte. Nach der Operation soll er gesagt haben: »Ich würde gerne wissen, in welchem Maße meine intellektuelle ›lange Krankheit‹ wohl auf dieses verdammte Ding, das von meinem Organismus zehrte, zurückzuführen ist?«

Obwohl Jacks Depressionen, die ihn sein Leben lang begleiteten, durch psychologische Faktoren und sein Trinken verursacht wurden, war der Tumor doch in hohem Maße schuld an seiner damaligen schlechten Verfassung. Als er von ihm befreit war, kehrte er unternehmungslustig und begeistert nach Glen Ellen zurück und zeigte sich empfänglich für die Schönheiten der Landschaft. Von der Zeitschrift ›Black Cat‹ hatte er dreihundertfünfzig Dollar für eine Geschichte erhalten und bat Charmian, ihm dafür ein Pferd zu kaufen. Sorgfältig wählte sie einen herrlichen, kastanienbraunen Hengst aus, der auf den Namen »Washoe Ban« hörte, und ritt ihn persönlich die ganze lange Strecke von San Francisco aus zurück. Zusammen ritten sie durch die um den Sonoma-Mountain herum gelegenen Wälder; Jack war bezaubert von dem Namen »Valley of the Moon«; gelegentlich schloß er sich kampierenden Urlaubern an, schwamm mit ihnen und nahm an ihren Belustigungen teil.

In dem Gebiet gab es eine Gegend, von der aus man einen außergewöhnlichen schönen Ausblick auf die hügelige Landschaft hatte, die mit Redwood-Bäumen, Nadelhölzern und Sträuchern bewachsen war, und wo man bereits ein Stück Land für den Ackerbau gerodet hatte. Als Jack erfuhr, daß ein Teil davon zum Verkauf angeboten wurde, stürzte er los, um es zu erwerben. Es war Charmian gewesen, die ihn dorthin geführt, ihm den Ausblick gezeigt und voller Andeutungen den Flecken gerühmt hatte; für sie war die Verwirklichung ihres Wunsches von entscheidender Bedeutung. Sie schmiedeten Pläne, wollten einen Arbeiter einstellen, jede Art von Landwirtschaft in Angriff nehmen und ein Traumhaus bauen. Der Preis des Grundstückes, dessen Gesamtgröße sich auf zweiundfünfzig Hektar belief, betrug siebentausend Dollar, und Jack vereinbarte, vom Eigentümer Pferde, Kühe und Landmaschinen im Wert von weiteren sechshundert Dollar zu übernehmen. Er schrieb an Brett und bat ihn um zehntausend Dollar als Vorschuß auf seine Tantiemen am ›Seewolf‹, die erst in einigen Monaten fällig waren.

Zwar weigerte sich Brett nicht, seiner Bitte nachzukommen, aber er mißbilligte es. Er sprach davon, welche Nachteile entstünden, wenn Jack durch ein gewagtes Unternehmen auf dem Lande gebunden wäre, »so wunderschön und ertragreich« dies auch sein möge (womit er auf Jacks lyrischen Brief über die Redwood-Bäume und Canyons von Sonoma anspielte). Man kann daraus ersehen, daß er sich darüber im klaren war, in Jack einen Schriftsteller zu haben, der große Geldsummen verdienen und doch immer über seine Verhältnisse leben würde. Wenige Monate zuvor hatte er ihm einen Vorschuß von dreitausend Dollar zur Begleichung von Schulden zur Verfügung gestellt, verlangte nun aber von Jack, daß er ihm für diesen bisher größten Vorschuß Zinsen zahle und schlug gleichzeitig eine neue Vereinbarung vor, die zum Jahresende in Kraft treten sollte: Erhöhung der monatlichen Zahlungen auf dreihundert Dollar bei entsprechend veränderter Tantiemenregelung. Bretts damit verbundene Hoffnungen dürften sicher wieder gesunken sein, als er das Postscriptum in Jacks nächstem Brief las: »Übrigens habe ich ein weiteres großes Projekt ins Auge gefaßt.«

Nachdem Jack die Ranch abbezahlt hatte, stand er fast ohne einen Cent da. Von Macmillan war auf beträchtliche Zeit hinaus nichts mehr zu erwarten, und seine übrigen Verbindlichkeiten stiegen ständig. Anfang Oktober erwähnte er in einem Brief fällige Versicherungsprämien in Höhe von siebenhundert oder achthundert Dollar; hinzu kamen die monatlichen Unterhaltszahlungen an seine Mutter und Bess, Arztrechnungen, die für Verwandte beglichen wurden und andere eingegangene Verpflichtungen, »und so weiter, und so weiter, und so fort«. Persönliche Bedürfnisse nach Modeartikeln und Luxusgütern sah er als Selbstverständlichkeit an und versagte sie sich selten. So hatte er kurz vor dem Ranchprojekt Brett um einen zusätzlichen Vorschuß gebeten, um ein Auto zu kaufen, wiederholte diese Bitte dann jedoch nicht mehr. Einem Reporter vom ›Examiner‹ erklärte er: »Schulden habe ich immer.« Der koreanische Diener Manyoungi pflegte auf die Zwischenräume seiner Finger zu zeigen und zu bedeuten, daß dort bei Jack das Geld durchrinne.

Jack sprach freimütig über seine finanziellen Belastungen und machte in Briefen an Freunde sogar Aufstellungen darüber. Im Unterschied wohl zu den meisten Menschen machte er sich anscheinend darüber keinerlei Sorgen, im Gegenteil, für ihn waren seine Schulden ein Gradmesser dafür, wie weit er es in der Welt gebracht hatte. Die einzigen Proteste wurden nur im Umgang mit Bess und später mit seiner Tochter Joan laut, aber dies war eher Ausdruck seiner Verärgerung über die Personen an sich und der Zwangsvorstellung, von ihnen sagen zu können, sie hätten ihm in jeder Weise, auch finanziell, geschadet. Gegenüber Gott und der Welt aber war sein Standpunkt: »Wie gewonnen, so zerronnen«. Während seines kurzen Lebens als Schriftsteller beliefen sich seine Einnahmen auf über eine Million Dollar, und praktisch jeder Dollar davon war bereits ausgegeben, bevor er ihn in Händen hatte. Anscheinend hat sich Charmian seiner Haltung angeschlossen und jedes extravagante Unternehmen unterstützt. Nach seinem Tod verteidigte sie ihn als guten Geschäftsmann und tat Kritiker als »verzagte Naturen, die nicht seinen Weitblick besaßen«, ab.

Auf der Suche nach weiteren, schnell hereinfließenden Einnahmen dachte Jack wiederum an eine Hundegeschichte, um an seinen Erfolg mit ›Ruf der Wildnis‹ anzuknüpfen: »Anstelle der Degeneration und Verwilderung eines Hundes werde ich die Entwicklung und Zähmung eines Hundes schildern – Verlauf der Domestikation, Treue, Liebe, Charakter und all die natürlichen Vorzüge und Tugenden.« Das Ergebnis war dann ›Wolfsblut‹. Des Erfolges gewiß, schrieb Jack die Geschichte in zwei Monaten fertig. Die Rechte für den Vorabdruck in Serienform wurden für siebentausendvierhundert Dollar an die Zeitschrift ›Outing‹ verkauft; die Veröffentlichung in Buchform übernahm Macmillan. Während er auf das Geld wartete, vereinbarte er für den Herbst eine vom Slayton Lyceum Bureau organisierte Vortragsreise in den Mittelwesten und an die Ostküste. Er wartete noch immer auf die Benachrichtigung über seine Scheidung. Charmian ging zu ihrer Tante nach Newton,

Iowa, und stellte eine Aussteuer zusammen, um im Falle einer Nachricht von Jack jederzeit abreisebereit zu sein.

Die Vortragsreise begann mit grandiosem Erfolg. Entsprechend seinem Ruf und der für ihn gemachten Reklame trat er als gutaussehender, männlicher junger Abenteurer auf, der eine Leidenschaft für soziale Reformen und ein vorzügliches Talent zum Schreiben besaß. Die Wirkung war sensationell. Er sprach von seinen Erlebnissen als Landstreicher, Goldgräber, Seemann und Kriegsberichterstatter und über seinen spektakulären Aufstieg zu literarischem Ruhm. Im Gegensatz zu seinen früheren Vorträgen las er nun die Ansprachen nicht mehr vom Manuskript ab, und seine weiche Stimme und scheue Art verstärkten noch den Eindruck einer durch und durch romantischen Persönlichkeit. Ein Journalist schrieb: »Ihm wurde die gleiche schmeichelhafte Behandlung wie einem männlichen Bühnenidol zuteil, doch ist er frei von jeglicher persönlicher Eitelkeit.« In den größeren Städten hielt er auch Reden über Sozialismus, was er sich vor Beginn seiner Vortragsreise ausbedungen hatte.

Am 18. November, während der vierten Woche seiner Tournee, erhielt er endlich ein Telegramm aus Kalifornien. Die Scheidung war ausgesprochen worden – er war frei! Sofort telegrafierte er an Charmian. Er befand sich gerade in Elyria, Ohio, und war im Begriff, nach Wisconsin aufzubrechen; er wollte über Chicago reisen, und sie sollte ihn dort am nächsten Abend treffen, und sie würden sofort heiraten. Bei ihrer Ankunft mußte Charmian feststellen, daß Jack ohne Heiratsdokumente auf sie wartete. Es war Sonntag und das Standesamt hatte geschlossen. So hasteten sie in einer Droschke durch die Straßen von Chicago auf der Suche nach einem Beamten, der sie trauen würde. Jack wurde gefragt, warum er denn nicht bis zum nächsten Morgen warten könne, aber er bestand darauf, daß dies unmöglich sei. Endlich konnten sie einen Beamten überreden, zum Rathaus zu gehen und sein Büro zu öffnen, um die Heiratspapiere auszustellen. Dann wurde das Paar an den Notar J. J. Grant verwiesen, der sie in seinem Haus zu später Stunde traute.

Die Zeitungen fielen sofort über Jack her. Sein Mangel an Voraussicht ist erstaunlich. Er hatte der Hearst-Presse mitgeteilt, daß ein Bericht über sein Privatleben kurz bevorstünde und ihr die Exklusivrechte dafür versprochen. Er unterhielt sich lediglich mit einem Vertreter des ›Chicago American‹ und schickte die Meute der anderen Reporter weg. Sie reagierten darauf mit spöttischen Kommentaren und Kritik an seinem moralischen Verhalten. Am Dienstagmorgen hieß es in den Schlagzeilen, daß seine Ehe mit

Charmian gemäß jüngst geänderter Rechtssprechung in Illinois ungültig sei. Ein Richter widerlegte diese Ansicht, aber das Mißfallen über diese hastige Trauung am Tag nach der Scheidung blieb weiter bestehen (und wurde durch Jacks eigene, verärgerte Antworten noch verstärkt). Als Jack und Charmian dann die Vortragsreise gemeinsam fortsetzten, zeigte sich der Umschwung der öffentlichen Meinung unmißverständlich. Eine Zeitung in Washington, Iowa, nannte Charmian »das kalifornische Mädchen mit dem häßlichen Gesicht« und drückte den Wunsch aus, sie und Jack mögen von der Bildfläche verschwinden.

Ernster war, daß Frauenvereine seine Vortragsabende absagten, ein oder zwei Städte seine Werke aus ihren öffentlichen Büchereien verbannten und die Presse der Radikalen, seine Genossen also, ihn verurteilten. Das Jack angekreidete sittenlose Verhalten fiel nämlich auch auf sie zurück und gab ihren Gegnern Anlaß laut zu tönen, Sozialismus bedeute sexuelle Zügellosigkeit und Zerstörung des Familienlebens. In die Defensive gedrängt zu einem Zeitpunkt, da sie um einen günstigen Eindruck in der Öffentlichkeit kämpften, gaben die Radikalen zur Antwort, daß sie mit Jack Londons Benehmen nichts zu tun hätten und sie dieses auch nicht billigten. Entsprechend ihrer Stimmungslage strichen sie auch Jacks Vorliebe für Luxus heraus: daß er in Pullman-Wagen reiste und noch immer von seinem Diener begleitet wurde. Einer der Vorwürfe lautete, er habe die Entwicklung des Sozialismus um mindestens fünf Jahre verzögert. Ganz sicher sank er tief im Ansehen sowohl seiner Leser als auch seiner Anhänger. Drei Jahre später schrieb er von »einem starken Rückgang der Verkaufszahlen meiner Bücher in den Staaten«, was er zum einen auf die allgemein schlechten Zeiten und zum anderen auf sein Eintreten für den Sozialismus zurückführte. Tatsächlich aber war es die Reaktion auf seine zweite Ehe.

Die Tournee wurde fortgesetzt, nur war der Ton gedämpfter als zu Beginn. Von Boston aus fuhren sie über die Westindischen Inseln nach Florida und kehrten dann nach Norden zurück, wo Jack in New York und an den Universitäten von Yale und Chicago vor vollen Sälen sprach. Er hielt seinen Vortrag über die ›Revolution‹, der jedesmal begeistert aufgenommen wurde; aber die Zeitungen waren ihm nicht mehr wohlgesonnen, und er wurde als »Hysteriker« und »sozialistischer Sensationsmacher« bezeichnet.

Eine Beschreibung von Jack während dieser Zeit stammt von Upton Sinclair. Als verantwortlicher Organisator der Intercollegiate Socialist Society war Sinclair bei der New Yorker Veranstaltung anwesend und speiste am darauffolgenden Tag mit Jack und

Charmian sowie dem Herausgeber der Zeitschrift ›Wilshire's‹ in Mouquin's Restaurant. Seinem Bericht in ›Zecherei des Wahnsinns‹ zufolge war Jack wieder zum schweren Alkoholiker geworden.

»Seine Augenlider waren entzündet, seine Gesichtszüge und seine Sprechweise ließen all die mir bekannten Anzeichen des Alkoholkonsums erkennen. Beim Essen und während der Unterhaltung in den darauffolgenden Stunden bestellte er laufend Getränke. Er hatte beschlossen, meine Abstinenz als Herausforderung zu betrachten. Er tat dies nicht aus Verärgerung – und doch, wenn ich jetzt zurückschaue mit meinem heutigen Wissen über Psychologie, so weiß ich, daß er in seinem Unterbewußtsein heftige Konflikte ausgetragen haben muß. Er hatte sich entschieden, mich zu hänseln, indem er von seinen großartigen Mannestaten beim Trinken erzählte.«

Die Darstellungen der Biographen über Jacks Trunksucht sind alle seiner eigenen Version in ›König Alkohol‹ entnommen und beschränken sich daher auf die Trinkgelage seiner Zeit als Seefahrer. Charmian schreibt in ihrem Buch, daß sie ihn nie angetrunken sah. Obwohl es viele Hinweise auf seine Trunksucht gibt, behauptet sie, daß »in seinem Fall die anregende Wirkung des Alkohols darin bestand, seinen gewöhnlich bereits überaktiven Geist noch mehr zu stimulieren«. Sinclair sagt aus, daß Jack sein Leben lang Alkoholiker war: »Der Alkohol hat ihn zerstört.« Es ist auch nur schwer vorstellbar, daß ohne größere Mengen Alkohol die Parties in seinem Haus in Piedmont so ausgelassen verlaufen wären. Darüber hinaus waren mehrere Leute aus Jacks »Clique« – George Sterling im besonderen – übermäßige Trinker. Es kann kaum einen Zweifel daran geben, daß Sinclairs Bericht der Wirklichkeit sehr nahe kommt und Charmians Darstellung falsch ist. Daher bedürfen auch Jacks häufig auftretendes unstetes Verhalten, seine Depressionen und Ausbrüche sowie sein schlechter Gesundheitszustand keiner weiteren Erklärung.

Die Tournee wurde nach zwei oder drei weiteren Vorträgen abgebrochen. Da Jack sich »elend krank« fühlte, kehrte er mit Charmian nach Oakland zurück und zog mit ihr, nachdem er für Flora, Johnny und Mammy Jenny ein Haus gekauft hatte, nach Glen Ellen. Ihr dortiges Heim war ein Anbau an Wake Robin Lodge, das Haus von Mrs. Eames. Während Jack die Planungsarbeiten für ihre Ranch überwachte, widmete er sich dem Schreiben von Geschichten und Essays für Zeitschriften und der Zusammenstellung von Sammelbänden, die Macmillan veröffentlichen sollte.

Trotz der unruhigen Anfangstage wurde das Jahr 1906 sein

kreativstes. Er schrieb, um seinen Geldbedarf zu decken – zum einen für die Zeitschriften, was schnell Bargeld einbrachte, und zum anderen für Brett, um die Voraussetzungen für weitere Vorschüsse zu schaffen. Ständig war er auf der Jagd nach Stoffen und Themen, nach jeder hauchdünnen Idee für ein vermarktbares Werk; und in der Tat kam es zu Anschuldigungen, die darauf hinausliefen, daß die Geschichten ›Liebe zum Leben‹ und ›The Unexpected‹ (›Die Überraschung‹) sowie ›Before Adam‹ (›Vor Adam‹) Plagiate seien.[30] Nachdem er und Charmian die Verwüstungen des Erdbebens von San Francisco im Jahre 1906 erlebt hatten, erklärte Jack, daß keine Macht der Erde ihn veranlassen könne, darüber zu schreiben. Als aber ›Collier's‹ ihm fünfundzwanzig Cent pro Wort bot, tat er es doch.

Die Arbeiten, die er in jenen Monaten hervorbrachte, zählen zu seinen besten Leistungen. Die Veränderungen in seinem Leben – seine Heirat, das neue Haus, sein Interesse an der Ranch – scheinen ihm neue Energie gegeben zu haben. Woher auch immer die Idee dazu stammt, ›Liebe zum Leben‹ ist eine packende und glänzend geschriebene Geschichte, und ›Der Ausreißer‹ ist ein weiteres Meisterstück. Neben anderen Kurzgeschichten verfaßte Jack eine plastische treffende Besprechung von Upton Sinclairs Buch ›Der Sumpf‹ – in seinen Augen eine Art ›Onkel Toms Hütte‹ in bezug auf ausgebeutete Lohnarbeiter –, die von der Hearst-Presse zensiert wurde. Und kurz vor Jahresende schloß er jenes Buch ab, das allein schon genügt hätte, ihm bleibenden Ruhm zu sichern: ›Die eiserne Ferse‹.

Die Umsiedlung nach Glen Ellen bedeutete in vielerlei Hinsicht eine Neuorientierung. Jacks optimistische Einschätzung der Zukunft des Sozialismus ebbte ebenso schnell ab, wie sie entstanden war. Die Wahlerfolge der Socialist Party of America aus dem Jahre 1904 blieben ohne Wirkung, denn die Wähler hatten damit nur ihrer Unzufriedenheit über das immer beunruhigendere Wachstum der großen Konzerne Ausdruck gegeben. Jack hatte seinen berühmten Vortrag mit den Worten beendet: »Die Revolution ist da, jetzt. Halte sie auf, wer kann.« Nun erkannte er, daß diese Worte hohle Phrasen gewesen waren, und seine anderen Überzeugungen gewannen wieder die Oberhand. Zugleich war die Verstimmung zwischen ihm und seinen Genossen größer geworden, denn sie hatten ihn kritisiert, und er mochte keinen Widerspruch. Er fing an, von der Zeit und Kraft zu sprechen, die er für den Sozialismus geopfert hatte und auch von den Verlusten, die ihm angeblich daraus entstanden waren. An Sterling schrieb er:

»Ich meine, daß ich eine ganze Menge für die Revolution getan habe und immer noch tue. Vermutlich haben allein meine Vorträge bei sozialistischen Veranstaltungen der Sache einige hundert Dollar eingebracht, und meine durch persönliche Angriffe der kapitalistischen Zeitungen verletzten Gefühle sollten mit weiteren Hunderten von Dollar veranschlagt werden ... Die Arbeit, die ich in einem Jahr für die Sache des Sozialismus beisteuere, würde mir eine ganze Menge Geld einbringen, wenn ich sie für finanziell einträgliche Schriftstellerei verwenden würde.«[31]

Fraglos dachte Jack nie daran, seine Beziehungen zur Socialist Party zu lockern, und er unterstützte sie weiterhin mit Geld. Alle Anzeichen deuten jedoch darauf hin, daß sein Freundeskreis nun hauptsächlich den erfolgreichen Schriftsteller widerzuspiegeln begann und Sozialisten darin nur einen unbedeutenden Platz einnahmen. Zweifellos kam dies auch Jacks und Charmians Wünschen entgegen.

Noch andere Elemente spielten bei dieser Neuorientierung seines gesellschaftlichen Lebens eine Rolle. Viele Freunde Jacks hatten sein Verhalten in bezug auf Charmian mißbilligt, vor allem deshalb, weil sie ihre Verbindung verheimlicht hatten. Im Herbst 1905 schrieb Jack zwei lange, verärgerte Briefe an George Sterlings Frau Carrie, die ihm im Namen mehrerer Leute Vorwürfe gemacht hatte. »Seit

Wochen schon«, schrieb er, »dringen die Klatschgeschichten zu uns, daß die Clique Charmian fallenließ, weil sie die Familie London zerstört hat.« Das bedeutete das Ende der »Clique«, und ein Leben lang blieben Charmian gegenüber vorwurfsvolle und geringschätzige Gefühle bestehen. Ein weiterer Punkt war Jacks fast manische Besessenheit, immer als derjenige zu erscheinen, der recht hatte. Seine Freunde sollten so etwas wie Altardiener sein und nur solche Antworten geben, die ihn in seiner Meinung von sich selbst bestätigten.

Aus diesem Grund bestand zwischen den Sozialisten, über die er sich voller Bewunderung äußerte, und ihm in Wirklichkeit eine gewisse Distanz. George Speed, den er erstmals in Kellys Armee traf und der seinem Ideal des klassenbewußten, kompromißlosen Proletariers am nächsten kam, war ein Mann aus San Francisco, den Jack schätzte, aber nie zu seinem Freund machte. Auf ähnliche Weise hielt er sich von Leuten wie Austin Lewis und Jane Roulston, einer Frau von bemerkenswertem Charakter, die im Buch ›Die eiserne Ferse‹ als Anna Roylston, die Rote Jungfrau, erscheint, fern. Sie und Lewis hatten Jack in früheren Jahren aufmerksam beobachtet und kritisiert und keiner von ihnen hätte seine späteren Ansichten toleriert. Eine Freundschaft mit Ernest Untermann wurde unter Umständen aufrechterhalten, über die sich schließlich Untermann laut Jack folgendermaßen beklagte:

»... Du sagst, daß es schade ist, daß Du pleite warst, als ich Dich zum ersten Mal traf, und daß dieser Zustand des Pleiteseins Dich von Anfang an in eine sehr ungünstige Ausgangslage für eine echte Freundschaft brachte; Du sagst, es sei schade, daß dieser Umstand des Pleiteseins Dir das Gefühl gab, daß Charmian niemals ganz von der Befürchtung loskam, daß Du versuchen würdest, unfair Vorteile aus meiner Großzügigkeit zu ziehen.«[32]

Charmian führt in ihrem Buch eine Liste mit den Namen einiger Leute auf, die 1906 in Glen Ellen zu Besuch waren. Meist handelte es sich um Künstler, Literaten und Akademiker; ein oder zwei von ihnen, wie George Wharton James und Professor Bland, veröffentlichten schmeichelhafte Artikel über die Londons. Jack ging oft in den Boheme-Club in San Francisco, zu dessen Mitgliedern er, George Sterling und Jimmy Hopper gehörten. Zweifellos war Sterling sein engster Freund; ihre Beziehung war seltsam und stark emotional geprägt. Sterling war um mehrere Jahre älter als Jack und einer der vielen zweitrangigen Schriftsteller aus der Gegend um San Francisco. Die beiden Männer kannten sich seit 1900, und ihre Freundschaft vertiefte sich in den Tagen von Piedmont. Nach Jacks

Rückkehr aus Japan im Jahre 1904 jedoch glich sie einer lodernden Flamme. Sterling nannte ihn »Wolf«, was vermutlich auf Jacks eigenen Wunsch geschah, denn vom gleichen Zeitpunkt an unterzeichnete er auch seine Briefe an Cloudesley Johns mit »Wolf«. Er selbst nannte Sterling in Anspielung auf dessen Profil den »Griechen«.

Die Korrespondenz zwischen ihnen enthält deutliche Bekundungen von Zuneigung. Jacks Briefe beginnen mit Sätzen wie »Liebster Grieche« und »Gesegneter Grieche«. Vermutlich wurde ihm dies im Lauf der Jahre einfach zur Gewohnheit, aber 1905 gebrauchte er diese Worte offenbar ganz bewußt. Einer seiner Briefe schloß mit den Worten:

»Nein, ich fürchte, der Traum war zu schön, um von Dauer zu sein – unser Einander-nahe-Sein. Wenn Du es auch jetzt nicht verstehst, so wirst Du es früher oder später doch einsehen. Es liegt weder an einem Fehler von Dir noch von mir. Die Welt und die Menschen sind nun einmal so beschaffen.«

Man könnte darin zum Teil die Phrasen einer intellektuellen Mode sehen, die die Posen der ästhetischen Bewegung in England nachahmten. Sterling machte diese Art von Bohèmeleben zu seinem Stil. Ursprünglich hatte er Priester werden sollen und trug nun, außerhalb seines Lebens als Büroangestellter, gesellschaftliche und moralische Exzentrizität zur Schau. Aber beide Männer waren sich der Bedeutung ihrer Worte bewußt. Für Jack waren sie Ausdruck seines Sehnens nach dem »männlichen Kameraden«, in den er so viele Hoffnungen setzte.

Stark beeinflußt wurde Jacks Leben zu jener Zeit auch von Charmians Tante, Mrs. Eames. Der ›Overland Monthly‹ hatte sein Erscheinen eingestellt; zusammen mit Edward Payne hatte Ninetta Wake Robin Lodge und die einfachen Häuschen aufgebaut, die sie vermietete. Was die Beziehung zwischen Jack und Charmian anbetrifft, war sie von Anfang an die treibende Kraft gewesen, und es stieg ihr zu Kopf, sie nun beide an ihrer Seite und diesen gefeierten jungen Mann zum Schwiegersohn zu haben. Wo immer möglich, übernahm sie das Kommando, mischte sich in alles ein und machte Ansprüche geltend. Zwei Wochen vor ihrer Heirat schrieb Jack von New York aus an Charmian: »Was meint Tante Netta damit, daß ›all ihre Zeit den Arbeiten gewidmet ist, die Jack ihr aufträgt‹? Ich verstehe nicht ganz. Post weiterleiten – ja. Mäuse aus meinen Sachen heraushalten – ja. Aber was sonst noch?« Nach kurzer Zeit jedoch akzeptierte er, daß sie im Haus das Zepter schwang und stimmte ihrer Selbsternennung zu seiner Sekretärin zu. Sie brachte ihn auch mit ihrem Lebensgefährten Payne zusammen, einem ehemaligen Prediger, dessen Steckenpferd der Spiritismus war. Obwohl ihn Jack einen »Metaphysiker« nannte, war er höchstwahrscheinlich doch ein Scharlatan. Er hatte Ninetta für den Spiritismus gewinnen können, und Jack wurde – bis er sich dagegen auflehnte – zu häufigen Diskussionen mit Payne gedrängt, der offensichtlich auch auf seine Bekehrung hoffte.

Im Jahre 1906 gab es noch ein weiteres Projekt, welches nachdrücklich Jacks Wunsch unterstrich, alles, was ihn früher umgeben und interessiert hatte, hinter sich zu lassen. So arbeitsreich das Jahr für ihn schon war, stürzte sich Jack auch noch in die Arbeit an der »Snark«, dem Schiff, mit welchem er und Charmian eine Weltumseglung planten. Die Idee dazu war im Jahr zuvor in Glen Ellen geboren worden, in jenen Wochen, als sie voller Begeisterung die Ranch kauften. Nach allem, was berichtet wurde, kam ihnen der Gedanke bei der Lektüre von Joshua Slocums Buch über dessen dreijährige Seereise.[33] Roscoe Eames, Ninettas sechzigjähriger Ehemann, der als erfahrener Segler auf ein solches Unternehmen erpicht war, unterstützte sie bei ihren Plänen. Sie hatten vor, die Fahrt dann zu machen, wenn es um die Ranch gut bestellt und ihr Haus fertig wäre, das heißt, vielleicht in vier oder fünf Jahren. Aber Warten lag Jack nicht, und innerhalb weniger Tage waren er und Charmian zu dem Entschluß gekommen, daß es sofort losgehen müsse. Er schrieb:

»Das entscheidende Wort ist ICH MÖCHTE. Es steht hinter jeder Philosophie und rankt sich um den Kern des Lebens. Wenn auch die Philosophie einen ganzen Monat lang tiefsinnig gegrübelt hat und dem Menschen dann sagt, was er tun muß – der Mensch sagt spontan ›ICH MÖCHTE‹ und tut etwas ganz anderes, und die Philosophie verglimmt. Es ist das ICH MÖCHTE, das den Trinker zum Trinken führt und den Märtyrer ein härenes Hemd tragen läßt... Die Philosophie ist sehr oft die Art eines Menschen, sein eigenes ICH MÖCHTE zu erklären.«[34]

Jack hatte sich in den Kopf gesetzt, daß das Schiff in jeder Hinsicht sein eigenes Werk sein müsse. Es bestand kein Mangel an seetüchtigen Schiffen, die zum Verkauf angeboten wurden, aber dieses sollte nach seinen eigenen Angaben gebaut werden. Er las alles über Schiffsbau und Motoren, was er bekommen konnte und übertrug Roscoe die Ausführung seiner Pläne mit der Anweisung: »Scheue keine Kosten. Laß alles auf der ›Snark‹ vom Besten sein.« Der ursprüngliche Voranschlag für Bau und Ausstattung belief sich auf siebentausend Dollar; tatsächlich betrugen die Kosten bis April

1907, als die »Snark« auslief, dreißigtausend Dollar. Einige der Verzögerungen sind auf das Erdbeben und die Brandkatastrophe von San Francisco zurückzuführen. Werkstätten, Fabriken und Lagerbestände waren dabei zerstört worden und Arbeitskräfte waren rar. Bestellungen mußten nach New York geschickt werden, und wiederholt wurde wochenlang an dem Schiff überhaupt nichts getan. Dafür wimmelte es von kostspieligen, aber unfähigen Kräften. Möchtegern-Seeleute und Arbeiter mit dürftigen Kenntnissen kamen auf die Lohnliste, überflüssiges Material wurde gekauft und unentbehrliches nicht geliefert. Das hemmungslose Geldausgeben ließ das Gerücht aufkommen, daß hinter der ganzen Sache eine reiche Zeitschrift stünde und die Preise stiegen, sobald der Name der »Snark« genannt wurde.

Jack kämpfte sich durch das Chaos. Seinem Plan entsprechend wollte er den Bau des Schiffes mit Vorschüssen von Zeitschriften finanzieren, denen er als Gegenleistung anbot, während der Fahrt für sie Exklusivberichte zu schreiben. Sobald er und Charmian im Februar 1906 ihre Entscheidung gefällt hatten, schrieb er an die Zeitschriften ›Cosmopolitan‹, ›McClure's‹, ›Collier's‹ und ›Outing‹. Sein Brief begann mit den dramatischen Worten: »Der Kiel ist gelegt« (was tatsächlich erst vier Monate später geschah). Weiter beschrieb er, wie das Schiff aussehen und die genaue Fahrtroute der Weltumseglung verlaufen sollte. Er erinnerte die Zeitungsverleger an seinen Ruf als Erzähler und Reporter und unterbreitete ihnen dann seinen Vorschlag, wobei er jeden einzelnen um einen Vorschuß von dreitausend Dollar bat. Alle würden sic verschiedenes Material von ihm erhalten, und unter dieser Bedingung waren die Zeitschriften nur allzu bereit, zuzustimmen. Bailey Millard, der Herausgeber des ›Cosmopolitan‹, zeigte größte Begeisterung für die Idee; er wollte, daß das Schiff den Namen der Zeitschrift tragen sollte und regte an, andere bekannte Schriftsteller dadurch mit einzubeziehen, daß sie während der Fahrt Briefe an Jack schrieben. Als jedoch die Zeit verging, begann Millard daran zu zweifeln, daß die »Snark« jemals auslaufen würde, und Jacks ursprünglich emphatische Briefe an ihn wurden zu bitteren Klagen. Es kam dann auch zu Zwistigkeiten mit den anderen Zeitungsverlegern, als er sie, entschlossen, sich seine »Ich möchte«-Wünsche nicht zu versagen, bedrängte, um aus ihnen herauszuholen, was er nur konnte.

Im Oktober, dem geplanten Datum der Abreise, war die »Snark« alles andere als fertiggestellt. Der Schiffsbau hatte in acht Monaten zwölftausend Dollar verschlungen. Der weißbärtige Roscoe Eames war an sich schon eine Katastrophe und verursachte mit jedem

Schritt, den er unternahm, weitere Unordnung. Er glaubte, die Fahrt würde innerhalb des Erdballs verlaufen, den er für eine hohle Kugel hielt. Jack schickte ihn nach Hause mit dem Ultimatum, seine Ansichten zu überprüfen und Navigation zu studieren. Er nahm Hypotheken auf die Ranch und Floras Haus auf und stellte vierzehn Arbeiter ein, denen er für zügiges Arbeiten einen Dollar zusätzlich pro Tag bezahlte. Neue Abfahrtsdaten wurden angekündigt – November, Dezember, Januar. Die Zeitungen behandelten die Angelegenheit nun mit Hohn, und Zeitungsausschnitte, die ihn aus England erreichten, zeigten, daß auch dort darüber gespottet wurde. Man zitierte Jacks früher gemachte, großspurige Ankündigung, daß noch »kein Schriftsteller von Bedeutung um die Welt gesegelt sei« – es schien, als sollte dies auch so bleiben. Segelfachleute behaupteten, daß das Schiff eine seeuntüchtige Pfuscharbeit sei und sofort sinken würde, sollte es jemals zu Wasser gelassen werden. Jacks Freunde schlossen Wetten über die Zukunft der »Snark« ab.

Verärgert beschloß Jack, das Schiff so wie es war nach Honolulu zu segeln und dort den Bau zu beenden. Er lieh sich weitere fünftausend Dollar bei einer Bank, die jedoch sofort, bedingt durch Mißgeschicke, verbraucht waren. Zuerst gab es ein Leck und später wurde die »Snark«, auf dem Weg zu den Docks, zwischen zwei Barkassen gedrückt. Sie stand anschließend im Schlick auf dem Stern, während Schlepper auf die Flut warteten. Ein Versuch, die vom Schiffsmotor angetriebene Ankerwinde zu benutzen, brachte fehlerhafte Gußstücke ans Licht: das Getriebe fraß sich fest und Winde wie Motor gingen zu Bruch. Die Arbeit begann von neuem. Endlich wurde das Schiff im April, obwohl es immer noch leckte und Probleme bereitete, für startbereit erachtet. Eine Menge Leute versammelte sich am Pier von Oakland und weitere fanden sich an Bord ein. Im letzten Moment kam ein Gerichtsvollzieher und heftete ein amtliches Schreiben an den Mast; es war eine einem Gläubiger bewilligte Beschlagnahmeverfügung, die untersagte, die »Snark« von der Stelle zu bewegen, bevor nicht eine Forderung in Höhe von zweihundertzweiunddreißig Dollar beglichen wäre. So konnte die Abfahrt erst zwei Tage später erfolgen.

Trotz aller Krisen und der »unfaßbaren und ungeheuren« Vorfälle, von denen der Schiffsbau heimgesucht und in die Länge gezogen wurde, setzte Jack seine schriftstellerische Arbeit fort und entwarf weitere Pläne für die Ranch. Einen Monat nach der Abfahrt wandte er sich wegen einer weiteren Vorschußzahlung an Brett – er hatte bereits sechstausend Dollar erhalten und wollte nun noch weitere fünftausend Dollar haben. In seinem Brief schrieb er:

»Sehen Sie, parallel zum Bau der ›Snark‹ habe ich die Ranch in Glen Ellen weiter ausgebaut. Ich habe dort eine wunderbare Scheuer, die voll bezahlt ist, und Wertsteigerungen in Höhe von mehreren tausend Dollars durch Obstgärten, Weinberge, wildwachsende Bäume (die ich selbst gepflanzt habe), Einfriedung des Geländes etc. erzielt.« Jack schrieb unermüdlich, oft auch nachts. Er und Charmian hatten getrennte Schlafzimmer, weil Jack die Nächte »lesend, schreibend, rauchend und hustend« verbrachte. Im Sommer, als die »Snark« auf Kiel gelegt wurde, fing er mit der ›Eisernen Ferse‹ an, einem seiner umfangreichsten Werke, dessen Ausarbeitung sicher nicht einfach war. Dennoch wurde das fertige Manuskript am 13. Dezember an Macmillan abgeschickt.

›Die eiserne Ferse‹ wird im allgemeinen als prophetisches Werk eingeschätzt, und man nimmt gemeinhin an, daß dieses Buch Jack Londons sozialistische Überzeugungen erläutert und seine gründliche Kenntnis der sozialistischen Philosophie zeigt. Diese Annahmen sind irrig. Den Gedanken, er habe mit dem Buch die Absicht verfolgt, künftige Ereignisse vorherzusagen, bestritt Jack persönlich. Charmian, die in ihrer Biographie nur sehr wenige Worte über ›Die eiserne Ferse‹ verliert, berichtet, wie er zu ihr sagte: »Ich schrieb das Buch *ganz und gar nicht* als Prophezeiung.« In das Exemplar, das er ihr schenkte, schrieb Jack: »Wir, die wir gesehen haben, was wir gesehen haben – wir mögen vielleicht nicht die von mir beschriebenen Ereignisse erleben, aber ganz sicher werden wir Zeugen großer Ereignisse dieser oder jener Art werden.« In seinem Begleitbrief zum Manuskript schrieb er an Brett: »Ich persönlich glaube, daß die in der ›Eisernen Ferse‹ geschilderte Situation von einem pseudowissenschaftlichen Standpunkt aus plausibel ist.«

Es war Anatole France, der das Prophetische des Buches in seinem Vorwort zur französischen Erstausgabe 1924, also nach Mussolinis Aufstieg zur Macht in Italien, herausstrich, und Trotzki wiederholte es 1937: »Die Tatsache ist unbestreitbar: bereits 1907 sah Jack London das faschistische Regime voraus und beschrieb es als unvermeidliches Ergebnis der Niederschlagung der proletarischen Revolution.«[35] Es ist verständlich, warum sie und andere, einschließlich Orwell, ›Die eiserne Ferse‹ mit der Entwicklung des Faschismus in Europa während der zwanziger und dreißiger Jahre in Zusammenhang brachten. Das Buch selbst beinhaltet jedoch außer der Vorstellung von gewaltsamer Unterdrückung wenig, um diesen Vergleich weiterzuführen. Wäre es Jack möglich gewesen, den Faschismus als politische Ideologie zu erkennen, so hätte er vielleicht die enge Beziehung zu jener Überzeugung gesehen, die er

1899 Johns gegenüber äußerte; danach war der Sozialismus lediglich ein Werkzeug, um »bestimmten, verwandten Rassen mehr Kraft zu geben, damit sie überleben können und durch Auslöschen der schwächeren, minderwertigeren Rassen die Herren der Welt werden«. Dies war jedoch für Jack nicht das Ergebnis des Scheiterns der proletarischen Revolution, sondern der Grund, warum die Revolution nicht stattfinden würde.

Tatsache ist, daß Jacks Zeit als Sozialist vorüber war; aber er sah keinen Grund, sich vom Sozialismus loszusagen oder seine Verbindungen formal zu lösen, denn er wollte weder auf einen Teil seines Rufes verzichten noch seinen Anspruch aufgeben, eine Autorität in sozialen Fragen zu sein. Trotzdem hing er der Idee einer proletarischen Massenbewegung, die den Kapitalismus umstürzen und eine neue Gesellschaft errichten würde, nicht mehr an. Seine Begeisterung für diese Vorstellung war immer nur sporadisch gewesen, wurde von entgegengesetzten Überzeugungen überschattet und gewann nur dann die Oberhand, wenn ein besonderer Anreiz hinzukam. Als er 1905 seine Vortragsreise unternahm und dabei Schlagzeilen machte, war dies das letzte Auflodern seines Enthusiasmus. Danach sollte er das Interesse am Sozialismus verlieren, ihm mit Geringschätzung und später nahezu mit Verachtung begegnen. Die Sozialisten selbst bestärkten Jack durch ihre Kritik an ihm in seiner Überzeugung, daß sie zum Scheitern verurteilte Schwächlinge waren. Falls sie ihre Revolution versuchten, würden sie wie die russischen Rebellen zermalmt und die rühmlichen Ausnahmen unter ihnen zu Märtyrern werden.

Die Sozialisten selbst wußten, daß er ihre Sache hatte fallenlassen und dabei war, für immer von der Szene abzutreten. Bei der Abfahrt der »Snark« gaben sie vorwurfsvolle Erklärungen wie gegenüber einem abtrünnigen Führer ab. Und es war tatsächlich ein symbolischer Abschied, und ›Die eiserne Ferse‹ gehörte mit zu Jacks Vorbereitungen für diesen Schritt. Vielleicht war sogar noch mehr im Spiel: seine Hartnäckigkeit, die »Snark«, koste es, was es wolle, in See stechen zu lassen, kann als verzweifelter Ausbruchsversuch gewertet werden. Die Alternative dazu war Bleiben, und dies hieß nicht nur, persönliche Beziehungen aufrechtzuerhalten, sondern auch, mit einem Dilemma konfrontiert zu sein, denn er bewunderte die rationalen Elemente des Sozialismus, hatte nun aber eingesehen, daß er ihn nicht bejahen konnte.

Der Ruf der ›Eisernen Ferse‹ als klassisches sozialistisches Werk stammt von der ersten Hälfte des Buches, in der die Anklagen gegen den Kapitalismus auf dramatische Art vorgebracht werden. In einer

Diskussion mit dem Helden des Buches, Ernest Everhard, werden die Verteidiger des Systems bloßgestellt und ihre Argumente zerpflückt. Dieser Teil des Buches gipfelt in Everhards Ansprache vor einer Versammlung der reichsten Mitglieder der Gesellschaft – der Herrenklasse. Er kanzelt sie ab, versetzt sie in Wut und begegnet ihrer Herausforderung mit einer eigenen:

»Zum Wort der Wörter habt Ihr die Macht erklärt. Sehr gut – so soll es Macht sein. Und an jenem Tag, an dem wir an den Wahlurnen den Sieg davontragen werden und Ihr Euch weigert, uns die Herrschaft zu übergeben, die wir auf legalem und friedlichem Wege errungen haben, und Ihr dann fragt, was wir mit der Macht zu tun gedenken – an jenem Tag, sage ich Euch, werden wir unsere Antwort geben und inmitten aufheulender Granaten und Schrapnelle und ratternder Maschinengewehre wird sie ertönen.«

Everhard wird als Muster an körperlicher Stärke, Bildung, Weitsicht und Mut dargestellt. Er ist, wie Joan London schrieb, »der Revolutionär, der Jack gern gewesen wäre, wenn er nicht unglücklicherweise auch noch einige andere männliche Ideale hätte verkörpern wollen«. In all den Anfangskapiteln tauchen starke, persönliche Wunschvorstellungen auf. Everhards Gegner in den Auseinandersetzungen – Metaphysiker, Geschäftsleute, Juristen – liefern selbst die Aufhänger für die vernichtenden Antworten und Kommentare, die er fertig ausformuliert zur Hand hat. Wahrscheinlich haben diese Wunschvorstellungen auch den Leser auf eine Art überzeugt, die George Orwell so beschrieb: »Jene Kategorie von Büchern, die aus Gesprächen bestehen, in denen die Person, mit der der Verfasser einer Meinung ist, immer die besseren Argumente hat, ist ganz offensichtlich eine Art der Rache für Diskussionsniederlagen, die man im wirklichen Leben erleidet.«[36]

Die Debatten zeigen sehr deutlich Jacks mangelhaftes Verständnis des Sozialismus. Seine Darstellung der sozialistischen Wirtschaftslehre, Marx' Mehrwerttheorie, findet sich in einem Kapitel mit der Überschrift »Die Mathematik eines Traumes«. Zu Beginn verspricht Everhard seinen Hörern: »Ich werde darlegen, daß der Zusammenbruch des kapitalistischen Systems unvermeidlich ist, und ich werde mathematisch beweisen, warum es zusammenbrechen muß.« Seine weiteren Ausführungen enthüllen Jacks bereits erwähnte Verblüffung über die »Frage des Maximums«. Der Ablauf kapitalistischer Produktion und der an jedem Arbeitstag erwirtschaftete Mehrwert werden klar dargestellt, aber was passiert dann?

»Die Vereinigten Staaten sind ein kapitalistisches Land, das seine Ressourcen erschlossen hat. Dem kapitalistischen Wirtschaftssystem entsprechend hat es einen nicht verbrauchten Überschuß, den es loswerden muß, und zwar im Ausland. Und was für die Vereinigten Staaten gilt, trifft ebenso für jedes andere kapitalistische Land mit entwickeltem Wirtschaftspotential zu. Jedes dieser Länder hat einen unverbrauchten Überschuß ... Und nun, meine Herren, passen Sie auf. Unser Planet hat nur eine bestimmte Größe; es gibt nur eine bestimmte Anzahl von Ländern auf diesem Planeten. Was wird geschehen, wenn jedes Land der Erde, bis hinunter zum kleinsten und letzten, mit dem eigenen Überschuß den anderen Ländern mit deren Überschüssen gegenübersteht?«

1906 war ein großer Teil der Werke von Marx noch nicht in englischen Ausgaben erhältlich; lediglich der erste Band des ›Kapitals‹ war bereits übersetzt worden. Jack konnte daher noch nichts wissen von der »Theorie des Gesetzes der tendenziell fallenden Profitrate« im dritten Band des Werkes, auf die sich die Vorhersagen über den Zusammenbruch des Kapitalismus gründen. Seine Argumentation, derzufolge die Krisen des Kapitalismus daher rührten, daß mehr Produkte hergestellt würden als die Arbeiterklasse oder die Kapitalisten selbst aufkaufen könnten, war in den frühen Jahren der sozialistischen Bewegung sehr gebräuchlich. Trotzdem erkannten scharfsinnigere Marxisten den darin verborgenen Trugschluß, denn wenn dies tatsächlich zuträfe, könnte es nie zu wirtschaftlichen Blütezeiten kommen und es würde eine fortwährende Krise herrschen.

Von dieser unüberwindlichen Schwierigkeit des kapitalistischen Systems aus gelangt Jack zu seiner Darlegung der Alternativen. Der Sozialismus, also die Übernahme der Überschuß erzeugenden Maschinen durch die Arbeiter, um »ein neues und gewaltiges Zeitalter« zu begründen, ist eine davon. Die andere Möglichkeit ist die Niederlage der Arbeiterklasse durch die vereinten Kräfte der Konzerne, und die Folge wäre »ein so unbarmherziger und schrecklicher Despotismus wie jede tyrannische Herrschaft, die die Seiten im Buch der Menschheitsgeschichte geschwärzt hat«. Überdies hat diese »Oligarchie« ihre eigenen Mittel, mit den Überschüssen fertigzuwerden.

»Man wird herrliche Straßen bauen, und große wissenschaftliche und besonders auch künstlerische Leistungen wird man vollbringen ... Ich sage Euch, es werden großartige Kunstwerke geschaffen werden, und Traumstädte werden entstehen, neben denen die Städte der alten Zeit schäbig und ärmlich erscheinen. Und in diesen Städten werden die Oligarchen leben und die Schönheit anbeten.

Auf diese Weise wird der Überschuß ständig ausgegeben werden, während die Arbeiter ihre Arbeit verrichten. Der Bau dieser großartigen Dinge wird Millionen von gemeinen Arbeitern Hungerlohn gewähren, denn die enorme Masse des Überschusses wird ebenso enorme Ausgaben erzwingen, und die Oligarchen werden für tausend, nein, für zehntausend Jahre bauen. Sie werden Bauten errichten, wie die Ägypter und die Babylonier sie sich niemals träumen ließen. Und wenn die Oligarchen einst nicht mehr sind, dann werden ihre großartigen Straßen und ihre Traumstädte für die Gemeinschaft der Arbeiter bleiben, um sie zu benutzen und darin zu wohnen.«

Und tatsächlich triumphiert die Oligarchie. Everhard verliert sein Leben und die sozialistische Bewegung wird bis auf einige kümmerliche Restgruppen zerschlagen, die entweder entmutigt sind oder terroristische Racheakte verüben.

Bei all dem überlagern andere Theorien einen nur ansatzweise dargelegten Marxismus. Die Mehrwerttheorie wird nicht im Marxschen Sinne gebraucht, nämlich als die genaue Ausarbeitung des Klassenkampfes in der industriellen Gesellschaft des 20. Jahrhunderts, sondern lediglich dazu benutzt, das Dilemma der kapitalistischen Klasse aufzuzeigen. Mit dem Aufstieg der Oligarchie erscheint die Theorie von Marx nicht mehr länger anwendbar. Statt dessen werden zwei Theorien benutzt, die, zusammengenommen, die politische und wirtschaftliche Stabilität zugunsten der herrschenden Klasse untermauern. Als erste wird in dem Buch ›Die eiserne Ferse‹ jene Theorie genannt, die W. J. Ghent 1902 in ›Our Benevolent Feudalism‹ (›Unser wohltätiger Feudalismus‹) aufgestellt hat: »Es ist immer behauptet worden, daß Ghent die Idee der Oligarchie in die Köpfe der großen Kapitalisten gesetzt hat.« Die zweite Theorie ist die des »good roads«-Plans von General Coxey.

Ghents Werk hatte auf Jack tiefen Eindruck gemacht. Die These des Buches war, daß aus dem offensichtlichen Entstehen riesiger Monopole in der amerikanischen Wirtschaft ein einziger, riesiger Koloß entstehen würde, der alles Kapital in sich vereinigte, »eine gigantische Verschmelzung aller Interessen, regiert von einem Zehnerrat«. Dies war eine moderne Form des Feudalismus, weitaus komplexer als die Wirtschaftsordnung des Mittelalters, aber »auf der gleichen Abstufung von Herr, Verwalter und Tagelöhner gegründet«. Ghent mag das Wort »wohltätig« in ironischem Sinn gebraucht haben, aber Jacks Fantasie wurde durch die Vision einer solchen Diktatur angeregt. Er sah die Oligarchie als kollektiven Übermenschen, der herrisch seinen Fuß auf die zivilisierte Welt setzte.

Theoretisch waren die Arbeiter stärker, da sie in der Überzahl waren; aber die Oligarchen waren diszipliniert und intelligent, was für die Mehrzahl der Arbeiter nicht zutraf. In der ›Eisernen Ferse‹ ist einer der Gründe für die Niederlage der Arbeiter der, daß die anderen Arbeiterführer nicht die Wahrheiten erfassen können, auf die Everhard sie aufmerksam macht.

Das ökonomische System der Oligarchie enthüllt, daß sich der Gedanke staatlicher Arbeitsbeschaffung als Allheilmittel seit 1894 in Jacks Kopf festgesetzt hatte. Es handelt sich dabei ganz unverkennbar um Coxeys Idee, die von »herrlichen Straßen« ausging, um dann ein neues Zeitalter der Pyramiden einzuleiten, in dem Scharen von Menschen ständig beschäftigt werden sollten und wirtschaftliche Probleme so erfolgreich gelöst werden würden wie im Sozialismus. Man mag sich wundern, warum Jack diese Lösung nicht schon früher befürwortet hatte. Die Antwort darauf lautet, daß er sie nur mit dem Sozialismus in Verbindung brachte – was sich zum Beispiel deutlich in seinem Essay ›Was die Allgemeinheit durch das System des freien Wettbewerbs verliert‹ zeigt. Eine gewaltige gesellschaftliche Zentralisierung war dafür erforderlich, zu der er den Kapitalismus nicht fähig hielt, bis er Ghents Buch las. Es ist kennzeichnend, daß es in dem 1899 geschriebenen Essay heißt, die Zentralisierung würde zwangsläufig einen Verlust an Freiheit bedeuten:

»Der nationale Wettbewerb muß auf ein Minimum reduziert werden und das industrielle Prinzip immer mehr dem genossenschaftlichen Platz machen. Zum Wohle gegenwärtiger und zukünftiger Generationen müssen gewisse individuelle Rechte beschnitten oder abgetreten werden. Dies jedoch ist für das Individuum nichts Neues, denn seine ganze Vergangenheit ist eine Geschichte solcher Rechtsabtretungen.«

Zweifellos enthält ›Die eiserne Ferse‹ eine scharfe Anklage gegen die kapitalistische Gesellschaft, ihre Stützen und ihre »schäbige Moral«. Jack war davon überzeugt, daß diese Ordnung abgelöst werden sollte. Aber das Buch enthält gleichzeitig seine Erklärung dafür, warum der Sozialismus in vorhersehbarer Zukunft nicht verwirklicht werden konnte. Führer mit großem Mut und klarer Voraussicht wären dazu erforderlich und Gefolgsleute, die ihrer würdig waren – von wenigen Ausnahmen abgesehen, gab es weder das eine noch das andere. Der Schluß des Buches zeigt nur allzu deutlich, daß Jack die Vorstellung, die Arbeiterklasse könnte sich aus eigenen Kräften befreien, ablehnte. In jener Schlußszene mit der Chicagoer Kommune erstehen wieder die Menschen ›In den Slums‹, dargestellt als heruntergekommene, verantwortungslos handelnde

Leute, »sich mit dem Elend zufriedengebend« und – losgelassen – ein Haufen Gesindel, das kein Ziel außer Zerstörung kennt.

Der in der ›Eisernen Ferse‹ geschilderte Kampf ist ein Kampf im Sinne Darwins, das Ringen des Stärksten um die Vorherrschaft. Dies widerspricht nicht einer sozialistischen Betrachtungsweise: gesellschaftliche Klassen steigen auf, stürzen überkommene Klassen und errichten neue soziale Ordnungen, weil sie stärker und den gesellschaftlichen Lebensbedingungen besser angepaßt sind. Jack verlagerte jedoch den Konflikt auf eine andere Ebene, nämlich auf die der persönlichen Fähigkeit zur Macht. Everhard ist »ein Übermensch, eine blonde Bestie, wie sie Nietzsche beschrieben hat«, und fähig, die Welt zu beherrschen. Aber die Oligarchen sind noch stärker als er, und seine Genossen und die Massen lassen ihn im Stich – seine Niederlage ist unvermeidlich. Es ist richtig, daß der Sozialismus schließlich doch verwirklicht wird – das Buch ist vom Blickwinkel einer Rückschau aus ferner Zukunft geschrieben –, aber auf eine Art, die der sozialistischen Bewegung keine Ehre macht. Die Oligarchie wird nicht durch Kampf bezwungen, sondern ist nach mehreren Jahrhunderten durch Inzucht innerhalb der privilegierten Kasten geschwächt. Es kommt zu Palastrevolutionen, und so kann »am Ende das gemeine Volk ... von seinem Eigentum Besitz ergreifen«. Dieser Niedergang erinnert an den Sturz Wolf Larsens: Die Gegenkräfte konnten nicht von sich aus triumphieren, sondern nur mit Hilfe äußerer Umstände.

Eines wird aus dem Buch deutlich: Jack hatte den Glauben an die sozialistische Sache verloren: vielleicht hätte er dies (wie andere es getan haben) mit dem Wort »Ernüchterung« ausgedrückt. Er hatte klar umrissene, drängende Erwartungen hinausposaunt, die in Wirklichkeit über die Bewegung der Radikalen und die Arbeiterklasse hinausschossen. Sicher ist aber auch, daß die Führer der amerikanischen Linken sehr schnell ihren europäischen Genossen auf den Weg der Reformen und Kompromisse folgten. Nichtsdestoweniger war in Jacks Bekenntnis zum Sozialismus von Anfang an ein Gutteil Selbsttäuschung enthalten. Das Vergnügen, geistig anspruchsvolle Gesellschaft zu finden, als kämpfender Löwe gefeiert zu werden, jederzeit eine erwartungsvolle Zuhörerschaft zu haben, waren Gründe für ihn, die deutlich erkennbaren Verschiedenheiten beiseite zu schieben oder sie zu rationalisieren. Als er in seinen Erwartungen nüchterner geworden war und dem in seinem Privatleben verfolgten »Ich möchte«-Prinzip widersprochen wurde, sprach er aus, was für ihn immer den Kernpunkt seiner Überzeugungen ausgemacht hatte: daß der Starke den Schwachen beherrschen wird.

Jack nahm an, daß sich das steigende Interesse am Sozialismus günstig auf den Verkauf seines Buches ›Die eiserne Ferse‹ auswirken würde, obwohl es kein für Zeitschriften geeigneter Stoff war. Wie er erwartet hatte, nahm Brett das Buch für Macmillan an, und es wurde veröffentlicht, als er mit der »Snark« im Pazifik kreuzte. Möglicherweise wollte er nicht in der Nähe sein, wenn sich die Reaktionen auf das Werk zeigten. Die Presse nahm das Buch nicht gut auf; die Zeitungen und Zeitschriften verhielten sich gleichgültig und brachten nur kurze Meldungen oder überhaupt nichts. Die radikale Presse griff es wegen seines Pessimismus und der Betonung von Gewalt an. John Spargo nannte es im ›International Socialist Review‹ ein »unglückliches Buch«.

»Mir scheint, daß das darin von Jack London entworfene Bild bewußt darauf abzielt, viele abzustoßen, die zur Unterstützung unserer Reihen dringend gebraucht werden; es gibt der alten und allgemein aufgegebenen Theorie des radikalen Umsturzes neuen Auftrieb; es trägt dazu bei, die politische Bewegung der Sozialisten zu schwächen und die phantastische und reaktionäre Vorstellung von physischer Gewalt zu fördern, die auf Menschen einer gewissen Denkungsart so anziehend wirkt...«

B. O. Flowers linksgerichtete Zeitschrift ›Arena‹ schrieb, daß das Buch ein falsches Geschichtsverständnis aufzeige und »der Sache der sozialen Gerechtigkeit mehr schaden als helfen würde«. Jene, die das Buch begrüßten, waren hauptsächlich die Aktivisten; für sie zählten die propagandistischen Kapitel, das übrige waren unwichtige Spekulationen. Die Menschen aber, die das Buch am ehesten hätten kommentieren können – Austin Lewis, Untermann, Anna Strunsky – schwiegen, denn sie kannten die wahre Bedeutung der ›Eisernen Ferse‹.

Ruhm und weltweite Leserschaft errang das Buch nach dem Ersten Weltkrieg, als Jack bereits tot war. Damals ließ die nackte Gewalt, welche die herrschende Klasse gegen den Kommunismus gebrauchte, seine Darstellung Wirklichkeit werden. Es war das einzige amerikanische Buch, das Bucharin in seine Bibliographie von Büchern über den Kommunismus aufnahm. In einem 1945 geschriebenen Vorwort behauptete George Orwell irrtümlicherweise, daß das Buch durch Hitlers Aufstieg zur Macht aus dem Dunkel hervorgetreten war.[37] Dieser Irrtum gibt die Erklärung für die Tatsache, daß ›Die eiserne Ferse‹ beständig von nachwachsenden Generationen neu entdeckt wird; wie Orwells eigenes Werk ›1984‹ enthält es viel, was oberflächlich gesehen scheinbar zu allen Zeiten gültig ist.

## 10. Die Fahrt auf der »Snark«

Die Fahrt der »Snark« dauerte mehr als zwei Jahre und war eine Saga der Verrücktheiten und Pechsträhnen, die mit einem Berg von Schulden endete. Aber Jack war glücklich. Obwohl er sich herumstritt und um sich schlug, wutentbrannt flammende Briefe absandte, dauernd Leute einstellte und andere hinauswarf, liegt doch eine merkwürdige Hochstimmung über dieser Zeit. Er schrieb fleißig und setzte sich ein tägliches Schreibpensum von mindestens tausend Worten, das er selten unterschritt. Während der zwei Jahre schrieb er fünf Bücher sowie Artikel und Kurzgeschichten im Umfang von zwei oder drei weiteren Bänden. Auch Charmian griff zur Feder. Sie hatte sich vorgenommen, ein Tagebuch mit Reiseschilderungen zu führen; das Ergebnis waren zwei Bücher, die Macmillan verlegte (sie erschienen in Großbritannien als vier Einzeltitel: ›Voyaging in Wild Seas‹ [›Reisen in rauher See‹], ›A Woman among the Head Hunters‹ [›Als Frau unter Kopfjägern‹], ›Jack London in Hawaii‹ [›Jack London auf Hawai‹] und ›Jack London in Southern Seas‹ [›Jack London in der Südsee‹]).

Die Monate, die sie auf den Südseeinseln verbrachten, versorgten Jack mit neuem Material. Landschaft und Einblicke in das primitive Leben packten ihn. Von den Salomon-Inseln aus schrieb er an Sterling: »Dies ist wohl so ziemlich der rauheste Winkel auf der Welt. Kopfjagd, Kannibalismus und Mord sind an der Tagesordnung. In der Nähe der schlimmsten Inseln der Gruppe sind wir Tag und Nacht bewaffnet, und es ist unerläßlich, Nachtwachen aufzustellen.« Er machte die Südsee zu seinem neuen Yukon, vor dessen Hintergrund er Abenteuer und Dramen in einer Flut von Geschichten verarbeitete, unter denen später sogar zwei Hundegeschichten waren. An warmen Nachmittagen saß er auf dem Deck und las Charmian und der Mannschaft vor – manchmal aus seinen eigenen, am Morgen geschriebenen Arbeiten, ein andermal aus Werken von Joseph Conrad, Herman Melville und Robert Louis Stevenson.

Sechs Wochen nach Beginn der Reise entließ er schließlich Roscoe Eames in Pearl Harbour. Die Decksplanken waren zwölf Tage nicht geschrubbt worden, die Masten und Segel unberührt geblieben. Roscoe hatte bei keiner Arbeit auch nur einen Finger gerührt. Ganz sicher gab es für die Gegenwart dieses lächerlichen, unfähigen Mannes auf der »Snark« verborgene Gründe. Als Jack sich weigerte, ihn noch länger zu ertragen, schickte Mrs. Eames ein verschlüsseltes

Telegramm, in dem sie ihn bat, »noch damit zu warten, Roscoe an den Pranger zu stellen«, bis sie und Edward Payne ihre Zustimmung dazu gäben. Jack sandte ihr einen langen Brief, in dem er Roscoes Vergehen und Nachlässigkeiten aufzählte und schrieb: »Zum ersten Mal kann ich wirklich ermessen, was Sie mitgemacht haben. Und ich kann Sie nur eine dumme, sentimentale Närrin nennen, daß Sie es so lange mit ihm ausgehalten haben.« Kurze Zeit darauf ließ sich Ninetta von Roscoe scheiden und heiratete Payne.

Unmittelbar nach Roscoe wurde Herbert Stolz gefeuert. Seinen Platz übernahm Eugene Fenelon, ein muskelbepackter Riese, den George Sterling empfohlen hatte. Nach wenigen Wochen wurde auch er nach Kalifornien zurückgeschickt, und Jack schrieb an Sterling: »Gene ist weder für Abenteuer geschaffen noch ist er ein ganzer Kerl ... körperlich ein Steinzeitmensch, ein Gorilla, hat er den Mumm einer Laus und das Herz eines Hasen!« Als die »Snark« Hilo verließ, bestand die Mannschaft aus Captain Warren, einem auf Bewährung entlassenen Mörder, aus Martin Johnson und Frank Herman sowie einem orientalischen Koch namens Wada und Nakata, dem Hausdiener der Londons (Manyoungi hatte sich noch vor Beginn der Reise mit Jack überworfen). Warren war eingestellt worden, als Jack schließlich einsah, daß er einen seeerfahrenen Kapitän brauchte. Die zwei überragenden Personen an Bord waren jedoch Martin Johnson und Charmian. Johnson, später ein berühmter Forscher und Großwildjäger, war damals ein gutaussehender junger Mann auf der Suche nach Abenteuern, der bei allen Arbeiten auf der »Snark« Hand anlegte. Charmian arbeitete wie ein Mann; sie führte ihr Tagebuch, tippte Jacks Manuskripte und Briefe, übernahm Tag- und Nachtwachen am Steuerrad und einen bedeutenden Teil der täglich an Bord zu erledigenden Arbeiten.

Von Hawaii aus segelten sie zu den Marquesa-Inseln. In Erinnerung an seine Heldentaten mit Young Scratch und die Schußfahrt durch die White Horse-Stromschnellen wollte Jack überall die schwierigsten Routen befahren. »Im ›South Sea Directory‹ [›Handbuch der Südsee‹] steht, daß die Kapitäne der Walfänger bezweifelten, ob man die Route von Hawaii nach Tahiti befahren könne – die viel leichter ist als jene zu den Marquesas«, schrieb er. Die Fahrt dauerte sechzig Tage und sie wurden belohnt mit dem Anblick der Schlupfwinkel von Robert Louis Stevensons Büchern, den Ruinen in dem herrlichen, von Melville in ›Typee‹ (›Taipi‹) beschriebenen Tal und mit der Teilnahme an den Tänzen und Festen der Eingeborenen. Dann mußte Jack nach Australien, von wo er für den ›New York Herald‹ über den Weltmeisterschaftskampf im

Schwergewichtsboxen zwischen Tommy Burns und Jack Johnson berichtete. Als nächstes Ziel steuerten sie Tahiti an, wo im Januar 1908 in Papeete die Post von drei Monaten auf sie wartete. Sie erfuhren, daß die »Snark« schon verloren geglaubt war und daß die Zeitungen nicht wußten, ob sie Nachrufe bringen sollten oder ob sie es mit einem Reklametrick zu tun hatten.

Aber es gab noch schlimmere Nachrichten. Jacks finanzielle Situation war kritisch geworden. Die Oaklander Bank lehnte die Einlösung seiner Schecks ab, die Hypothek auf Floras Haus war für verfallen erklärt worden und noch immer kamen Unmengen von Rechnungen an. In dem Stapel Post in Papeete waren Schecks mit Tantiemenzahlungen von Brett, jedoch waren andere erwartete Beträge nicht eingetroffen. Nachdem er alles überschlagen hatte, stellte Jack fest, daß er nur noch sechsundsechzig Dollar besaß, hingegen Verbindlichkeiten von nahezu gigantischem Ausmaß hatte. Und die »Snark« kostete pro Monat, den sie auf Fahrt waren, dreitausend Dollar! Sie mußten etwas unternehmen. Also wurde die »Snark« unter Captain Warrens Kommando zurückgelassen, und Jack und Charmian fuhren mit dem Dampfer »Mariposa« nach San Francisco, in der Absicht, acht Tage später wieder nach Papeete zurückzukehren.

Ninetta Eames hatte den Auftrag erhalten, Jacks Angelegenheiten in seiner Abwesenheit zu führen, konnte jedoch nicht für eine Situation verantwortlich gemacht werden, die sich bereits seit dem Jahre 1903 abgezeichnet hatte. In viereinhalb Jahren hatte Jack für die Ranch, die »Snark«, und je ein Haus für Bess und Flora sowie für seine Familie und andere Personen, deren Unterhalt er bestritt, nahezu hunderttausend Dollar ausgegeben. Der größte Teil des Geldes war bereits verplant, bevor es verdient war, und so entstand ein Sog, der eine fast übermenschliche Arbeitsanstrengung erforderte. Jedoch waren weitere Vorschüsse die einzige Lösung. Sofort nach seiner Ankunft in San Francisco schickte Jack deshalb ein Telegramm an Macmillan, um einen Vorschuß auf seinen fast vollendeten Roman ›Martin Eden‹ zu erhalten. Er trat mit ›Harper's Magazine‹ in Verbindung und arrangierte – bei sofortiger Honorarauszahlung – die Veröffentlichung von Artikeln über die »Snark«. Damit hatte er genug Geld aufgebracht, um die dringendsten Schulden zu begleichen. Als dies geschehen war, bestätigte er Ninetta in ihrer Funktion als seine Agentin, die berechtigt war, in seinem Namen Anleihen aufzunehmen. In seinen Briefen an sie gebrauchte er nun die Anrede »Liebe Mutter«. Ninetta bat ihn, ihr dreißig Dollar im Monat sowie eine Provision aus dem Verkauf von ›Martin Eden‹ zu zahlen. Jack schrieb zurück: »Eines der Dinge, auf die ich stolz bin, seitdem ich Geld zur Verfügung habe, ist es, daß jeder, der jemals etwas für mich getan hat, stets gut dafür bezahlt wurde.«

Nachdem die finanziellen Schwierigkeiten für den Augenblick behoben waren, kehrten er und Charmian auf die »Snark« zurück, denn sieben Jahre sollte die Fahrt ja dauern und ihre muntere Stimmung war ungetrübt. In San Francisco hatte Jack den Zeitungsreportern mitgeteilt, daß er in seinem ganzen Leben noch nie so glücklich gewesen sei, und ein Journalist schrieb von »dem Lächeln, das nicht mehr aus seinem Gesicht wich«. Auf der »Mariposa« und dann in Papeete stellte er das Manuskript von ›Martin Eden‹ fertig und übersandte es Ninetta; durch den Verkauf der Fortsetzungsrechte für siebentausend Dollar an den ›Pacific Monthly‹ war Jack wieder solvent. Er kaufte Kuriositäten und Souvenirs in riesigen Mengen und schickte sie Kiste um Kiste nach Glen Ellen, damit sie dort ausgepackt und aufbewahrt wurden. Sogar die tropenbedingten Unpäßlichkeiten, von denen keiner auf der »Snark« verschont blieb, wurden leichten Herzens hingenommen: »Man befindet sich in vollkommener Harmonie mit den Gesetzen der Natur, wenn einen ein Gelbfieber-Mosquito sticht.«

Jacks gehobene Stimmung kam weitgehend aus dem Gefühl, an der Spitze eines historisch bedeutenden und gewagten Unternehmens zu stehen. Außerdem war sie auch das Resultat der geistigen Unabhängigkeit, die die »Snark« symbolisierte. Jack wandte sich vom Sozialismus ab und löste sich auch von jener Welt, in der er während seines Aufstiegs aus dem Dunkel zum Ruhm gelebt hatte – von der tastenden Suche nach geistig verwandten Schriftstellern, von falschen Idealisierungen und vom Kampf um persönliche und literarische Anerkennung. Es lag nicht in seiner Absicht, die verwegenen und anrüchigen Abenteuer und die harte Arbeit seiner frühen Jahre zu leugnen – im Gegenteil, sie waren für ihn ein Erfahrungsschatz, auf den er immer stolz war. Aber er mußte einen Teil seines Selbst, den linkischen jungen Mann mit den Gefühlen geistiger Unterlegenheit und politischer Naivität, loswerden, den jungen Mann, der vor Mabel Applegarth mit seinen Hoffnungen und Enttäuschungen herausgeplatzt war. Er segelte hinaus in die Welt und verlieh damit der Überwindung der Ansichten und Beziehungen dieses Selbst feierlichen Ausdruck. In seinem Buch ›Martin Eden‹ schrieb er sein Leben um.

Dieser Entwicklung vorausgegangen war das Buch ›Abenteurer des Schienenstranges‹, in dem Jack ausführlich über sein Leben als Hobo berichtete. Einige Jahre zuvor hatte er sich noch gescheut, ein solches Buch mit all seinen Geschichten vom armseligen Leben und den Gefängnissen zu schreiben, nun aber verkündete er triumphierend seine Erlebnisse. Einem Reporter, der ihn interviewte, gab er zur Antwort: »Was ich heute bin, wurde ich durch meine Vergangenheit; und wenn ich mich meiner Vergangenheit schäme, muß ich mich logischerweise auch dessen schämen, was diese Vergangenheit aus mir gemacht hat.« Sterling, der Einwände dagegen erhob, warf er »einen Nachklang bourgeoisen Denkens« vor. Zweifellos waren viele Leute von dem Band ›Abenteurer des Schienenstranges‹ schockiert, als er 1907 erschien, aber Jack in seiner »Snark«-Stimmung wertete dies nur positiv. Der »Ich«-Erzähler, der das Buch geschrieben hatte, war jenes Selbst, dessen Existenz Jack anerkannte, und ›Martin Eden‹ war dann die Fortschreibung dieses Selbst, so wie er es haben wollte.

Jack erzählte Martin Johnson, daß er nach ihm den Helden des Buches benannt habe, dessen ursprünglicher Titel ›Success‹ (›Der Erfolg‹) gelautet hatte. Das Buch ist eine kaum verhüllte Autobiographie. Martin Eden, der männlich-kraftvolle und ungebildete junge Seemann mit dem brennenden Wunsch, zu lernen und zu schreiben, wird in das Haus der Familie Morse, die der Mittelschicht angehört, eingeführt. Er verliebt sich in die zierliche, hübsche Ruth Morse, die sich ihrerseits zu ihm hingezogen fühlt und seine Privatlehrerin wird. Ein Jahr lang arbeitet er daran, als Schriftsteller Erfolg zu erringen, lebt ohne viel Essen und Schlaf und schreibt Unmengen an Geschichten. Ruth ist vom Realismus seiner Arbeiten angewidert. Mit seinem Eintreten für eine materialistische Philosophie stößt er ihre Familie vor den Kopf, und keiner von ihnen glaubt, daß er es zum erfolgreichen Schriftsteller bringen wird. Kurz bevor sich der Erfolg einstellt, löst Ruth ihre Verlobung mit ihm auf; als sie reumütig zu ihm zurückkehrt, weist er sie voller Verachtung von sich.

Es fällt schwer, sich vorzustellen, daß es sich bei den geschilderten Figuren um lebende Menschen handelte und daß die Hauptperson jenes Mädchen verkörperte, das Jack weniger als zehn Jahre zuvor geliebt hatte. Bis hin zur körperlichen Ähnlichkeit entsprach Ruth Morse Mabel Applegarth. Einige der im Buch enthaltenen Gespräche waren zwischen Mabel und Jack tatsächlich geführt worden. Den Hintergrund bildete das Heim der Applegarths und Mabels Mutter als Mrs. Morse. Alle drei, Mabel, ihre Mutter und ihr Bruder Ted – Jacks Freund und Vertrauter –, wurden als engstirnige und verachtenswerte Ignoranten hingestellt. Irving Stone zufolge verurteilte 1910 eine Vortragsrednerin im Frauenclub von San José die

Heldin aus ›Martin Eden‹, ohne zu wissen, »daß die blasse, zarte, altjüngferlich aussehende Frau in der ersten Reihe, die sie mit Todesqualen in den Augen anstarrte«, Mabel war. In vielerlei Hinsicht ist ›Martin Eden‹ eines der gehässigsten Werke, das je geschrieben wurde, ein Buch, in dem Menschen angeklagt wurden, denen Jack bezüglich seines Werdegangs in Wirklichkeit einiges zu verdanken hatte.

Doch dies lag mit in Jacks Absicht. Wie Jack schuldete Martin Eden niemandem etwas, denn das Talent in ihm wird nicht gefördert, sondern ist von vornherein vorhanden und sucht lediglich Anerkennung. Um dies zu beweisen, schickt er, nachdem er Berühmtheit erlangt hat, den Verlegern seine früheren, abgelehnten Manuskripte erneut zu und erlebt nun, wie sie begierig aufgenommen werden.

»Warum habt ihr mich damals nicht zum Essen eingeladen? Die Arbeit war geleistet. Wenn ihr mich jetzt für geleistete Arbeit füttert, warum tatet ihr es nicht damals, als ich es nötig hatte? Nicht ein Wort an ›Glockenläuten‹ oder an ›Peri und die Perle‹ ist geändert. Nein, ihr füttert mich jetzt nicht für geleistete Arbeit. Ihr füttert mich, weil alle anderen mich auch füttern, und weil es eine Ehre ist, mich zu füttern.«

Bezogen auf gesellschaftliche Werte und das Buhlerische modischen Beifalls trifft diese Reflexion durchaus zu (obwohl die Behauptung von der »geleisteten Arbeit« verführerisch ist, wenn sie rückblickend unter dem Blickwinkel des Erfolges gemacht wird). Aber eine noch gewichtigere Behauptung wird aufgestellt: Weit entfernt, etwas zu seiner Entwicklung beizutragen, hätten Mabel, ihre Familie und Freunde seinen Weg zum Erfolg nur behindert.

All diese Gedanken kamen im Sommer vor der Abfahrt der »Snark« auf, einer Zeit der Veränderung, in der er die Zukunft voller »Ich möchte«-Ideen sah und er aus seiner Vergangenheit ablehnte, was immer ihn daran fesseln konnte. Nachdem er sich einmal zum Rationalisieren entschlossen hatte, entsprach die zornige Verachtung ganz und gar Jacks Wesen. Aber die Rachsucht in ›Martin Eden‹ ist mehr als das, und man spürt, daß Mabel ihn einfach immer noch zu stark beschäftigte. Nach der Fertigstellung von ›Martin Eden‹ schrieb er von Tahiti aus an Cloudesley Johns: »Ich habe gerade einen Roman mit einhundertfünfundvierzigtausend Worten beendet, der ein Angriff ist auf die Bourgeoisie und auf alles, wofür sie steht.« Dies war eine Übertreibung, denn seine Verurteilung bezog sich lediglich auf den begüterten, kulturell anmaßenden Mittelstand. Er mußte jedoch bei sich selbst das unangenehme Wissen auslöschen, daß er selbst einmal dessen Lebensstil angestrebt hatte, der nicht nur im Kreise der Applegarths, sondern auch bei den Sozialisten von Oakland, im Hause der Strunskys und in seiner eigenen Ehe mit Bess zu finden gewesen war. All das gehörte einer Vergangenheit an, mit der er nun nichts mehr zu tun haben wollte.

Das andere Element in ›Martin Eden‹ ist politischer Natur. Wie Jack nimmt Martin an sozialistischen Versammlungen teil und diskutiert darüber mit Russ Brissenden, dessen Persönlichkeit und breites philosophisches Wissen ein Abbild von Strawn-Hamilton darstellen. Trotz Brissendens Argumenten kann Martin den Sozialismus nicht akzeptieren – er ist Individualist und durchdrungen von Spencers und Nietzsches Gedankengut. Dies wird schließlich zum Mittelpunkt des Buches; vom Erfolg desillusioniert und ohne etwas, das ihn am Leben festhalten läßt, ertränkt sich Martin. Brissenden hatte ihn gewarnt: »Ich würde Dich gerne als Sozialisten sehen, bevor ich sterbe. Es wird Dich ans Leben binden und es ist das einzige, was Dich retten wird während der Zeit der Enttäuschung, die auf Dich zukommen wird.« Der tiefere Sinn, der dahintersteht und auf den Jack bereits mehrere Male aufmerksam gemacht hatte, war seine Überzeugung, daß es für den Individualisten keine Zukunftshoffnung gibt.

Die Alternative jedoch, die sich Martin bietet, ist etwas anders gelagert. Die Sozialisten erscheinen als gebildete Schwächlinge, als Repräsentanten des »jahrhundertealten Kampfes, den die schwachen, elenden Sklaven gegen die kleine, stolze Schar von Menschen geführt hatten, die sie beherrschten und weiterhin beherrschen würden«. Brissenden selbst ist ein Zyniker ohne Glauben an die Massen. Er ist nur deshalb Sozialist, weil es aus nicht näher erläuterten Gründen »unvermeidlich« ist; und er, wie Martin, stirbt. Jack war zu dem Schluß gekommen, daß keine der beiden Anschauungen Erfüllung bot, weder für die Gesellschaft noch für den einzelnen. Vom Verstand her erkannte er den Sozialismus als rationale Alternative zum bestehenden System an, jedoch mit der Gewißheit, daß jedes Daraufhinwirken aussichtslos war. Vom Gefühl her wußte er, daß er ein Individualist war, sah aber auch, daß der Individualismus unhaltbar war. Keine weltanschauliche Gruppierung konnte ihn nunmehr für sich reklamieren – in Zukunft war er sein eigener Herr.

Noch ein weiterer Aspekt in ›Martin Eden‹ verdient Beachtung. Es war das letzte Werk Jacks, mit dessen Inhalt er bemüht war, »Werte« auszudrücken. Von Beginn seiner Karriere an hatte er niemals verheimlicht, daß er in erster Linie des Geldes wegen schrieb. Nichtsdestoweniger hatte er in seinen Geschichten seine persönlichen Ansichten dargelegt, und er war zu der Überzeugung gelangt, er könne grundlegende Wahrheiten in finanziell erfolgreichen Büchern erläutern. Seine letzten drei Bücher, die als Einzelwerke sehr unterschiedlich ausfielen, bringen alle die Umwertung zum Ausdruck, die er in seinem Leben und seinen Anschauungen vollzogen hatte. Alle drei – ›Die eiserne Ferse‹, ›Abenteurer des Schienenstranges‹ und ›Martin Eden‹ – fanden wenig Anklang. Die Rezensenten erkannten Jacks Selbstprüfung und äußerten den Wunsch, er möge doch zum unkomplizierten Geschichten-Erzählen zurückkehren. Dies bestätigte ihn entgültig in seiner neuen Auffassung von sich selbst, und in ›Martin Eden‹ bringt er es zum Ausdruck:

»Es war die Bourgeoisie, die seine Bücher kaufte und die Goldstücke in seinen Geldbeutel fließen ließ. Und nach dem wenigen, was er von der Bourgeoisie wußte, war ihm nicht klar, wie sie überhaupt seine Arbeiten schätzen oder verstehen konnte. Die Schönheit und Kraft in ihm bedeutete nichts für die Hunderttausende, die ihm zujubelten und seine Bücher kauften. Er, begünstigt von der Laune des Augenblicks, war der Abenteurer, der den Parnaß erstürmt hatte, während die Götter ihm Beifall nickten.«

Auch dies stimmte wiederum nicht ganz, zeigte jedoch, was Jack hinsichtlich seiner zukünftigen Arbeit beschlossen hatte. Von der seriösen Schriftstellerei hatte er genug und wollte statt dessen Abenteuer-Geschichten wie billiges Porzellan um des höchsten Profites willen fabrizieren. Sein nächster Roman, ›Lockruf des Goldes‹, spielte wieder in Klondike. 1911 sagte Jack zu einem Reporter, der ihn interviewte: »Wenn es gute Arbeit ist, setze ich meinen Namen darunter und schicke es weg. Wenn es schlechte Arbeit ist, setze ich meinen Namen auch darunter und schicke es weg.«

Als Jack und Charmian ihre Reise mit der »Snark« wieder aufnahmen, gelangten sie nach Polynesien und von dort durch heftige Stürme zu den Fidschi-Inseln. Auf Suva verließ Captain Warren, bei dem sich herausgestellt hatte, daß er unter heftigen depressiven Anfällen litt, das Schiff oder wurde entlassen, und Jack übernahm selbst das Kommando. Sie segelten weiter zu den Salomon-Inseln, wo sie vor Kannibalen und einer Kopfjäger-Expedition flüchten mußten, die auf Buschmänner Jagd machte, um sie als Sklaven in die Plantagen zu verschleppen. Der Roman ›Die Insel Berande‹, der aus diesen Erlebnissen heraus entstand, wurde als überzogenes Bild der Barbarei im 20. Jahrhundert kritisiert, aber Jack und seine Begleiter fanden den Stoff dazu auf jenen Pazifikinseln. Mehrere Male brachte er seine Erlebnisse sofort zu Papier, anstatt sich, wie sonst, nur Notizen zu machen.

Es schien, als könnten sie das Leben in vollen Zügen genießen, aber diese Zeit sollte ein plötzliches Ende nehmen. Sie alle litten unter tropischen Krankheiten; aus Hautabschürfungen wurden riesige, Beulen genannte Geschwüre; Malariaanfälle traten auf und das Chinin wurde wie Wasser geschluckt. Jack bezeichnete sich selbst als den »Amateur-Mediziner«. Dies alles war Teil des Spiels – und Härten und Gefahren nur eine zusätzliche Würze. Im September jedoch hörte der Spaß auf; Jack wurde von einer unbekannten Krankheit befallen, seine Hände und Füße schwollen an, seine Haut schälte sich Schicht um Schicht, und zuweilen konnte er die Bewegungen seiner Gliedmaßen nicht mehr koordinieren. Es stellte sich heraus, daß er an einer doppelten Fistel litt; die mysteriöse Hautkrankheit hingegen wurde auf nervöse Erschöpfungszustände zurückgeführt. Ende Oktober entschied er, daß er nach Sydney müsse, um sich die Fistel entfernen und die andere Erkrankung behandeln zu lassen.

Die Hautkrankheit jedoch erwies sich als hartnäckig, und die australischen Spezialisten waren mit ihrem Latein am Ende. Später erfuhr Jack, was es gewesen war – eine »Sonnenkrankheit«, verursacht durch die Empfindlichkeit seiner Haut gegenüber ultraviolettem Licht; es handelte sich um den gleichen Gewebezerfall, der bei den ersten Wissenschaftlern, die mit Röntgenstrahlen experimentierten, auftrat. Fünf Monate blieb Jack im Krankenhaus und mußte schließlich einsehen, daß es unmöglich war, die Kreuzfahrt durch die Tropen mit der »Snark« fortzusetzen. Er beauftragte Martin Johnson, das Schiff nach Sydney zu bringen, wo es für dreitausend Dollar verkauft und dann zu den Salomon-Inseln zurückgebracht wurde, um dort als »Sklavenjäger« zu dienen. Nach einem Abstecher nach Tasmanien verließen Jack und Charmian in Nakatas Begleitung Australien auf einem Trampdampfer, der sehr langsam vorwärtskam, da er in den meisten südamerikanischen Häfen stoppte und einen ganzen Monat in Ecuador Zwischenstation machte. Am 23. Juli 1909 kamen sie in San Francisco an.

Sowohl Jacks als auch Charmians Gesundheit war angegriffen. Bei der Rückkehr litt Charmian immer noch an Malaria, und die Anfälle hörten erst einige Zeit später auf. Jack hatte während der ganzen zweijährigen Kreuzfahrt mit der »Snark« stark getrunken. Zu Beginn der Reise war zwar beschlossen worden, an Bord keinen Alkohol zu gestatten, aber an Land trank Jack doch eine ganze Menge. Vom Passieren der Marquesas-Inseln an, war immer ein reichlicher Vorrat an Alkoholika auf dem Schiff, und die Trinkerei nahm zu, je weiter sie fuhren. Jack schrieb es der tropischen Hitze zu, den ständigen Bewirtungen, der Stimulanz, die der Alkohol in schwierigen Zeiten bot. Als er in Australien das Krankenhaus verlassen hatte, fing er ganz selbstverständlich erneut zu trinken an, und danach gab es keinen Grund mehr, wieder damit aufzuhören. Nach der Rückkehr wurde es in Glen Ellen fester Bestandteil des täglichen Lebens, bis er, wie er in ›König Alkohol‹ schrieb, »einen Zustand erreichte, in dem mein Körper keine Minute mehr frei von Alkohol war«.

Wie voraussehbar, stand es um seine geschäftlichen Angelegenheiten chaotisch. Ninetta hatte seine Geschichten an Zeitschriften und Zeitungen verschickt und bei Verlegern angefragt, was sie dafür bieten würden, während gleichzeitig ein literarischer Agent andere Kopien davon anbot. Auf Ninettas Vorschlag hin hatte er ihr erlaubt, zweiundfünfzig Hektar Land von einer benachbarten Ranch, nebst der sechs Hektar großen Fisch-Ranch zur Abrundung seines eigenen Besitzes dazuzukaufen. Die riesige Scheune war inzwischen auch fertiggestellt und die gewaltige Südsee-Souvenir-Sammlung darin zur Schau gestellt worden. All dies brachte weitere Geldausgaben und neue Zahlungsverpflichtungen mit sich, und zum Kauf der Ranches wurde eine weitere Hypothek aufgenommen. Aber Jack selbst steckte voller Pläne und träumte von der »Beauty Ranch«, die er nun aufbauen wollte. Da zu jener Zeit in Kalifornien Eukalyptus-Bäume groß in Mode waren, pflanzte er sofort fünfzehntausend Schößlinge und sprach von dem Vermögen, das sie ihm einbringen würden.

Die Antwort auf all seine Finanzprobleme lautete, mehr und immer mehr zu schreiben. Bei seiner Rückkehr nach Glen Ellen warteten neun seiner Bücher auf die Veröffentlichung, deren Honorare er bereits erhalten und ausgegeben hatte. Jack nahm sich vor, neunzehn Stunden pro Tag zu arbeiten, wie er es vor Jahren gemacht hatte. Die Geschichten sprudelten aus ihm heraus und das Geld herein: achttausend Dollar für die Fortsetzungsrechte an ›Lockruf des Goldes‹, siebenhundertfünfzig Dollar für jede Kurzgeschichte von der ›Saturday Evening Post‹. Jack wiederholte ständig, daß er das Schreiben verabscheue, aber bis elf Uhr morgens hatte er sein tägliches Pensum von tausend Worten zu Papier gebracht. Jack Londons Fleiß ist wirklich nahezu unglaublich. Neben seinen literarischen Arbeiten und seiner geschäftlichen Korrespondenz erhielt er jährlich mehrere Tausend Briefe, die er alle beantwortete, wobei er häufig ausführliche Antworten diktierte. Ein Teil jeden

Tages war Besuchern gewidmet. Vormittags empfing Jack niemanden, aber nach dem Mittagessen war er für den Rest des Tages sowohl für Vergnügungen als auch für Geschäfte zu haben.

In dem Bemühen, beim Schreiben seiner Geschichten Zeit und Mühen zu sparen, begann er 1910, von einem fünfundzwanzigjährigen Werbemann namens Sinclair Lewis Exposés zu kaufen. Die Zusammenarbeit dauerte etwas mehr als ein Jahr, und Jack kaufte Lewis siebenundzwanzig Exposés ab, von denen er fünf benutzte. Er zahlte zwischen fünf und sieben Dollar für jedes und murrte ein wenig darüber: »Ehrlich gesagt, weiß ich nicht, ob ich Geld verdiene oder verliere, wenn ich einige dieser Kurzgeschichten-Ideen verwende, die ich von Ihnen beziehe. Nehmen Sie zum Beispiel ›The Abysmal Brute‹ (›Die Bestie des Abgrunds‹): dafür habe ich zwölfhundert Dollar bekommen. Hätte ich die Zeit, die ich darauf verwendete, für ›Alaska-Kid‹ genutzt, hätte ich dreitausend Dollar für den gleichen Arbeitsaufwand erhalten.« Jack sah sich jedoch weiterhin nach Gelegenheiten um, Exposés zu kaufen, und einige wurden ihm von George Sterling geliefert.

Was Jack nun schrieb, war oft dünn an Gehalt und oberflächlich. Schlimmer noch war, daß es von nationalen und rassischen Vorurteilen handelte und auf die billigste Weise an die Gefühle der Leser appellierte. Man könnte es als halbe Entschuldigung gelten lassen, daß er den Zeitschriften und ihren Lesern gab, wonach sie verlangten, aber sicherlich hätten diese nicht gegen etwas mehr Qualität protestiert. Unglücklicherweise ließ Jack aber in Wahrheit nun seinen eigenen Vorurteilen und angelsächsischen Wunschvorstellungen die Zügel schießen. In den Südseegeschichten, die nach der Kreuzfahrt auf der »Snark« zu einer seiner Spezialitäten wurden, sind herrische Weiße und kindliche, unterwürfige Eingeborene die immer wiederkehrenden Charaktere. In ›Lockruf des Goldes‹ ist der Held eine »blonde Bestie«, die erringt, was ihr zusteht – nicht finster und zum Untergang verdammt wie Wolf Larsen, sondern bewundernswürdig und erfolgreich. Tatsächlich beinhaltet ›Lockruf des Goldes‹ eine Kombination von Mythen. Der Held des Buches, Elam Harnish, verwirklicht den Traum, den Jack Jahre zuvor Anna Strunsky mitgeteilt hatte: »Den Kapitalisten mit seinen eigenen Waffen schlagen.« Nachdem Elam das erreicht hat, wirft er seine Reichtümer zugunsten des einfachen Lebens und der Liebe einer Frau fort – ein Schluß, der zweifellos viele Leser entzückte, den aber Jack in früheren Jahren als Opium für die Leser verspottet hätte.

Weihnachten 1909 teilte Charmian Jack mit, daß sie ein Kind erwartete. Sie war fast vierzig Jahre alt. Jack war überwältigt vor

Freude über diese Aussicht, die er trotz der Bedeutung, die er ihr beimaß, schon fast aufgegeben hatte. Charmian beschrieb, wie glücklich sie während der Monate der Schwangerschaft war; sie führte Tagebuch und füllte es mit überspannten Sentimentalitäten und blumigen Phrasen. Aber man sollte nicht darüber spotten. Jack sprühte vor Freude, wie sie sagte, strahlte Zuneigung und Besorgtheit gleichermaßen aus und sprach eifrig von »uns dreien«. Sie unternahmen wochenlange Ausflüge in einem pferdebespannten kleinen Wagen, wobei sie nur seine Schreibutensilien mitnahmen. Dieses Mal, dessen war sich Jack ganz sicher, würde es ein Sohn sein.

Sie hatten schon immer vor, ein Haus auf der Ranch zu bauen, und für Jack war nun der Zeitpunkt dafür gekommen. Alle seine Vorhaben waren niemals weniger als großartig gewesen, doch nun übertraf er sich selbst. Der Bauplatz, den sie wählten, lag an der schönsten Stelle des Ranchgeländes, umgeben von herrlichen Bäumen. Das Haus sollte den Namen »Wolfshaus« erhalten, und das ganze Baumaterial dazu aus dem Valley of the Moon kommen – große rote Blöcke aus Vulkangestein und Holz von den Redwood-Stämmen. Es sollte eine Bibliothek geben, ein Musikzimmer, ein Dutzend Gästezimmer, ein eigenes Turmschlafzimmer für Jack, ein ganzes Stockwerk nur für Charmian allein, Dienstbotenräume, einen nur den Männern vorbehaltenen Salon zum Trinken, Billardspielen und Reden. »Jack konnte sich nicht mit kleinen Dingen abgeben«, schrieb Charmian dazu. Im Zentrum seiner Zukunftsvision stand der Sohn, den er haben würde, und die Dynastie der Londons, die im Wolfshaus leben würde. Aus San Francisco wurden Architekten herbeigeholt, und Charmian und er grübelten stundenlang über den Entwürfen.

Jack bat seine Schwester Eliza, zu ihnen zu ziehen und die Leitung der Ranch zu übernehmen. Sie hatte einen kleinen Sohn, lebte aber inzwischen von dem ältlichen und kränkelnden Shepard getrennt. Ninetta wohnte immer noch mit ihrem zweiten Mann in Wake Robin; nach der Rückkehr von der Reise mit der »Snark« hatte Jack ihr eine Abfindung ausbezahlt und sie von ihren Pflichten entbunden. Eliza wurde auf der Fish-Ranch einquartiert. Sie war eine unerhört tüchtige Frau, und, was noch wichtiger war, sie sorgte für Besonnenheit und Stabilität bei der Abwicklung von Jacks geschäftlichen Angelegenheiten. Ihre Aufgabe war beträchtlich. Jack hatte gerade weitere dreißigtausend Dollar für den Kauf der Lamotte-Ranch und den dazugehörigen Weinbergen ausgegeben – weitere dreihundertzwanzig Hektar Land, die die Beauty Ranch zu einem weitgespannten Besitz machten. Natürlich hatte er das Geld nicht, und so wurde wiederum dringend ein Vorschuß erbeten und eine weitere Hypothek aufgenommen. Charmian erinnert sich an eine Äußerung aus dem Jahre 1910, als Jack noch fünfhundert Dollar auf der Bank und achthundert Dollar für eine Versicherungsprämie zu zahlen hatte: »Paßt nicht ganz zusammen, was? Aber keine Angst – ›Alaska-Kid‹ wird unsere Rechnungen bezahlen.« Das Wolfshaus, an dem die Bauarbeiten anliefen, würde weitere dreißigtausend Dollar kosten und zudem sah sich Jack noch nach einer Jacht um, mit der er die Binnengewässer befahren wollte.

Dieser Zeitraum, an dessen Anfang die Idee mit der »Snark« gestanden hatte, war der glücklichste in Jacks ganzem Leben. Die Reise war trotz der Probleme und Jacks Erkrankung denkwürdig gewesen. Er hatte sich seiner intellektuellen und moralischen Verpflichtungen entledigt und Entscheidungen über sein künftiges Leben gefällt. Bei der Rückkehr nach Glen Ellen erschien alles als möglich. Ungewißheiten und Enttäuschungen wurden verdrängt. Er besaß die Ranch und würde bald sein Wolfshaus haben; die Eukalyptusbäume und die auf wissenschaftlicher Basis geführte Landwirtschaft würden ihm noch ein Vermögen einbringen; sogar das Schreiben würde er aufgeben und seine Kreuzfahrt um die Welt fortsetzen. Und in wenigen Monaten würde ihm seine Lebensgefährtin einen Sohn schenken. Jack fühlte und sprach wie ein König, trank, ritt über sein Land und träumte von der Zukunft.

Doch die Träume sollten bald ausgeträumt und Jack nie mehr glücklich sein.

Das Kind war ein Mädchen und lebte kaum zwei Tage. Jack war so oft wie möglich an Charmians Bett, und Eliza hielt sich mit helfender und ordnender Hand im Hintergrund bereit – wie froh er doch war, sie um sich zu haben!

Jack mußte Charmian die traurige Botschaft überbringen; danach irrte er von der Klinik aus unglücklich durch die Straßen von Oakland und landete in einer Bar am Hafen. Nach seiner eigenen Schilderung der Ereignisse hielt man ihn dort für einen Plakatankleber, befahl ihm, sich zu entfernen und wurde, als er versuchte, den Irrtum aufzuklären, vom Besitzer der Bar und vier seiner Gäste verprügelt. In den Zeitungen wurde die Vermutung geäußert, Jack habe Streit gesucht. Und obgleich er daraufhin die Reporter beschuldigte, sie würden dafür bezahlt, »Jack London, wo immer möglich, im schlechtesten Licht erscheinen zu lassen«, kann man sich leicht vorstellen, daß er zum Streiten aufgelegt war und sogar absichtlich einen Ort aufsuchte, an dem er Gelegenheit dazu finden würde. An jenem Nachmittag fühlte er sich hundeelend.

Der Zwischenfall sollte ein Nachspiel haben. Mit einem blauen Auge als Beweis dafür, daß man ihn angegriffen hatte, schleppte Jack einen Polizisten herbei und ließ Muldowney, den Barbesitzer, verhaften. Als sie vor Gericht erschienen, sprach der Richter vom »Zweifel, der für den Angeklagten spricht« und wies die Klage ab. Wenig später erhielt Jack durch einen anonymen Brief den Tip, doch einmal gewisse Gemeindeakten einzusehen. Er schickte Eliza los und erfuhr, daß der Richter tatsächlich der Eigentümer von Muldowneys Lokal war. Jack platzte fast vor Wut und verschickte seinen berühmten ›Offenen Brief an den Polizeirichter Samuels‹ an Zeitungen und Zeitschriften:

»Irgendwann, irgendwo, irgendwie werde ich Sie erwischen... und erwischen werde ich Sie, irgendwo, irgendwann, irgendwie, und zwar mit der ganzen Härte des Gesetzes und des gesetzlichen Verfahrens, das zwischen angeblich zivilisierten Menschen Geltung hat.«

Überall in ganz Amerika wurde der Brief veröffentlicht. An anderer Stelle wiesen Jack und auch Charmian außerdem darauf hin, daß der Richter Jude war. Eine gerichtliche Wiedergutmachung blieb Jack versagt, aber er rächte sich durch eine Geschichte mit dem Titel ›The Benefit of the Doubt‹ (›Im Zweifel für den Angeklagten‹), worin er ausführlich die ganze Affäre beschrieb und die die ›Saturday Evening Post‹ kaufte und veröffentlichte.

Am Tag nach dem Krawall fuhr Jack für zehn Tage nach Reno, um für den ›New York Herald‹ über den Boxkampf am 4. Juli zwischen Jeffries und Johnson zu berichten. Seitdem er in Sydney gesehen hatte, wie übel Tommy Burns von Jeffries zusammengeschlagen worden war, hatte er immer wieder beharrlich verkündet, daß der große Champion früherer Jahre der geeignete Mann sei, um das goldene Grinsen aus Johnsons Gesicht zu schlagen (Johnson soll dazu bemerkt haben: »Was gefällt Mr. London nicht an meinen goldenen Zähnen? Vielleicht kann er sie sich als Schreiberling nur nicht leisten!«[38]). Jacks Eintreten für Jeffries schuf den Mythos, daß dieser über übermenschliche Kräfte und boxerische Fähigkeiten verfüge. In der Tat war er einst ein sehr guter Champion gewesen, ein massiger Kerl, aber nun war er fünfunddreißig und hatte seit sechs Jahren nicht im Ring gestanden. Jeffries wurde von Johnson regelrecht verprügelt und vielen Zuschauern standen Tränen in den Augen. Seltsamerweise empfand Jack durchaus so etwas wie Bewunderung für Johnson und hatte 1908 ein Foto von ihm aus Tasmanien nach Hause geschickt. Ein Teil seines Fanatismus, den er bei dem Kampf in Reno entwickelte, mag auf die Tatsache zurückzuführen sein, daß er für eine Hearst-Zeitung schrieb und einer weißen Leserschaft lieferte, was sie vernehmen wollte. Sein eigener Rassenstolz hatte sich seit der »Snark«-Reise noch verstärkt und von seiner angelsächsischen Arroganz, die aus den ›South Sea Tales‹ (›Südseegeschichten‹) spricht, bis zu seiner Empörung über die Tatsache, daß der Weltmeister im Boxen ein eingebildeter Schwarzer war, ist es nur ein kleiner Schritt.

Charmian mußte noch einige Wochen in der Fabiola-Klinik bleiben. In Reno fing Jack damit an, ihr jeden Tag einen Brief zu schreiben, was er bis zu ihrer Entlassung aus der Klinik fortsetzte. Diese Briefe sind äußerst liebevoll und zärtlich abgefaßt, denn Jack sah ein, daß die Enttäuschung und der Verlust für Charmian ebenso groß waren wie für ihn, und er wußte, daß sie seiner tröstenden und liebevollen Worte dringend bedurfte. Seine Liebe zu ihr war größer denn je, Charmian war Bestandteil all seiner Träume und Pläne. So wie sie sein Kamerad während des langen Segelabenteuers gewesen war, so gehörte sie zur Beauty Ranch und zum Wolfshaus und zu allem, was er in der Zukunft noch vorhatte. Bei Jacks Lebensphilosophie war dies eine gefährliche Position für sie, denn sie war abhängig von der Erfüllung seiner Träume.

Jack fand die Jacht, die er gesucht hatte – die »Roamer«, eine neun

Meter lange Segeljolle. Mitte Oktober starteten sie zu einer Fahrt entlang der Küste und auf den Flüssen. Jack wollte die Schauplätze aus seiner Austernräuberzeit wiedersehen, sich seine Jugendzeit noch einmal vor Augen führen, um sie gegenüber dem Lebensabschnitt, der sich daran anschloß und von dem er nun nichts mehr wissen wollte, scharf abzugrenzen.

Von Oakland aus fuhren sie über die Bucht von San Francisco und auf größeren und kleineren Flüssen, an Benicia und der Suisun-Bucht vorbei den Sacramento und San Joaquin hinauf. Jack traf French Frank wieder als gebrechlichen Siebzigjährigen, der in einer Entenjägerhütte lebte, und segelte dann in Richtung Belmont weiter, wo er in der Wäscherei geschuftet hatte. Natürlich war diesmal alles anders: Jack war nun ein berühmter Mann geworden, und gemeinsam mit alten Bekannten wurde die Vergangenheit in der Erinnerung verklärt. Merkwürdigerweise unterließ es Jack, die Kneipe »First and Last Chance« aufzusuchen. Als Charmian 1920 ihr Buch schrieb, verwies sie darauf, daß sie Johnny Heinhold persönlich nie kennengelernt habe. 1913, als ›König Alkohol‹ erschien, worin Jack die Schauplätze und das Treiben jener Zeit beschrieben hatte, erhielt er von Spider Healey, dem einstigen Besatzungsmitglied auf der »Razzle Dazzle« einen Brief, in dem es hieß:

»Um es kurz zu machen, der Grund, warum ich Dich auf all das aufmerksam mache, ist, Dir die Umstände mitzuteilen, unter denen die Austernräuber heute leben, deren Namen Du berühmt gemacht hast in dem Buch, das als ›König Alkohol‹ bekannt ist. Johnny Heinhold und Joe Viergue sind die einzigen, die einen Haufen Moos angehäuft haben, und ich sage Dir, sie haben's vergraben wie ein Hund seine Knochen. Wenn Du von den Kerlen einen Groschen haben willst, beißt Du auf Eisen.«[39]

Vielleicht war dieser Brief der Anlaß dafür, daß Jack wenig später in die Kneipe »Zur ersten und letzten Chance« ging, einen Drink nahm und ein goldenes Fünfdollarstück mit der Bemerkung auf der Theke liegen ließ: »Sag den Jungs, Jack London war hier, sie sollen mal auf ihn anstoßen!«

Charmian und Jack unternahmen weitere Exkursionen mit der »Roamer«, und im Sommer 1911 machten sie in einer vierspännigen Kutsche eine Fahrt durch Nordkalifornien. Zuvor aber hatten sie beschlossen, umzuziehen, denn noch immer bewohnten sie einen Anbau von Wake Robin und beobachteten die ersten Bauabschnitte an ihrem »Schloß«, dem Wolfshaus. Jack machte den Vorschlag, in das Weinbauernhaus der Kohler-Ranch zu ziehen. Zwar war das

Haus heruntergekommen, die Umgebung völlig verwildert und die Nebengebäude schadhaft, aber dafür war es im Herzen ihres Ranchgebietes gelegen und würde zudem der großen Zahl ihrer Gäste mehr Platz bieten. So gab Jack Anweisung, die notwendigen Arbeiten durchzuführen, während er und Charmian mit der Kutsche unterwegs waren, und bei ihrer Rückkehr im September zogen sie dann in das Haus ein. Sie sollten es nie mehr verlassen.

Es war ein einstöckiges Holzhaus mit sechs Räumen; durch einen Korridor getrennt, lagen Jacks Arbeitszimmer und Schlafveranda auf der einen und Charmians Zimmer auf der anderen Seite. Den Mittelpunkt des geselligen Lebens bildete jedoch ein Steinhaus, das früher für die Weinkelterung benutzt wurde und das an das Holzhaus angrenzte und nun durch eine überdachte Veranda mit diesem verbunden war. So war eine elf Meter lange Halle mit angeschlossener Küche entstanden, unter der sich ein Keller befand. Das eine Ende dieser Halle war als Speiseraum eingerichtet, mit einem langen Tisch, an dessen Stirnseite ein thronähnlicher Stuhl für Jack stand. An den Wänden hingen Souvenirs aus der Südsee, Fotos und Originalillustrationen zu Jacks Büchern, es gab Tapas aus Samoa, einen Flügel und auf dem Boden lagen Kissen und Felle ausgebreitet.

Alle anderen Räume waren in Gästezimmer für Freunde und sonstige Besucher umgewandelt worden. In Wake Robin hatten diese in Ninettas Hütten oder Zelten auf dem Gelände untergebracht werden müssen, hier aber wurden die Nebengebäude als Wohnräume für die immer zahlreicher werdenden Gäste hergerichtet. Jacks Briefe an Ratsuchende, Verleger, Sozialisten, flüchtige Bekannte, Männer, die behaupteten, ihn früher gekannt oder mit ihm gezecht zu haben, enthielten zahllose Einladungen, »doch einmal vorbeizukommen und uns zu besuchen«. Er ließ sogar eine Skizze mit der Beschreibung der Zufahrtswege drucken. Viele kamen und lebten dann monatelang auf der Ranch, wurden mit Arbeiten, die mehr eine Alibifunktion hatten, beschäftigt und auf die Lohnliste gesetzt. Briefe mit Bitten um Arbeit und Unterkunft von Sträflingen, um Anerkennung kämpfenden Schriftstellern und Leuten, die an Schwindsucht oder Krebs dahinsiechten, kamen zu Hunderten ins Haus. 1913 zahlte Jack im Monat dreitausend Dollar an Löhnen für Arbeiten auf der Ranch und am Wolfshaus, von denen ein Großteil an Leute ging, die kaum oder überhaupt nicht arbeiteten.

Täglich hatte Jack mindestens ein Dutzend Gäste bei sich zu Tisch. Charmian schrieb: »Wie sehr war er doch in diese Tafel vernarrt mit ihrer langen, doppelten Reihe freundlicher Gesichter, die sich ihm grüßend zuwandten, und für die er immer noch einen gefüllten Teller und noch eine Portion bereithielt!« Jack führte die Leute auf der Ranch umher, zeigte ihnen das Wolfshaus und beschrieb die prachtvollen Dinge, die dort entstehen sollten. Natürlich wurde auch getrunken, und die Herumbalgerei bei den Parties, wie sie zehn Jahre zuvor in Piedmont stattfand, nahm nun die Form plumper Späße an, wobei Jack um Einfälle nie verlegen war. Für Anarchisten hatte er explodierende Bücher und Schachteln auf Lager. In einem Zimmer wurden Stricke am Bett so befestigt, daß man es von dem darunterliegenden Raum aus in Schwingungen versetzen konnte, um den Gast durch den Gedanken an ein Erdbeben zu erschrecken.

Einige der Besucher, wie Sterling und Hopper, waren seit langem eng mit Jack befreundet. Viele andere jedoch kamen zweifellos aus Neugier und einige, wie Brett, hatten geschäftlich mit ihm zu tun und hätten vielleicht eine weniger aufdringliche Gastfreundschaft lieber gehabt. Bei der Mehrzahl der Besucher handelte es sich jedoch einfach um Schmarotzer, die sich an dieser unglaublichen Verschwendung gütlich taten. Sie klatschten Beifall zu Jacks geistreichen Bemerkungen, lachten dröhnend über jeden Scherz, bewunderten und erduldeten alles – und gingen dann fort, um anderswo über seine Eitelkeit und sein Trinken zu tratschen. Jack war ihren Motiven gegenüber nicht blind, denn in einem Brief an einen Bekannten schimpfte er verärgert über die Besucher und Bittsteller: »dieses ganze Treibgut, das diese Ranch meterhoch überschwemmt... Ein jeder jagt seinen eigenen geliebten Hirngespinsten nach, ein jeder hat sein Maul in seiner ganz besonderen Schmalzschüssel.«[40]

Dabei florierte die Ranch keineswegs. Die Eukalyptusbäume erwiesen sich als Fehlschlag; insgesamt hatte Jack nahezu einhundertfünfzigtausend pflanzen lassen, was ihn fünfzigtausend Dollar gekostet hatte, als schließlich die Wald- und Forstbehörde der Vereinigten Staaten eine Warnung veröffentlichte, daß der Wirbel um die Eukalyptusbäume unbegründet gewesen und mit deren Holz kein Geld zu verdienen sei. Auch das Ackerland war wertlos, der Boden ausgelaugt. Jack dachte über die Tatsache nach, daß die von ihm erworbenen Ranches allesamt schon zuvor Konkurs gemacht hatten:

»Im Augenblick bin ich der Eigentümer von sechs bankrotten Ranches, die in meinem Besitztum zusammengefaßt sind. Diese sechs bankrotten Ranches repräsentieren mindestens achtzehn weitere Bankrotte... Kann ich erfolgreich sein, wo doch diese achtzehn Leute scheiterten? Mich selbst, meine Mannesehre, mein Vermögen, meine Bücher und alles, was ich besitze, habe ich diesem Unternehmen verpfändet.«

Er studierte Landwirtschaft, wie er früher Prüfungsfächer gepaukt hatte, und stopfte seinen Kopf auf die schnellstmögliche Art mit Fakten und Theorien voll und veranlaßte Eliza, einen Fernlehrgang über Ackerbau zu belegen, denn er glaubte fest, daß er durch Anwendung wissenschaftlicher Methoden Erfolg haben würde. Das Problem jedoch waren die nahezu wertlosen Arbeitskräfte, deren Zahl einmal auf über fünfzig angewachsen war, und die weder Kenntnisse besaßen noch Neigung zur Arbeit verspürten. Wenn er darauf hingewiesen wurde, reagierte Jack mit Trotz: immerhin gab er Menschen Arbeit! Eliza und der Vorarbeiter beim Wolfshaus waren angewiesen, keinen Mann, der um Arbeit nachsuchte, abzuweisen. Landstreicher, auf Bewährung entlassene Sträflinge – sie alle bekamen zumindest einige Tage lang Essen und Lohn. Als Charmian von der Klinik aus ihm vorwarf, daß er dabei nur Geld einbüße und Elizas Versuche, die Dinge in den Griff zu bekommen, zunichte mache, erwiderte er:

»Vergiß bitte nicht, daß die Ranch *mein* Problem ist. Netta und Edward haben mir nie geholfen; Wiget und auch Eliza waren mir keine Hilfe. Als mein Plan herangereift war und ich einen Funken von Intelligenz bei Eliza feststellte, war ich es, der daranging, etwas aus der Situation zu machen. Was ich durch all diese Leute an Bargeld verloren habe, ist tausendmal mehr als die Mahlzeiten und Übernachtungen kosten, die ich meinen Schnorrern gegeben habe. Und ich gebe diese armseligen Dinge von armseligem Wert aus vollem Herzen. Viel Herz habe ich nicht mehr übrig für meine Mitmenschen.«

Obgleich der Brief mit einem Liebesgruß an Charmian endet, signalisiert er doch, daß es mit dem Glück zwischen ihnen vorbei war. Jacks freigiebige Herzlichkeit verdeckte nur notdürftig seine innere Verärgerung über jeden, der in seiner Nähe war. Die Landstreicher und Schmarotzer waren nicht nur Symbol für jene Vergangenheit, mit der er sich so gerne brüstete, sondern auch Zeichen seiner Verachtung für all die anderen. Die »Schnorrer« amüsierten ihn und heiterten ihn auf und waren ihr Geld mehr wert als andere seine Achtung. Die Ranch selbst, die sich er und Charmian als ein Stück Heimat, als Oase des Glücks gedacht hatten, wurde zu einem gigantischen Alptraum. Jack schrieb an Hartwell Shippey, daß er entschlossen sei, die Probleme zu bewältigen, so,

»wie ich die See zu besiegen strebte, die Männer und Frauen, die Bücher und alle Seiten des Lebens, denen ich den Stempel meines ›Willens, es zu schaffen‹, aufgedrückt habe«.

Regelmäßig fuhr er nach Glen Ellen hinein in die Dorfstraße, an der die Kneipen lagen, und einmal in der Woche suchte er das zwanzig Kilometer entfernte Santa Rosa auf. Seine Pferde hatten Schellen am Geschirr, damit die Dorfbewohner ihn kommen hörten, und niemand durfte dann seine Getränke selber bezahlen, wenn er da war. Die Leute erwarteten ihn immer schon, riefen ihm ein »Hallo, Jack!« zu und schauten ihm zu, wie er seinen breitkrempigen Hut in der Luft schwenkte. An diesen Nachmittagen besuchte er dann immer mehrere Kneipen und brachte es einigen Berichten zufolge auf einen ganzen Liter Whiskey, wenn er bis zum Einbruch der Dunkelheit blieb. Stets suchte er Diskussionen über Sozialismus und Landwirtschaft, eine der Attraktionen von Santa Rosa war für ihn, mit den örtlichen Honoratioren und Geschäftsleuten in den Kneipen über jedes beliebige Thema zu debattieren und sie dabei in Grund und Boden zu reden. Bis es Zeit wurde, heimzukehren, hatte er Kuriositäten eingekauft und Einladungen ausgesprochen, dann raste er mit höchster Geschwindigkeit über die Feldwege zurück.

Es gibt viele Beschreibungen darüber, wie Jack damals war, aber inwieweit sie zutreffend sind, ist schwer zu beurteilen. Er war nun über fünfunddreißig Jahre alt; Fotografien zeigen ihn stets in selbstbewußter Positur mit einem breiten Grinsen und leichtem Bauchansatz. Nahezu alle, die ihm begegnet waren und an seiner Tafel in Glen Ellen gesessen hatten, bezeugten die Kraft seiner Persönlichkeit. Wo immer er erschien, gab er beim Gespräch den Ton an, denn sein Wissen, seine Erfahrungen und sein wacher Geist machten ihn in jeder Diskussion unschlagbar. Nach seinem Tod erhielt Charmian stapelweise Briefe, in denen beteuert wurde, er sei »ein Prinz unter den Menschen« gewesen. Gegen all diese Punkte können Vorbehalte geltend gemacht werden. Es soll damit gar nicht behauptet werden, diese Lobpreisungen seien nur Scheinheiligkeit oder sentimentale Anwandlungen gewesen; vielmehr war damals das Zeitalter der später so beliebten Enthüllungsstories über Personen des öffentlichen Lebens noch nicht angebrochen. Jene, die sich über Jack äußerten, handelten gemäß der gesellschaftlichen Konvention, über Tote nichts Schlechtes zu sagen; ebenso die anderen, die sich in Schweigen hüllten.

In den frühen zwanziger Jahren gab Edmundo Peluso, der als junger Mann Mitglied der Socialist Party in Oakland war, ein ganz anderes Bild von Jack.[41] Harry Young, ein Veteran der sozialistischen Bewegung in Großbritannien, traf Peluso in Rußland, wo dieser als Übersetzer arbeitete. Peluso erinnerte sich noch daran, wie er nach Glen Ellen gekommen war und es als eine einzige, riesige Narrenrevue empfunden hatte, wo Schmarotzer und Neugierige massenhaft auftraten und verköstigt wurden. Bei den Mahlzeiten hatte Peluso mit dreißig und vierzig Leuten am Tisch gesessen. Über Jack sagte er: »Natürlich war er damals schon erledigt« – nur noch die Hülle des Mannes, der er einmal gewesen war, dem Suff verfallen und nicht mehr fähig, ernsthaft schriftstellerisch zu arbeiten.

Per Brief führte Jack damals eine Reihe von Diskussionen, deren Inhalt – weit davon entfernt, von scharfsinnigem, auf fundiertem Wissen basierendem Denken zu zeugen – im wesentlichen nur aus Behauptungen und Verallgemeinerungen bestand.

Ab dieser Zeit schrieb Jack nur noch wenig, was von Belang war. Er produzierte aber noch immer seine tausend Worte pro Tag und bat um Vorschüsse, sobald die Vertragskonditionen für jede Arbeit ausgehandelt waren. Er gewöhnte sich an, die Vortrefflichkeit der Werke, die er gerade in Angriff nahm, marktschreierisch anzupreisen: »Wird etwas Großes werden«, »Durchschlagender Erfolg«, »Etwas Sauberes, Frisches, Nützliches, Neues«. Dies tat er auch bei Notizen, die er für sich privat machte: »großartige Kurzgeschichte«, »kolossale Sache« und dergleichen mehr. Teilweise war dies einfach Dreistigkeit von ihm, eine Bestätigung, daß er an der Spitze der Erfolgsautoren stand. Aber bei den derart charakterisierten Werken handelte es sich zumeist um hastig entworfene Brotarbeiten, und dies wußte er auch. 1912 überwarf er sich mit Macmillan wegen einiger vom Verlag verschuldeter Pannen bei den Fotos für sein Buch ›The Cruise of the ‚Snark'‹ (›Die Fahrt der Snark‹) und wechselte zur Century Company über, die vier seiner Bücher veröffentlichte, jedoch nicht so geschickt mit ihm umzugehen wußte wie Brett. Als Jack diesen Vertrag aufkündigte, legte er seinen Standpunkt klar: »1. Ich werde immer hohe Vorschüsse fordern. 2. Die Century Company scheint nicht geneigt zu sein, hohe Vorschüsse zu bewilligen.«[42] Er sandte dann ein Telegramm an Brett, in dem er ihn bat, »die Beziehungen auf früherer Grundlage wieder aufzunehmen«, und Macmillan verlegte seine restlichen Bücher.

Aber welches Verhaltensmuster sich in Jacks Leben auch abzeichnete, es war nie ohne Widersprüche. Er hatte sich nun weitgehend von radikaler Parteiarbeit entfernt. »Im Vertrauen, es macht mir nichts aus, Dir zu sagen, daß der einzige Grund dafür, daß ich gegenwärtig in der sozialistischen Partei bleiben darf, die Tatsache ist, daß ich niemals an der Parteipolitik teilgenommen habe.« Wenn er der Partei Geld spendete, wiederholte er immer wieder, daß keine sonstigen Kontakte mehr bestünden, legte aber trotzdem Wert darauf, die Leute wissen zu lassen, er sei Sozialist. Als er 1912 gebeten wurde, seine Ansichten zu äußern, beschrieb er sich als Sozialist, der persönlich auf die Leute einwirke und an die gewaltsame Revolution glaube; aber seine aktive Rolle in der Partei betrachtete er als erfüllt. Bei seltenen Anlässen engagierte er sich kurzfristig für die Sache der Radikalen, so im Februar 1911, als er, innerlich durch den Aufstand in Mexiko bewegt, der sozialistischen Presse einen offenen Brief an die »lieben, tapferen Genossen der mexikanischen Revolution« sandte, der in der Art seines Vortrages ›Revolution‹ abgefaßt war – glänzend geschrieben und aufrüttelnd zugleich:

»Wir Sozialisten, Anarchisten, Landstreicher, Hühnerdiebe, Geächtete und unerwünschte Bürger der Vereinigten Staaten sind mit Herz und Seele bei Euch in Eurem Kampf, die Sklaverei und Autokratie in Mexiko zu beenden. Ihr werdet bemerken, daß wir in diesen Zeiten, da nur die Besitzenden herrschen, nicht als ehrbar gelten. Mit allen Ausdrücken, mit denen man Euch beschimpft, sind auch wir beschimpft worden. Und wenn Korruption und Habgier sich erheben und zu Beschimpfungen ansetzen, dann können ehrliche, tapfere, patriotische Menschen und Märtyrer nichts anderes erwarten, als daß man sie Hühnerdiebe und Geächtete nennt.

Sei's drum. Ich für meinen Teil aber wünschte jedoch, es gäbe mehr Hühnerdiebe und Geächtete, die so sind wie die prächtige Truppe, die Mexicali einnahm, so sind wie jene Menschen, die heroisch in Diaz' Gefängnislöchern ausharren, wie jene, die heute in Mexiko kämpfen und sterben und Opfer bringen.

Ich erkläre mich hiermit zum Hühnerdieb und Revolutionär.

Jack London«

Der Brief wurde häufig nachgedruckt. In Zeitungsinterviews bekräftigte Jack seine Sympathie für die Revolutionäre. Er schrieb dann eine herrliche Kurzgeschichte über einen Kämpfer, ›Der Mexikaner‹. Sie wurde auf der Stelle von der ›Saturday Evening Post‹ veröffentlicht und gilt auch heute noch als eines seiner hervorragendsten Werke. Doch damit erlosch gleichzeitig Jacks leidenschaftlicher Ausbruch und er schrieb keine Zeile mehr über die mexikanische Revolution. Drei Jahre später wurde er Kriegsberichterstatter in Mexiko für ›Colliers's‹ und verkündete nur, daß er die amerikanische Intervention befürwortete, die er zuvor verurteilt hatte. Seine

Artikel wurden – traurigerweise zutreffend – als Informationsdienst für die Ölbosse und den »Yankee-Imperialismus« beschrieben.

Jack versäumte es nie, den Hunderten von angehenden Schriftstellern zu antworten, die ihn in Briefen um seine Hilfe baten. Oft gewährte er materielle Unterstützung in Form von Geldbeträgen oder sogar durch regelmäßige Zahlungen. Eine Zeitlang sandte er vervielfältigte Briefe an jene Leute, die um kritische Beurteilung ihrer Arbeiten baten; in diesen stand, daß er keine »Literarische Wohlfahrtsagentur« sei. Nachdem er sich aber auf der Ranch niedergelassen hatte, beschloß er jedoch, jedes Manuskript durchzulesen und Schriftsteller zu ermutigen, ihm ihre Arbeiten zu senden. Seine Antworten bestanden aus brieflichen Ratschlägen, wovon jener an Max Feckler unter dem Titel ›Brief an einen jungen Schriftsteller‹ veröffentlicht wurde. Häufig lud er einen Schriftsteller nach Glen Ellen zu einem längeren Gespräch ein und versuchte auch, ihm behilflich zu sein, seine Arbeiten unterzubringen. Wenn ihm ein Fall hoffnungslos erschien, bediente er sich als Antwort einer Kopie des ›Briefes an einen erfolglosen Literaten‹ von Richard Le Gallienne.

1912 war Charmian erneut schwanger, erlitt jedoch eine Fehlgeburt. Es war die letzte schwache Chance gewesen, die sie gehabt hatten, einen Sohn zu bekommen, und sie machten sich nun keine neuen Hoffnungen mehr und verloren danach auch kein Wort mehr darüber. Jack begann, bei seinen zwei heranwachsenden Töchtern nach Zuneigung zu suchen. Bess und die Kinder lebten in dem Haus, das er ihnen gekauft hatte, und er schickte einen monatlichen Geldbetrag für den Lebensunterhalt und bezahlte ihre Rechnungen. Gelegentlich besuchte er sie oder machte mit den Kindern Ausflüge. Ansonsten traten sie nur in Kontakt, wenn Geldangelegenheiten anstanden, wobei jedes Mal die Wogen der Erregung hochschlugen. Kurz vor Ende der »Snark«-Fahrt erhielt Jack zwei Briefe von Bess, in denen sie ihn um Zustimmung zu einer neuen finanziellen Regelung bat, da sie beabsichtigte, sich wieder zu verheiraten (was sie jedoch nie tat). Er antwortete ihr mit mehreren tausend wuterfüllten Worten und schwor, daß er solange »kämpfen, kämpfen, kämpfen wolle, bis für niemanden auch nur ein Pfennig übrig sei«, bevor er ihr irgendein Zugeständnis machen würde.

Er warf Bess vor, sie ließe nicht zu, daß er die Kinder häufiger sähe; er wünschte, daß sie hinaus auf die Ranch kämen. Bess antwortete, daß die Kinder dies nicht wollten. Wie Joan viele Jahre später schrieb, waren sie nur »Figuren in einem Spiel, das keiner verstand«. Als Bess dann jedoch zustimmte, die Kinder mit einigen ihrer Freunde zu einem Picknick hinauszubringen, verließ die Gruppe die Ranch bereits wieder, bevor Jack sie begrüßt hatte, denn Charmian war in roter Bluse und Kappe an ihnen vorbeigaloppiert und hatte sie und ihr mitgebrachtes Essen in eine Staubwolke gehüllt. Jack versprach, auf der Ranch ein Häuschen zu bauen und Charmian von ihnen fernzuhalten, aber Bess war nun zu Recht unerbittlich. Er gab sein Drängen auf und überschüttete sie mit wütend drohenden Gefühlsausbrüchen:

»Je weniger ich mit meinen Kindern Umgang habe, desto weniger kenne ich meine Kinder und desto weniger bin ich an ihnen interessiert. Und je mehr Du zwischen mir und meinen Kindern stehst, desto mehr wird sich mein Interesse an ihnen verringern und desto mehr wird sich das, was ich für sie tun werde, verringern. Ich möchte Dich warnen! Du führst Dich wie ein Neidhammel auf, wenn Du durch Deine bisherige und gegenwärtige Haltung darauf bestehst, meine Kinder zu seelischen Krüppeln zu machen, dadurch, daß sie mich entbehren müssen – und das alles nur, weil Charmian sich als bessere Ehefrau und Gefährtin für mich erwiesen hat als Du... Bist Du überhaupt eine Frau? Oder bist Du nur eine triebhafte Furie, so sehr erfüllt von Eifersucht und Haß auf ein anderes weibliches Wesen, daß Du Deine Kinder und den Vater Deiner Kinder Deinem eigenen, krankhaften Haß opfern willst? Wilde Indianer, Kopfjäger und Kannibalen sind manchmal, auf dem tiefsten Stand ihrer Entartung, so gewesen. Möchtest Du Dich wirklich mit ihnen auf eine Stufe stellen?«[43]

Jacks Enttäuschung und Hoffnungslosigkeit wuchsen und wurden auch durch keinerlei andere glücklichere Entwicklungen abgemildert. Die Ranch blieb weiterhin unproduktiv und brachte in Relation zu den hohen Investitionen wenig oder nichts ein und wollte auch nicht auf die wissenschaftliche Bestellung ansprechen. Abrupt verkündete Jack, daß Charmian und er für einige Monate wegfahren wollten – zuerst nach New York und danach auf eine Reise um Kap Horn. In New York veranstaltete er ein Trinkgelage, das, wie er schwor, sein letztes sein sollte; er war deprimiert und unglücklich.

Die Fahrt erfüllte ihren Zweck. Jack hatte eine Viermast-Bark gewählt, auf der sie als Mannschaftsmitglieder anheuern mußten, da das Schiff keine Passagiere befördern durfte, und so wurde Charmian Stewardess und Nakata Kabinenjunge. Von den tausend Worten pro Tag, die Jack auch hier schreiben mußte, abgesehen, verbrachten sie die Zeit mit Lesen und Landausflügen. Als sie drei Monate auf See waren, begann Jack über etwas zu sprechen, das ihm durch den Kopf ging und möglicherweise der eigentliche Grund für diese Reise war. Seit ihrer Abfahrt von New York hatte er keinen Tropfen Alkohol angerührt und sich damit selbst bewiesen, daß er kein Alkoholiker war. »Der Alkohol hat mich nie beherrscht«, sagte er, »und jetzt weiß ich, daß dies nie der Fall sein wird. Es besteht keine Gefahr, daß ihm das gelingt.« Zukünftig wollte Jack nur noch gelegentlich in Gesellschaft trinken. Das traf zwar nicht ein, doch begann er aus dieser Stimmung heraus, ›König Alkohol‹ zu schreiben, die Geschichte seiner Vergangenheit als Trinker. Es ist ein wunderbar geschriebenes Buch, obwohl Charmian sagte, sie sei schockiert gewesen, als ihr Jacks »Unruhe und abgrundtiefe Melancholie« bewußt geworden seien. Letzten Endes wurde hier der Alkohol von einem Mann verdammt, der wußte, daß er nicht mehr davon lassen konnte.

Sie kehrten nach Glen Ellen und zu den Rechnungen zurück und zu langen Beratungen mit Eliza über ihre Finanzlage. Die Vollendung des Wolfshauses konnten sie nun absehen, und täglich konnte man Jack beobachten, wie er mit seinen Pferdegespannen Ladungen von Gestein den Berg hinaufzog. Er bedrängte Brett mit Bitten um Geld, um die Schlußarbeiten zu beschleunigen. »Das Dach des Steinhauses, das ich baue, wird aus spanischen Ziegeln sein und insgesamt dreitausendfünfhundert Dollar kosten.« Wieder wurde eine Hypothek aufgenommen. In den ersten Augusttagen des Jahres 1913, als das Haus nahezu fertiggestellt war, nahm Jack Harrison Fisher mit hinaus, um es ihm zu zeigen, und Fisher äußerte, daß er es für das wunderbarste Haus an der ganzen Westküste hielte. Am Freitag, den 22. August, waren fast alle Arbeiter bereits gegangen und nur Aufräumarbeiten wurden noch erledigt. Am nächsten Tag sollten Jacks und Charmians Sachen ins Haus geschafft werden.

Mitten in der Nacht erwachte Forni, der Maurer, der die Bauaufsicht hatte, in seiner Hütte. Das Wolfshaus stand in Flammen! Als er die Schlucht erreichte, loderte schon eine gewaltige Feuersbrunst hoch, und es bestand keine Möglichkeit mehr, das Haus zu retten. Jack fuhr mit Charmian und Eliza über die Ranch zum Brandort und leitete den Einsatz der Männer, der ein Übergreifen des Feuers auf den nahegelegenen Wald verhinderte. Dies war aber auch alles, was er tun konnte. Sämtliche Bewohner der Umgebung strömten herbei, blieben bis zur Morgendämmerung und sahen zu, wie das rote Ziegeldach zusammenfiel und die Mauern zu rauchenden Skeletten wurden. Forni und seine italienischen Arbeiter weinten; nur Jack blieb ruhig, so als habe er gewußt, daß sein Traum nicht in Erfüllung gehen würde. In jener Nacht sagte er einmal: »Lieber möchte ich der sein, dessen Haus niedergebrannt wurde, als derjenige, der den Brand gelegt hat.«

Die Brandursache wurde nie bekannt. Jack war überzeugt gewesen, daß das Wolfshaus feuersicher war, und hatte sich geweigert, es entsprechend zu versichern. Die riesigen Redwood-Balken konnten nur mit einigem Aufwand in Brand gesteckt werden, und der Rest bestand aus Fels und Beton. Schuld an dem Brand hätte möglicherweise auch ein Defekt in der kurz zuvor verlegten Elektroinstallation sein können; Forni vertrat die Meinung, daß terpentingetränkte Lappen, die zum Säubern des Holzes verwendet worden waren, sich selbst entzündet hätten. Aber alle Anzeichen deuteten auf vorsätzliche Brandstiftung hin. Es gab Leute, die einen Groll gegen Jack hegten, verärgerte Landstreicher, Leute, mit denen er an jenem Tag Streit gehabt hatte. In den darauffolgenden Wochen erhielt er viele anonyme Briefe, die die eine oder andere Person beschuldigten, und auch Forni wurde dabei genannt. Der Brand war kein zufälliger Unglücksfall, sondern ein abscheulicher Racheakt – dies wurde als selbstverständlich angenommen.

Aus zwei Lagern wurde Jack keine Anteilnahme bekundet. Da war einmal die sozialistische Presse, die den Bau des Wolfshauses kritisch beobachtet hatte. Für sie war es das bombastische Schloß eines reichen Mannes, passend für einen Zeitungskönig wie Hearst, aber unverzeihlich bei einem Mann, der sich selbst als »Hühnerdieb und Revolutionär« bezeichnet hatte. Man war nicht nur über Größe und Pracht des Hauses empört, sondern auch über die Summe – insgesamt mehr als siebzigtausend Dollar –, die es gekostet hatte, zu einer Zeit, als die sozialistische Bewegung dringend auf Geldspenden angewiesen war. Jacks Antwort lief darauf hinaus, daß das Wolfshaus und die Beauty Ranch keine kapitalistischen Besitztümer seien, die durch Profite finanziert worden wären, die aus den Arbeitern herausgepreßt worden waren – er allein habe das Geld dafür verdient. Aber die Radikalen beeindruckte dies wenig, und das Haus wurde zum Brennpunkt aller Verstimmungen, die sich zwischen ihnen und Jack entwickelt hatten. Viele von ihnen deuteten an, daß die Vorsehung dieses Haus zerstört habe.

Worauf Jack verzweifelt hoffte, als er erschöpft und vor sich hinbrütend im Bett lag, war irgendein Wort von seinen Töchtern. Bess hätte sie darauf hinweisen können, ihm zu schreiben, und sei es auch nur eine kurze Nachricht des Bedauerns. Die Katastrophe hätte sie vielleicht zusammenführen können. Aber es passierte nichts.

Nach zwei Tagen setzte sich Jack im Bett auf und schrieb verbittert an Joan:

»Mein Haus, das ich noch nicht einmal bezogen hatte, brennt ab – und ich höre kein Wort von Dir. Als Du krank warst, kam ich Dich besuchen, schenkte Dir Blumen und einen Kanarienvogel.

Nun bin ich krank – und Du bleibst stumm. Mein Haus – einer meiner Träume – ist zerstört und Du hast kein Wort für mich übrig...

Joan, meine Tochter, Du sollst wissen, daß die Welt den Ehrlichen gehört, den Aufrichtigen, den Anständigen, denen, die frei aussprechen, was sie denken; Du sollst wissen, daß die Welt nicht denen gehört, die schweigen, die durch ihr Schweigen lügen und betrügen, die Liebe zum Gespött machen und ihren Vater zum Verteiler von Essensmarken.

Glaubst Du nicht, es wäre Zeit, daß ich etwas von Dir höre? Oder möchtest Du, daß ich für immer aufhöre, darauf Wert zu legen, von Dir zu hören?«

Joan war damals zwölf Jahre alt. Sie antwortete ihm sofort und bat ihn inständig, er möge doch ihre Lage verstehen. Die Antwort verärgerte Jack, aber zumindest waren sie nun miteinander in Kontakt getreten. Er schrieb erneut, sie beantwortete seinen Brief. Sie setzten ihre Korrespondenz bis zu seinem Tode fort. Es war das einzig Gute, das ihm das Ende des Wolfshauses gebracht hatte.

# 12. Absagen

1913 war ein Jahr der Katastrophen. Mit dem Brand des Wolfshauses erreichte es seinen Höhepunkt, doch zuvor hatte es andere Unglücksfälle gegeben – ungewöhnlich viele Erkrankungen und Streitigkeiten, Verluste auf der Ranch, Fehlschläge bei geschäftlichen Spekulationen. Jack hatte Blinddarmentzündung. Eine preisgekrönte trächtige Zuchtstute wurde auf einer Weide erschossen aufgefunden. Eine Dürreperiode trat auf, die die Ernte vernichtete, und nachfolgende Insektenschwärme verwüsteten die Bäume.

Jacks Lage war ernst. Nach dem Brand hätte er seinen Bankrott erklären können, bestand jedoch darauf, daß alle Gläubiger ihr Geld in voller Höhe zurückerhielten. Seine Schulden beliefen sich auf über hunderttausend Dollar, und weitere Ausgaben standen bevor. Sein Einkommen entsprach dem eines reichen Mannes, denn abgesehen von den Summen, die ihm seine Bücher und Zeitschriftenbeiträge in Amerika einbrachten, wurden diese außerdem in der ganzen Welt verkauft. 1911 stimmte er einer Vereinbarung zur Herausgabe seiner Werke in Rußland zu (hat jedoch, obwohl seine Bücher dort Bestseller wurden, nie einen Pfennig dafür erhalten). Er schrieb an Bernard Shaw, H. G. Wells, Winston Churchill und andere bekannte Schriftsteller und fragte vertraulich an, welche Honorare sie von englischen und amerikanischen Verlegern erhielten.[44] 1913 beliefen sich seine Jahreseinnahmen auf nahezu fünfundsiebzigtausend Dollar, aber seine Ausgaben lagen um die Hälfte höher.

Einschließlich seines eigenen hatte Jack für vier Haushalte zu sorgen: Da war zum einen Flora, die in Oakland mit Mammy Jenny als ihrer Haushaltshilfe lebte; zum anderen unterstützte er Bess und die Kinder, wobei diese Ausgaben stiegen, als die Mädchen größer wurden. Außerdem lebten Eliza und ihr Sohn in einem Häuschen auf der Ranch. Dies war an sich schon eine genügend schwere Bürde, sie machte jedoch den geringeren Teil aus. Mehr Geld noch kostete Jacks Freizügigkeit, mit der er seine Landstreicher-Sippschaft versorgte, jedem Bittsteller Kredite und Geschenke gab, Gäste mit Speis und Trank versorgte. Ebenso kostspielig war seine ungeschmälerte Vision von der Großartigkeit der Beauty Ranch. Einige Monate vor Ausbruch des Brandes hatte er Brett um Geld angeschrieben; ein Teil davon war für das Wolfshaus bestimmt gewesen, aber außerdem hatte er gerade weitere zweihundert Hektar Land gekauft, wodurch sich die Ranch bis zum Gipfel des Sonoma Mountain erstreckte; und dazu hatte er »das beste Zugpferd, das ich je gesehen habe«, erworben: »Es ist ein importierter English-Shire-Hengst, und ich habe zweitausendfünfhundert Dollar für ihn bezahlt.«

Ständig wurden ihm geschäftliche Projekte angetragen. Einem Briefpartner schrieb er: »Pro Jahr komme ich auf durchschnittlich hundert Goldminen-Angebote und ich erhalte jährlich mindestens hundert Perpetuum-mobile-Apparate und andere Erfindermuster einschließlich aller Arten von Heilmittel zugesandt.« Jack war jedoch nicht gegen verlockend klingende Pläne gefeit und gab 1913 zehntausend Dollar für ein Grundstücksprojekt in Mexiko und eine dazugehörige Treuhandgesellschaft aus. Im Jahr zuvor hatte er Geld in den »Millergraph« gesteckt, eine neue lithographische Methode, die ihm von Joseph Noel vorgestellt wurde, »einem sehr lieben, sehr alten und sehr vertrauenswürdigen Freund«; doch das Unternehmen ging schief und die Freundschaft zu Ende.

Zu Beginn des Jahres 1913 beteiligte er sich an einem Unternehmen des Schauspielers Hobart Bosworth, der eine Reihe von Jacks Büchern verfilmen wollte. Als er Brett um weitere zweitausendfünfhundert Dollar bat, schrieb er: »Wenn die Filmpläne nur ein Fünftel der gegenwärtig erhofften Summen einbringen, werde ich Sie während der nächsten Jahre nicht mehr mit Bitten um Vorschüsse belästigen müssen.« Der erste Film sollte der ›Seewolf‹ mit Bosworth in der Rolle des Wolf Larsen werden. Doch der Ärger begann unmittelbar darauf. Sie erfuhren, daß die Balboa Amusement Producing Company ebenfalls den ›Seewolf‹ verfilmte, allerdings ohne Nennung von Jacks Namen, da nach geltendem Gesetz das Copyright de facto mit der Veröffentlichung eines Werkes in Zeitschriften erlosch.

Jack war von Bosworths Darstellung des Wolf Larsen ungeheuer beeindruckt, meinte aber, daß ihm das Filmgeschäft nichts Nennenswertes einbringen könnte, solange nicht Raubverfilmungen durch Gesetzesänderung unterbunden würden. Er trat deshalb dem neugegründeten Schriftstellerverband »Authors League of America« bei und sandte Rundschreiben an all seine Verleger, in denen er sie bat, ihre Vertragsunterlagen zu überprüfen und ihm das Copyright für alle Arbeiten zu sichern. Er führte seine eigene Kampagne für den ›Seewolf‹ und reiste einmal auch nach New York, wo er nach vielen Jahren zum ersten Mal wieder Anna Strunsky begegnete (sie war inzwischen mit William English Walling, dem »millionenschweren Sozialisten«, verheiratet). Im Prozeß gegen die Balboa Company war er erfolgreich; der Balboa-Film lief zur gleichen Zeit in den Kinos wie Bosworths Fassung, mußte aber in ›Höllenschiff‹ umbenannt werden und verlor dadurch an Zugkräftigkeit. Dies bedeutete für den Schriftstellerverband eine beachtliche Stärkung seiner Position.

Dies alles jedoch brachte ihm weitere Verluste und Kosten im »Katastrophenjahr«. Zwar sprach Jack vom Wiederaufbau des Wolfshauses, aber es klang nicht sehr überzeugt, denn so bereitwillig er auch finanzielle Risiken einging, wurde doch alles Geld, das er aufbringen konnte, nun zur Bewältigung der bestehenden Schwierigkeiten benötigt. Er wandte sich wieder seiner Jacht »Roamer« zu und unternahm mit Charmian und Nakata Segelpartien an der Küste. Seine Tochter führt dieses wachsende Bedürfnis zu reisen auf ein »Abkapseln« zurück – auf den Zwang, Enttäuschungen und intellektuellen Krisen den Rücken zu kehren. Es mag etwas Wahres daran sein, aber der Hauptgrund war weitaus prosaischer: Jack wurde von allen Seiten von Gläubigern verfolgt und bedroht. Von einem dieser Ausflüge schrieb er: »Ich muß finanziell wie verrückt jonglieren, um den Kopf über Wasser zu halten. Ich habe Angst, nach Hause zu gehen, weil dort vielleicht gerichtliche Vorladungen auf mich warten. Ich wurde und werde von allen Seiten verklagt.« Charmian sagte er: »Finanziell riskiere ich Kopf und Kragen; aber ich mache mir keine Sorgen – bis jetzt hat mich noch keiner lange am Boden gesehen. Ich werde mehr denn je arbeiten.«

Dies muß für seine Entscheidung, über den Krieg in Mexiko zu berichten, der ausschlaggebende Faktor gewesen sein. Hearst hatte ihm bereits ein Angebot gemacht. Als dann Amerika Truppen und Kriegsschiffe in Marsch setzte, um Vera Cruz zu besetzen, während Villa und Zapata einen Volksaufstand anführten, nahm Jack ein Angebot von ›Collier's‹ über elfhundert Dollar pro Woche plus Spesen an und brach sofort auf. Eine Vermutung, die sich auf eine Bemerkung von ihm an Charmian stützt, besagt, daß er bestrebt war, seine Fehlschläge in Japan aus dem Jahre 1904 wiedergutzumachen. Es ist jedoch weitaus wahrscheinlicher, daß er die Gelegenheit benutzte, um wegzukommen und zusätzliches Geld zu verdienen (es war mit ›Collier's‹ vereinbart worden, daß er während der Berichterstattung über den Krieg auch mit dem Schreiben von Geschichten fortfuhr).

Am 17. April 1914 reiste er nach Galveston, um seine Beglaubigungsschreiben zu erhalten und auf einem Transportschiff der Armee nach Vera Cruz zu fahren. Obwohl die anderen Korrespondenten bereits im Besitz ihrer Schreiben und zur Abreise bereit waren, wurden seine Papiere nicht ausgestellt. Jedesmal, wenn Jack zu General Funston ging, wurde er von dessen Adjutanten hingehalten. Schließlich erhielt er Aufklärung und Hilfe durch Richard Harding Davis, dem Mann, der ihm bereits in Japan beigestanden hatte. Von ihm erfuhr er, daß seine Beglaubigungspapiere wegen ›The Good Soldier‹ (›Der gute Soldat‹), eines Angriffs auf den Militarismus, der nun als Plakat Verwendung fand, zurückgehalten wurden. der Aufruf war zuerst im Oktober 1913 im ›International Socialist Review‹ erschienen und mit »Jack London« unterzeichnet gewesen.

Jack suchte Funston auf und stritt leidenschaftlich ab, der Autor zu sein: »Ich gab ihm mein Ehrenwort, nicht eine Zeile dieser Zeitungsente geschrieben zu haben, und daraufhin übernahm er die Verantwortung, mich in das eigentlich bereits gefüllte Kontingent der Berichterstatter aufzunehmen.« Er kam also mit auf das Transportschiff. Charmian, die ihn nach Galveston begleitet hatte, reiste auf einem Golfküstendampfer weiter, um ihn in Vera Cruz wieder zu treffen. Als sie aber dort an Land gingen, war der Krieg bereits zu Ende. Die amerikanische Regierung versuchte nicht, Mexiko zu erobern, denn eine Demonstration ihrer Macht reichte für ihre Zwecke aus. Jack blieb in Vera Cruz und sandte Artikel an ›Collier's‹, bis er zwei Monate später erkrankte und nach Kalifornien zurückkehrte.

Er bestand weiterhin darauf, nicht der Autor von ›Der gute Soldat‹ zu sein. Sobald er wieder zu Hause war, schrieb er an ›The Army and Navy Journal‹ und bestritt, daß er diesen Aufruf geschrieben hatte, wobei er Parallelen zu »Tausenden von ausgemachten Lügen und Falschmeldungen« zog, die über ihn zeit seines Lebens schon verbreitet worden waren. Als der Erste Weltkrieg ausbrach, leugnete er diesen Artikel noch energischer ab und behauptete schließlich, der Aufruf sei eine Erfindung der Deutschen. Es spricht jedoch viel dafür, daß Jack der Autor war, beginnend bei der Sprache des Artikels:

»Junge Männer: Das schäbigste Ziel in Eurem Leben ist, Soldat zu werden. Der gute Soldat versucht nie, zwischen Recht und Unrecht zu unterscheiden. Er denkt nie, er wägt nie ab, er gehorcht nur. Wird ihm befohlen, auf seine Landsleute oder Freunde, seine Nachbarn oder Verwandten zu schießen, so gehorcht er ohne zu zögern. Erhält er den Befehl, auf der Straße in eine Menschenmenge hineinzuschießen, wenn die Armen nach Brot schreien, so gehorcht er und sieht ohne Gefühl der Reue oder des Mitleids, wie die grauen Haare der Alten sich mit Blut vermischen und der Strom des Lebens aus den Brüsten der Frauen herausspritzt. Wird er zu einem Erschießungskommando beordert, um einen Helden oder Wohltäter zu exekutieren, so feuert er ohne Zögern, obgleich er weiß, daß die Kugel das edelste Herz durchbohren wird, das je in einer menschlichen Brust geschlagen hat.

Ein guter Soldat ist eine blinde, herzlose, seelenlose, mörderische Maschine. Er ist kein Mensch. Er ist kein wildes Tier, denn wilde Tiere töten nur, um sich zu verteidigen. Allem Menschlichen in ihm, allem Göttlichen in ihm, allem, was den Menschen zum Menschen macht, hat er abgeschworen, als er den Diensteid leistete. Sein Geist, sein Gewissen, ja sogar seine Seele, sind in der Obhut seines Vorgesetzten.

Kein Mensch kann tiefer fallen als ein Soldat – sein Stand kann nicht unterschritten werden. Laßt unsere Jungs nicht zur Armee gehen, denn es ist die Hölle. Nieder mit der Armee und der Marine! Wir brauchen keine Organisationen, die Leben auslöschen, wir brauchen Organisationen, die Leben spenden!«

Die generelle Ähnlichkeit zu Jacks Stil ist offensichtlich. Einige Leute haben angeführt, daß dieser Stil nachgemacht klänge, daß es schlechter Jack-London-Stil sei – aber das war vieles, was er zu jener Zeit schrieb. Richtig ist, daß sein Schreibstil erstaunlich einfach nachgeahmt werden kann. Charmians Bücher weisen oft Eigenarten seiner Schreibweise auf, die sie vielleicht unbewußt annahm, als sie seine Briefe und Notizen durcharbeitete. Edward Payne brachte ein spiritistisches Buch mit dem Titel ›The Soul of Jack London‹ (›Jack Londons Seele‹) heraus, in dem er behauptete, von Jack nach dessen Tod Botschaften aus dem Jenseits erhalten zu haben.[45] Die Ähnlichkeit des Stils mit dem Jacks ist zwar nicht groß, aber sie ist vorhanden.

Aber am einleuchtendsten sind die Schlußfolgerungen, die man daraus ziehen kann, daß Jack abstritt, der Autor des Artikels zu sein. Jack war die Existenz des Aufrufes bekannt, bevor er nach Mexiko ging, und er hatte damals nie geleugnet, der Autor zu sein. Dies tat er erst, als er von der Militärbehörde herausgefordert wurde. Auch hätte ein tatsächliches Dementi nur vom ›International Socialist Review‹ abgegeben werden können, doch darum hat Jack sich nie bemüht. Darüber hinaus war Jack dem ›Review‹ bekannt, und vermutlich war man dort damit zufrieden, daß der Artikel von ihm war. Es muß deshalb angenommen werden, daß er tatsächlich der Verfasser von ›Der gute Soldat‹ war. Zweifellos hatte er ihn wie den offenen Brief an die mexikanischen Rebellen aus einem Impuls heraus geschrieben und ihn ebenso schnell vergessen, als sich seine Stimmungslage änderte. Es wäre interessant zu wissen, wie er reagiert hätte, wäre dieser Brief an die Rebellen zur Debatte gestanden. General Funston oder ein anderer hätte leicht einem »Hühnerdieb und Revolutionär«, der sich selbst auf die Seite der Feinde der Vereinigten Staaten gestellt hatte, die Beglaubigung verweigern können. Hätte Jack dann die von ihm gebrauchten Worte geleugnet?

In gewissem Sinne tat er dies. Die Artikel, die er aus Mexiko nach Hause sandte, riefen Erstaunen hervor, und die ›Nation‹ schrieb: »Daß ein berühmter Apostel der roten Revolution sich vernehmlich die Finger nach Millionen von Golddollars leckt, die ihrem rechtmäßigen Besitzer, dem mexikanischen Peon, von den räuberischen Handlangern des internationalen Kapitals entrissen wurden, ist doch etwas bestürzend.« Die radikale Presse bezichtigte ihn wütend, Verrat zu begehen und sich aufgrund einer mehr als »schmeichelhaft engen Verbundenheit« korrumpieren zu lassen, die Interessen der Ölbosse zu unterstützen. Jack schrieb voller Verachtung über die Peonen und ihre Führer. Die Bauern, so erzählte er den Lesern des ›Collier's‹, folgten Zapata, Carranza und Villa nicht, weil sie Land oder Freiheit wollten, sondern um Beute zu machen und Blut zu vergießen (»eine besonders reizvolle Sache für ein Volk, das sich am blutigen Spektakel in der Stierkampfarena ergötzt«).

Bis zum Erscheinen seines ersten Artikels glaubten viele Radikale ironischerweise, er stehe auf seiten der Rebellen. Sie erinnerten sich des offenen Briefes und seiner Geschichte ›Der Mexikaner‹ und konnten sich deshalb gar nichts anderes vorstellen. Eine Zeitung brachte die Schlagzeile »Jack London, Anführer der mexikanischen Rebellenarmee«. In Wirklichkeit aber trank er Bacardi-Rum und pries in seinen Berichten die Vorteile, die die Ölfelder Mexiko brächten. »Der große Bruder Amerika kann Mexiko kontrollieren, organisieren und führen«, schrieb er, »die sogenannten Führer Mexikos können es nicht.« Nur eine »unbedeutende Gruppe von Mischlingen« verursache Ärger; die gebildeten, wohlhabenden Geschäftsleute in Mexiko würden die amerikanische Intervention freudig begrüßen. Mit »Mischlingen« waren die »Mestizos« gemeint, Bauern gemischter indianischer und spanischer Abstammung, die ein Fünftel der Bevölkerung ausmachten. Jacks Rassismus feierte Triumphe. In einem Artikel stellte er einen mexikanischen Offizier einem amerikanischen gegenüber und beschrieb die beiden. Der Mexikaner war ein lächerlicher Schwächling; »der Amerikaner war – nun, eben Amerikaner!«

Die Socialist Party Amerikas hatte die Intervention und die Ölbosse öffentlich angeprangert. »Zwischen den Arbeitern der

Vereinigten Staaten und den Arbeitern Mexikos gibt es keine Meinungsverschiedenheiten«, meinte sie. In der Zeitschrift ›The Masses‹ forderte John Reed, der sich Pancho Villas Armee angeschlossen hatte, die Radikalen in Amerika auf, die mexikanischen Rebellen zu unterstützen – so, wie Jack es drei Jahre zuvor getan hatte. Diese Reaktionen hätten vielleicht in späteren Jahren dieses Jahrhunderts durch die Erfahrungen mit Unabhängigkeitsbewegungen anderer Länder mit Einschränkungen beurteilt werden müssen, denn wären die Rebellen siegreich gewesen, so hätte ihre Regierung das Öl für die Wirtschaft des eigenen Landes ausbeuten müssen, und dies hätte vermutlich zu Ernüchterung bei den Peonen geführt. Aber dies war die Zeit, da die Exzesse des nackten Imperialismus Empörung hervorrufen mußten, und Jack London auf der Seite des Feindes zu sehen – diese Tatsache war äußerst schmerzlich.

Upton Sinclair machte geltend, daß Jacks Umschwenken bloße Illusion sei, daß seine Ansichten sich nicht grundlegend geändert hätten: »Der Vertreter kapitalistischer Effizienz, der auf Jack Londons Unterstützung zählte, war wie ein Kind, das in einer Dynamitfabrik spielte.« Doch dafür war es nun zu spät. Jacks Umkehr hatte sich bereits Jahre vorher vollzogen, und zu wenige bemerkten, was wirklich geschehen war. In gewissem Maße hatte Jack dies kaschiert, indem er sich weiterhin als Sozialist bezeichnete und gelegentlich eine Hymne auf die Rebellion anstimmte. Die ihn beherrschende Wunschvorstellung aber zielte auf Überlegenheit – er wollte die Welt durch die Tüchtigsten und Besten regiert sehen und sicherstellen, daß er dazugehörte. Charmian erzählte von seiner Freude an der Geschichte der Eroberungen: »Das ist der Stoff, aus dem Du, weiße Frau, und ich und alle gemacht sind, die sich selbst und ihre Umwelt bezwingen!«

Bei alldem spielten noch andere Dinge eine Rolle. In finanzieller Bedrängnis, unglücklich und müde, trank Jack mehr und mehr und verlor an körperlicher Kraft. Er war geistig träge geworden, fundamentalen Fragen auf den Grund zu gehen interessierte ihn nicht mehr, und er hatte Leute um sich geschart, die seine intellektuellen Fähigkeiten bewunderten, ohne sie auf die Probe zu stellen. Andere, die seinen Verstand geschärft hätten, mied er entweder oder schrie sie nieder. Die ihm von Charmian zugeschriebene »Universalität« und Weisheit in bezug auf »die großen Fragen der Menschheit« waren leider nur lautstark vorgetragene Platitüden.

Mit einer Rippenfellentzündung und an der Ruhr erkrankt kehrte Jack nach Glen Ellen zurück. Er verbrachte den Herbst auf der

»Roamer« und beendete einen Roman, der nach seinen eigenen Worten alle seine vorherigen Arbeiten in den Schatten stellen würde. »Ich bin fast geneigt zu glauben, daß dies der Wurf ist, auf den ich mein ganzes schriftstellerisches Leben lang hingearbeitet habe, und nun halte ich ihn hier in meinen Händen. Sieht man von meinem früheren Schwung ab, der darin wieder von der ersten bis zur letzten Zeile enthalten ist, wird man nicht glauben wollen, daß ich so etwas schreiben konnte – es ist so ungeheuer frisch, so absolut anders als alles, was ich bisher gemacht habe.«[46] Es handelte sich um das Buch ›The Little Lady of the Big House‹ (›Die Herrin des großen Hauses‹), eine Liebesgeschichte, deren Schauplatz seine eigene Ranch ist. Das Buch ist schlecht und blumig geschrieben und voller billiger Sentimentalitäten. Sein 1913 veröffentlichtes Werk ›Das Mondtal‹ war aus den gleichen Gründen kritisiert worden, hatte aber doch nicht so stark enttäuscht wie ›Die Herrin des großen Hauses‹. André Tridon brachte im ›New Review‹ Jacks schriftstellerisches Nachlassen mit den Enthüllungen in ›König Alkohol‹ in Verbindung. Was noch wichtiger ist, sein Artikel weist darauf hin, wie spürbar dieses Nachlassen war: »Ich wußte, daß mit Londons Arbeiten irgend etwas nicht stimmte. Sein Wortschatz war anscheinend weg und seine Fantasie schien ihn im Stich zu lassen. Er wiederholte sich erschreckend oft; seine Geschichten wurden so vorhersehbar wie die irgendeines Trivialschriftstellers. Lesen Sie ›König Alkohol‹, und Sie werden sehr schnell herausfinden, woran er leidet. Seine eigenen Worte werden es Ihnen sagen und das Tragische ist, daß er nicht einmal zu wissen scheint, wie weit er schon gesunken ist.«

Während seiner Abwesenheit von der Ranch sandte ihm Eliza ein Ultimatum: Die Schnorrer hätten zu verschwinden – oder sie selbst würde das Haus verlassen! Jack hatte die Leute einen nach dem andern eingestellt, aber nun hatte Eliza sie am Hals und konnte sie weder entlohnen noch ihrer Arbeitsscheu Herr werden. Jack fügte sich widerspruchslos, denn obwohl er vorgab, sich nichts daraus zu machen, wußte er doch, daß er das Opfer von Schmarotzern war. Nach dem Brand des Wolfshauses hatte er über die Möglichkeit nachgedacht, daß vielleicht jemand, dem er Wohltätigkeiten erwiesen hatte, der Brandstifter sei. Er hatte erfahren, daß bei jedem Einkauf in den Dorfläden, der in seinem Namen getätigt wurde, Schmiergelder im Spiel waren und erklärte sich nun einverstanden, daß Eliza ohne Einmischung von seiner Seite für Einstellungen und Entlassungen allein verantwortlich sein sollte.

Jacks Haltung gegenüber der Ranch hatte sich gewandelt. Zwar

war sie immer noch sein Revier, das er – träumend »von den wunderbaren Dingen, die ich besitze« – durchstreifte, aber nach 1913 erkannte er, daß die Ranch nie Gewinn abwerfen würde. Am Anfang hatte er noch geglaubt, den Ruf der kalifornischen Landwirtschaft und Viehzucht zu rehabilitieren und dabei reich zu werden: »Ein Rancher, der gute Zuchttiere bekommt und seinen Boden pflegt und anreichert, kann seines Erfolges gewiß sein.« Obschon er weiterhin gelegentlich Ausbrüche von Begeisterung zeigte, Getreidesilos und eine musterhafte Schweinezucht aufbaute sowie Vieh hinzukaufte, bezeichnete er dies nun lediglich als kostspielige und erholsame Freizeitbeschäftigung. Gegen Ende des Jahre 1914 schrieb er an Brett:

»Es ist wahnsinnig schwierig für mich, meinen Freunden verständlich zu machen, was mir die Ranch bedeutet. Es geht mir ganz und gar nicht um Profit. Meine kühnste Hoffnung ist, daß ich irgendwann in den nächsten sechs oder sieben Jahren mit der Ranch aus den roten Zahlen herauskommen werde. Die Ranch ist für mich, was anderen Männern Schauspielerinnen, Rennpferde oder Briefmarkensammlungen sind.«

Bei Kriegsausbruch wandte er sich 1914 an ›Collier's‹, da er als Kriegsberichterstatter nach Europa gehen wollte, aber man teilte ihm schließlich mit, daß keines der kriegführenden Länder vorgesehen hatte, Journalisten an die Front zu schicken. Möglicherweise waren die Tage des Kriegskorrespondenten tatsächlich zu Ende. Jack hatte wie so viele andere behauptet, daß es nie zu einem Weltkrieg kommen könnte. In seinem postum veröffentlichten Essay ›The Human Drift‹ (›Menschliches Treibgut‹) vertrat er die Ansicht, daß durch die modernen Waffen der Krieg zu etwas würde, das Menschen »mit größerer Weisheit und höherer Moral« ablehnen würden. Als der Krieg ausbrach, stellte er sich auf die Seite Englands und erhob wütende Anklagen gegen Deutschland. Auch George Sterling ließ sich in ähnlicher Weise hinreißen, sandte Jack ein Bündel selbstverfaßter Kriegssonette, und sie schrieben einander Briefe mit dem wiederholten Ausruf »Zum Teufel mit dem Kaiser!«.

Das nationale Exekutivbüro der Socialist Party of America gab ein Manifest heraus, in dem der Krieg verurteilt wurde: die Arbeiter Europas »sind von krankhaft ehrgeizigen Monarchen, intriganten Politikern und ränkevollen Kapitalisten in einen blutigen und sinnlosen Kampf getrieben worden«. Alle sozialdemokratischen Parteien Europas hatten kurz zuvor ähnliche Erklärungen abgegeben, aber die große Mehrheit von ihnen unterstützte nun ihre kriegführende Regierung und beschuldigte die anderen Länder,

Demokratie und Zivilisation zu bedrohen. Auch viele Amerikaner änderten später ihre Meinung; keiner jedoch übertraf Jack London an reinem Chauvinismus. Er sprach von Deutschland als »dem tollwütigen Hund Europas«. Als Antwort auf die Einladung, einen Beitrag zu dem Werk ›King Albert's Book‹ (›Das König Albert Buch‹) zu schreiben, einem englischen Sammelband mit Propagandawerken berühmter Künstler und Schriftsteller, telegrafierte er:

»Belgien ist außergewöhnlich. Belgien ist einzigartig. Wie sich aus den Reihen der Menschheit bei ungewöhnlichen Anlässen ein einzelner, ein Mensch von kosmischer Bedeutung erhebt, so erhebt sich aus dem Kreis der Nationen bei ungewöhnlichen Anlässen eine einzelne Nation von kosmischer Bedeutung. Belgien ist eine solche Nation. Dies ist der Rang, den Belgien an einem Tag, wahnwitzig und heldenhaft, durch einen einzigen herrlichen Sprung hinauf zu den Sternen erobert hat. So lange die Erde sich dreht und Menschen darauf leben, so lange wird von Belgien gesprochen werden...«

Als man Jack ersuchte, seine Ansichten zu wiederholen, erklärte er: »Auf Leben und Tod stehe ich auf seiten der Alliierten. Das heutige Deutschland leidet unter Verfolgungswahn.« Dem ›Pathé Exchange‹ erklärte er: »Ich halte den Weltkrieg, soweit er nicht den einzelnen, sondern die gesamte menschliche Rasse angeht, für etwas Gutes... Der Weltkrieg hat die Menschheit von dem feisten und groben Materialismus befreit, den sie während vieler Friedensgenerationen angesetzt hatte. Ein Aufflammen des Geistes hat die Menschheit ergriffen.« In seiner bemerkenswertesten Erklärung tat er das Gemetzel als unbedeutend ab: »Was nun die schreckliche Zahl einiger Millionen Toter betrifft, so ist die Höhe dieser Zahl nicht so furchtbar wie die Anzahl der Todesfälle, die zu Friedenszeiten in allen Ländern der Welt vorkommen, und wie die Höhe der Verluste, die in vergangenen Kriegen erreicht wurde. Die zivilisierte Welt geht gegenwärtig durch eine pfingstliche Reinigung, die für die Menschheit nur Gutes bringen kann.«[47]

Aber Jack war bereits ein kranker Mann. Upton Sinclair berichtet, daß man ihn 1915 sehen konnte, »wie er benommen und widerlich betrunken durch die Bars von Oakland streifte«. Er litt an Urämie, hatte Anfälle von Rheumatismus und setzte Fett an. Er war einsfünfundsiebzig groß; 1902, mit sechsundzwanzig Jahren, wog er siebenundsiebzig Kilogramm – mit neununddreißig brachte er es auf fast zwei Zentner. Ihm kam der Gedanke an eine Klimaveränderung in den Sinn. 1915 verbrachten er und Charmian einen Teil des Monats Januar auf der »Roamer«, um Gläubigern aus dem Weg zu gehen, und Jack plante, im Auftrag der Hearst-Presse als Reporter nach Panama zu fahren. Da Charmian auf der Ranch nicht allein zurückbleiben wollte, entschloß sie sich, ihre Kusine auf Hawaii zu besuchen, und als Jacks Reise nach Panama ins Wasser fiel, fuhren sie gemeinsam dorthin.

Fünf Monate blieben sie und kamen erst im darauffolgenden Jahr zurück. Jack sprach davon, sich auf Hawaii niederzulassen, es war der letzte Schauplatz seines Abkapselns. Er arbeitete an zwei Hundegeschichten – aufpolierte Versionen seiner Bücher ›Ruf der Wildnis‹ und ›Wolfsblut‹, die aber in der Südsee spielten.[48] Jack führte auf Hawaii ein seltsames, ihm ganz unähnliches Leben: es war ein verlängerter Erholungsurlaub, bei dem er in einem geblümten Kimono am Strand lag, im Segler-Klubhaus Drinks zu sich nahm und statt Poker Bridge spielte. Sein Gesundheitszustand hatte sich weder verbessert noch verschlechtert, aber seine nervliche Verfassung war sehr angespannt. Er hatte mit der Lektüre von Freud, Jung und anderen Psychoanalytikern begonnen, und oft rief er Charmian zu sich oder ging ihr nach, um ihr Stellen daraus laut vorzulesen. Von Zeit zu Zeit steigerte er sich in einen Zustand der Raserei, und sie mußte sich von ihm fernhalten.

Während dieses Urlaubs schrieb Jack sein nahezu letztes politisches Werk. Er tat es als persönlichen Gefallen, denn Upton Sinclair hatte eine Anthologie von Aufsätzen über gesellschaftliche Probleme zusammengestellt, die er ›The Cry for Justice‹ (›Der Schrei nach Gerechtigkeit‹) betitelte, und er übersandte Jack das Manuskript mit der Bitte, ein Vorwort dafür zu schreiben. Die Meinungen über die Qualität dieses Vorworts mögen auseinandergehen. Sinclair selbst schätzte es gewiß hoch ein, und Philip Foner beschrieb es 1947 als »eines der bewegendsten und poetischsten Werke aus Londons Feder«.[49] Eine andere Meinung dazu lautet, daß es kraftlos und phrasenhaft sei, den Sozialismus überhaupt nicht erwähne und »Dienstbereitschaft« und »edles Denken« als Heilmittel empfehle. Offensichtlich rief Sinclairs Titel Jack nicht das von ihm früher gelesene ›Kommunistische Manifest‹ ins Gedächtnis zurück und Marx' Erklärung, daß die Sozialisten mit der Gerechtigkeit Schluß machen und statt dessen eine neue Welt schaffen würden.

Als die Londons im Juli nach Glen Ellen zurückkehrten, herrschte heißes Wetter, und Jack beschloß, im Wiesenteich schwimmen zu wollen. Er beauftragte Eliza, einen Arbeitstrupp zu schicken, um ein Blockhaus mit sechs Umkleidekabinen zu bauen und eine Rohrleitung für zwei eingebaute Duschen zu legen; unter seiner Anleitung wurde alles in drei Tagen erstellt. Ärzte hatten ihm geraten, Golf als Ausgleichssport zu spielen, und so schickte er einen

Vorarbeiter los, um ein geeignetes Gelände dafür zu finden, und sagte, er würde einen Platz anlegen lassen. Ein Sommerfest, die »Tollen Tage« des Bohemian Club am Russian River nördlich von San Francisco, stand bevor; Jack nahm daran teil und kam mit dem Maler Xavier Martinez, George Sterling und einigen anderen zu einem ausgedehnten Trinkgelage auf die Ranch zurück.

Seine Kriegsbesessenheit erhielt neuen Auftrieb, als während ihres Aufenthalts auf Hawaii die »Lusitania« versenkt und die Krankenschwester Edith Louisa Cavell von Deutschen erschossen wurde. Der Aufruf ›Der gute Soldat‹ tauchte wieder auf, und bei jeder Erwähnung oder Anfrage reagierte Jack mit zornigen Briefen. In seiner Antwort an einen Armeeoffizier aus dem Jahre 1916 leugnete Jack fast, jemals etwas mit Politik zu tun gehabt zu haben:

»Soweit ich diese Sache verfolgen kann, wurde der Aufruf ursprünglich in Deutschland veröffentlicht und in Umlauf gesetzt und später in einer Übersetzung und unter Anfügung meines Namens in die Vereinigten Staaten gebracht. Und von dort aus wurde er auf der ganzen Welt verbreitet. Sie müssen nur meine Bücher und Zeitungsartikel lesen; dann werden Sie feststellen, daß ich lediglich Kriegsberichte für die Zeitungen geschrieben und über Boxkämpfe berichtet habe und daß ich für meine Bücher von den Kritikern als Vater des echten Abenteuerromanes gefeiert werde.«

In der Socialist Party war es durch die unterschiedlichen Auffassungen über den Krieg zu Differenzen gekommen; Argumente und Beispiele der sozialdemokratischen Führer in Europa hatten ihre Wirkung getan. Auch emotionale Aufwallungen kamen hinzu, denn ein hoher Prozentsatz der amerikanischen Radikalen waren Juden oder stammten aus Deutschland und Rußland. Angesichts der unterschiedlichen Meinungen in der Führungsschicht ließ das Nationale Exekutivbüro im Herbst 1915 durch ein Referendum über die Angelegenheit abstimmen. Die Frage, welche die Mitglieder entzweite, war, ob die Partei jeden gewählten Abgeordneten ausstoßen sollte, der Geldzuwendungen für militärische Zwecke zustimmte. Viele enthielten sich der Stimme, aber eine große Mehrheit stimmte mit »Ja«.

Jack war außer sich vor Zorn. Er versprach, selbst nach New York zu fahren und dort persönlich auf die Radikalen einzuwirken. Der Auslöser für die Aufkündigung seiner Mitgliedschaft aber war Edward Paynes Austritt. Payne war vermutlich nur deshalb der Ortsgruppe von Glen Ellen beigetreten, weil er zu Jacks Clique gehörte, denn eine Gemeinsamkeit zwischen seinen Ideen und denen der Socialist Party ist nur schwer vorstellbar. Payne trat nicht wegen des Krieges aus, sondern weil er mit dem Gezänk innerhalb der Partei nicht einverstanden war. Jack erfuhr davon in Hawaii und diktierte seine eigene Austrittserklärung:

»Ich habe soeben die kürzlich geschriebene, undatierte Austrittserklärung des Genossen Edward B. Payne aus der Ortsgruppe gelesen.

Hiermit erkläre ich meinen eigenen Austritt aus der Ortsgruppe Glen Ellen, und zwar aus Gründen, die den vom Genossen Payne angeführten genau entgegengesetzt sind. Ich trete aus der Socialist Party aus wegen ihres mangelnden Kampfgeistes und weil sie den Klassenkampf vernachlässigt.

Ich war zuerst Mitglied der alten, revolutionären, aggressiven und kämpferischen Socialist Labor Party. Dann wurde und blieb ich bis zum heutigen Tage ein aktives Mitglied der Socialist Party of America und mein Anteil am Kampf um die Sache ist selbst heute noch nicht ganz in Vergessenheit geraten. Geschult im Klassenkampf, wie ihn die Socialist Labor Party lehrte und praktizierte, und in Übereinstimmung mit meiner eigenen, tiefsten Überzeugung habe ich geglaubt, daß die Arbeiterklasse durch Kampf und ohne Zugeständnisse oder Kompromisse mit dem Feind ihr Schicksal in die eigenen Hände nehmen könnte. Da in den letzten Jahren der Sozialismus in den Vereinigten Staaten immer mehr zu Friedfertigkeit und Kompromissen tendiert, muß ich feststellen, daß ich mein Verbleiben in der Partei nicht länger vertreten kann. Dies ist der Grund für meinen Austritt.

Bitte nehmen Sie gleichzeitig den Austritt meiner Frau, der Genossin Charmian K. London, zur Kenntnis.

Zum Schluß möchte ich sagen, daß Freiheit, Unabhängigkeit und Selbständigkeit edle Güter sind, die Rassen oder Klassen weder geschenkt noch aufgedrängt werden können. Wenn Rassen oder Klassen nicht fähig sind, sich zu erheben und durch die eigene Kraft ihres Geistes und ihrer Muskeln der Welt Freiheit, Unabhängigkeit und Selbständigkeit abzuringen, so werden sie es nie schaffen, in den Besitz dieser edlen Güter zu kommen, solange es noch Zeit ist – und sollten ihnen diese edlen Güter von überlegenen Führern auf einem silbernen Tablett gnädig serviert werden, so würden sie damit nichts anzufangen wissen, sie nicht richtig gebrauchen können und bleiben, was sie in der Vergangenheit immer schon waren – minderwertige Rassen und minderwertige Klassen.

Es lebe die Revolution,
Jack London.«

Der Brief enthält eine ganze Reihe interessanter Punkte. Nirgends werden darin der Krieg und die dazu eingenommenen Haltungen erwähnt. Ohne diesen Kontext aber erscheint er als leuchtende Bekräftigung sozialistischer Prinzipien, die sich gegen deren Verwässerung durch Opportunismus und Kompromisse richtet. Außerdem hatte Jack zuvor die Parteiführer kritisiert, sie wären mehr auf ihre Reputation als auf die Revolution bedacht. In einem Brief aus dem Jahre 1913 schrieb er, daß die Bewegung in Amerika »dazu verdammt scheint, ein Bollwerk des Konservatismus zu werden«. Sollte es möglich sein, daß er eine echte Vision hatte, er sich in jenem Moment über seine Vorurteile und Leidenschaften erhob, seine letzte Erklärung eigentlich seine erste war und diese die Socialist Party so beschrieb, wie sie schon immer hätte sein sollen?

Leider trifft dies nicht zu. Anstatt bei einer einzigen aktuellen Frage seine abweichende Meinung darzulegen, drückte Jack nur die Unzufriedenheit aus, die zwischen ihm und der sozialistischen Bewegung seit zehn Jahren bestanden hatte. Es stimmt, daß es der Bewegung schon immer an klassenkämpferischem Geist fehlte, denn trotz ihrer marxistischen Gelehrten war sie nur eine Vereinigung von Radikalen ohne klare Ziele, und Jacks Kritik traf durchaus ins Schwarze. Indem er aber seine Erklärung in allgemeine Form kleidete, unterließ er es, darzulegen, was er eigentlich von der Bewegung und der Arbeiterklasse erwartete – wie und gegen welche Feinde sie denn kämpfen sollten. Wie auch immer die Antwort darauf gelautet hätte, es ist klar, daß die Unterstützung Großbritanniens im Krieg gegen Deutschland eine wesentliche Rolle gespielt hatte.

Die Formulierungen in seinem Brief machten seinen Bruch mit der Partei sogar noch endgültiger, als er es beabsichtigt hatte. Die Zerrissenheit der Socialist Party in der Frage des Krieges wuchs, und es kam zu vielen weiteren Austritten. Aber jene, die mit Jack übereinstimmten und wünschten, daß Amerika in den Krieg eintrete, waren die Kompromißler, deren radikale Gesinnung nichts mit dem Radikalismus des Klassenkampfes zu tun hatte. Die Kämpfer, deren Bekenntnis dem letzten Absatz von Jacks Austrittserklärung entsprach, waren die zunehmend in die Minderzahl geratende Gruppe, die den Krieg weiterhin ablehnte. So wandte sich Jack aus unterschiedlichen Gründen von beiden Lagern ab und zerschnitt damit jede noch verbliebene Bindung.

Jack bat seine Tochter Joan, bei ihm und Charmian auf der Ranch zu wohnen. Unbarmherzig verlangte er in seinen Briefen, daß sie sich für ihn entschied, und bestand darauf, daß sie ihm auf all seine Fragen eine Antwort gab: »Du antwortest winselnd, daß Du erst zwölf Jahre alt bist. Meine liebe Tochter Joan, laß mich Dir sagen, daß die Wahrheit niemals winselt. Außerdem, meine liebe Tochter Joan, ist es nicht sehr tapfer, die Wahrheit hören zu wollen und dann vor Angst zu winseln, wenn man sie Dir sagt.«[50]

Eines Sonntagabends ging er nach Piedmont und unterbreitete Joan und ihrer Mutter seinen Vorschlag. Nach einigen Wochen antwortete Joan ihm, daß sie sich bei Bess wohlfühle und nicht von dort fortziehen wolle. In seiner Verzweiflung und Enttäuschung war Jack außer sich vor Wut. Die langen Briefe, die er ihr in jener Zeit schrieb, sind an Rachsüchtigkeit kaum zu übertreffen. Seine Briefe an Bess, so heftig sie sind, zeigen doch in ihrer ungestümen Sprache ein gewisses Niveau, als ob er es genossen hätte, Satz auf Satz zu türmen, um sie zu drangsalieren, während jene an Joan – Ergüsse eines gemütskranken Menschen, dem der größte Wunsch verweigert wurde – nur noch bösartig sind.

So schilderte er ihr die Trainingsarbeit mit einem Fohlen und wie man dabei versucht, diesem schlechte Charakterzüge abzugewöhnen; aber wenn dies nicht fruchtete, gab es nur eine Möglichkeit: »Laß das Fohlen gehen. Töte es, verkaufe es, schenk' es her. Was mich betrifft, so bin ich mit dem Fohlen fertig.« Er schrieb seiner Tochter, daß er sie auf die gleiche Art ablehne:

»Du warst ein Fohlen. Zeit und Schicksal, Unglück und eine dumme Mutter hielten mich ab, bei Deiner Erziehung lenkend einzugreifen. Ich wartete, bis Du selbst sagen konntest, was Du wolltest. Aber leider warst Du, wie das Fohlen, bereits durch den Trainer verdorben, warst angelogen und betrogen worden. Es tut mir leid, es war nicht Dein Fehler. Als aber die Zeit der Entscheidung für Dich kam (und Du mußtest dabei nicht unbedingt zwischen Deiner Mutter und mir wählen), der Entscheidung, ob ich einen bescheidenen Einfluß darauf haben darf, Dir Deinen Weg in der großen Welt zu zeigen und Dich dafür vorzubereiten, da warst Du durch Deinen Trainer bereits so verdorben, daß Du ablehntest. Es ist nicht Dein Fehler; Du bist so erzogen worden. Es ist auch nicht der Fehler Deiner Mutter; sie wurde dumm geboren, dumm wird sie durch ihr Leben gehen und dumm wird sie sterben...

Ob Du einmal verblödet sterben wirst, weiß ich nicht. Ich weiß nur, daß Du bis heute Deinem Trainer gegenüber nur Fügsamkeit gezeigt hast. Du magst Deinen Trainer narren und betrügen und durch ihn verdorben werden. Ich glaube aber zu wissen, daß Du viel zu diplomatisch bist, um wegen irgend etwas gleich zu sterben... Wenn Du aber einmal im Sterben liegen solltest und mich an Deinem Bett sehen möchtest, würde ich sicher kommen; andererseits aber, wenn ich sterben würde, wäre es mir egal, ob Du an meinem Bett stehst oder nicht. Ein verdorbenes Fohlen ist nun einmal ein verdorbenes Fohlen, und ich mag verdorbene Fohlen nicht.«[51]

Jack wollte nichts mehr von Joans schulischen Fortschritten hören und schlug auch nicht vor, sie auf die Universität zu schicken. Mit achtzehn oder zwanzig Jahren würde sie »ein kleines, verhutzeltes und abgehärmtes, weibliches Geschöpf« sein.

All dies hätte jeden empfindsamen Erwachsenen verletzt, und auf ein Kind muß die Wirkung schrecklich gewesen sein. Trotzdem wurde der Briefwechsel fortgesetzt. Joan war angewiesen worden, ihren Vater um Geld für Kleider und Schulbücher zu bitten, und seine Antworten machten seine bedrängte Finanzlage deutlich. Manchmal beklagte er sich schon bei kleinen Beträgen und verweigerte sie (1914 hatte er einmal, nachdem er ihr viereinhalb Dollar geschickt hatte, nur noch 3,46 Dollar auf seinem Konto). Bei anderen Gelegenheiten war er liebevoller und großzügiger und wollte, daß sie »hohen Sinn und großen Stolz, einen schönen Körper und auch entsprechend wunderbare Kleidung« hätte. Das in ihren Briefen schließlich gewonnene Verhältnis war so, daß jeder den anderen sympathisch fand, so lange eine gewisse Distanz eingehalten wurde. Joan zeigte zumindest die Zuneigung, die sie ihm als ihren Vater schuldete, und Jack wußte, daß er bei erneuten Angriffen eine völlige Entfremdung riskierte.

Die Zeit von März bis August 1916 verbrachten Charmian und er auf Hawaii, wo sie sich auch aufhielten, als Jacks Austrittserklärung aus der Socialist Party im ›New York Call‹ veröffentlicht wurde. Gleichzeitig erschien ein Kommentar, der besagte, daß Jacks harte Kritik in so »vager und allgemeiner Form« ausgedrückt sei, daß sie bedeutungslos wäre. Seine Worte über das Kämpfen konterte man dadurch, daß an die Tatsache erinnert wurde, daß er selbst wenig gekämpft hatte, seit er ein berühmter Mann geworden war.

»Wie langweilig und friedvoll eine Mitgliedschaft in der Ortsgruppe von Glen Ellen auch sein mag, wir können ihm nur versichern, daß die Arbeiter in den Bergwerken, Fabriken und Werkstätten, also die Basismitglieder der Socialist Party, den Kampf fortführen werden – nicht immer jene Art von Kampf, die sich in Zeitungsartikeln oder Kinofilmen so gut macht, sondern einen beständigen, unerschütterlichen, geduldigen und unauffälligen Kampf, Schulter an Schulter, Zentimeter um Zentimeter ... Leb wohl, Freund London, und erhalte Dir Deinen kämpferischen Geist, damit Du an jenem erregenden Tage, wenn der Weg zum Sieg von den ungenannten Millionen geebnet worden ist, wieder in unserer Mitte sein wirst. Wir werden weiterhin unser Bestes tun, damit es Dir nicht zu lange dauert.«

Der Hieb saß, aber Jack verzichtete auf eine Antwort. Sein einziger öffentlicher Kommentar dazu fand sich in einem kurzen Begleitschreiben zu der von ihm verfaßten Einleitung für Alexander Berkmans Werk ›Prison Memoirs of an Anarchist‹ (›Die Gefängniserinnerungen eines Anarchisten‹). Berkman hatte die Einführung als nicht wohlwollend genug abgelehnt, und als Jack sie an eine Zeitschrift der Radikalen schickte, schrieb er dazu: »Sie leugnen, daß ich jemals für die Sache eine Schlacht geschlagen oder überhaupt einen Finger gerührt habe. Gleichzeitig behaupten sie, mich die ganze Zeit für das gehalten zu haben, was ich sei – ein Träumer ... Mein Traum war es, meine Genossen für intellektuell redlich zu halten. Ich erwachte, als ich feststellen mußte, daß sie, als Vorurteile aufkamen, genauso unfair waren wie all das andere Viehzeug, das sich heute unter die menschliche Rasse gemischt hat.«

Wie krank Jack zu jener Zeit vom medizinischen Standpunkt aus war, ist schwer zu entscheiden. »Urämie« ist ein weiter Begriff und kann eine ganze Reihe von Symptomen und Veränderungen bezeichnen, die auf ein Versagen der Nierenfunktionen folgen können. Jack war immer stolz gewesen auf seinen »eisernen Magen«, der nun jedoch keine Nahrung mehr behalten wollte. Auf Hawaii hatte er eines Morgens einen Schmerzanfall, der von einem Nierenstein verursacht wurde. Charmian schreibt, daß er an einer Krankheit litt, die »ohne ärztliche Überwachung durchaus tödlich sein könnte«. In den Schlußkapiteln ihres Buches bereitet sie gewissermaßen den Boden für ihre eigene Version von Jacks Tod vor; natürlich betont sie besonders seine Krankheit und erwähnt kaum oder gar nicht seine Trunksucht und die psychologischen Faktoren. Es steht außer Zweifel, daß er ein kranker Mann war. Aus jener Zeit gibt es von ihm ein Foto, das ihn in seinem Kimono in einer Laube sitzend zeigt. Der von Charmian getexteten Bildunterschrift zufolge offenbart es das »Herrschaftliche an Jack London«.

Die Pose mit dem um seinen Körper drapierten Kleidungsstück wirkt tatsächlich königlich, das Gesicht aber ist aufgedunsen und leblos, und die starken Schatten lassen es fast als Maske erscheinen.

Es stand nicht gut zwischen ihm und Charmian. Das Zusammenleben mit einem Menschen, der sich so entwickelt hatte wie Jack, muß die meiste Zeit über äußerst schwierig gewesen sein. Man kann nur vermuten, welche Wutausbrüche er hatte und wie verletzend er war. Auf der anderen Seite jedoch ließ Charmians Verhalten zu Hause als Partnerin viel zu wünschen übrig. Auf See und beim Reiten war sie seine ideale Kameradin, und er hatte ihre Sportlichkeit und ihren »Mumm« angebetet, aber auf der Ranch oder auf Hawaii, wo das Leben hauptsächlich aus Trinken und Gästebewirtung bestand, zeigte sie keinerlei Interesse und drückte deutlich ihren Unmut aus.

Während all ihrer Ehejahre hatte sie ihre Zeit weitgehend damit verbracht, als Jacks Sekretärin zu arbeiten. Am Anfang lag ihr sehr daran, und später, als sie umherreisten, war dies natürlich recht praktisch. Sie bestand aber auch dann noch darauf, es weiter zu tun, als die anfallende Arbeit umfangreicher wurde – ein Grund dafür war ihre Furcht, eine andere Frau in Jacks Nähe zu lassen. In Jacks letztem Lebensjahr überließ sie diese Arbeit einem Mann, nämlich John Byrne, dem Ehemann von Jacks verstorbener Stiefschwester Ida. Während Charmian noch kurz zuvor ständig an Jacks Seite war, wo immer er auch hinging, weigerte sie sich nun, ihn zu begleiten, und es gab Zeiten, in denen sie sich kaum sahen.

Im August kehrten sie nach Glen Ellen zurück, um an den Sommertreffen im Bohemian Grove und der Landwirtschaftsschau in Sacramento teilzunehmen, wo einige von Jacks preisgekrönten Rindern gezeigt wurden. Doch er konnte nicht zur Ausstellung gehen, da ihn ein Anfall von Rheumatismus lähmte. Obwohl seine Zuchttiere Preise gewannen, wurde die Ranch von Unglücksfällen heimgesucht. Die Schweine waren alle an Lungenentzündung eingegangen, die sie sich, wie es hieß, auf dem Steinboden ihres Luxus-Schweinestalls geholt hatten. Im Oktober starb der herrliche English-Shire-Hengst, ein anderes Lieblingspferd bekam Gelenkrheumatismus und wurde damit unbrauchbar. Tatsächlich stellte sich heraus, daß die ganzen Investitionen für schwere Zugpferde ein Fehler waren. Jack hatte geglaubt, seine Zuchtpläne würden eine Knappheit beseitigen und Zugpferde wieder mehr in Gebrauch kommen, aber statt dessen wurden die Pferde durch Traktoren ersetzt.

Hinzu kam noch, daß er in einen Rechtsstreit über einen Damm verwickelt wurde, den er an einem Hang gebaut hatte. Die Kläger waren Ninetta und Edward Payne! Mit der Behauptung, durch den Damm würde von ihnen benötigtes Wasser abgeleitet, fanden sie Unterstützung bei ihren Nachbarn und beantragten eine gerichtliche Verfügung, um ihn abreißen zu lassen. Jack mußte ganze Tage im Gericht verbringen, und einmal kam er nach einer Verhandlung, einem Zusammenbruch nahe, zu Hause an. Zur Schmerzlinderung mußte er nun ständig Medikamente einnehmen, und diese, in Verbindung mit Alkohol und anderen Symptomen, führten abwechselnd zu Anfällen von Selbstmitleid oder Streitsucht. In dieser Verfassung griff er nach jedem sich bietenden Vorwand, um einen Streit anzufangen, steigerte sich in Wut hinein und fiel dann in einen Zustand des blanken Elends zurück.

In gehobener Stimmung jedoch schmiedete er neue Pläne für Bücher, die Ranch, für sich selbst und Charmian. Nach dem Krieg wollte er einen Dreimastschoner kaufen und, mit einem großen Klavier, einer großen Barkasse und einem Sportwagen, einem Arzt und Diener an Bord, würden sie dann jahrelang um die Welt reisen. Er kaufte einen mächtigen, feuersicheren Tresor, um seine Papiere darin aufzubewahren, und ließ ihn in die Kaminwand ihres Hauses einbauen. In der Nähe seiner Ranch waren wieder einige Hektar Land zum Verkauf angeboten worden, und er sprach davon, sie zu erwerben, eine Schule und einen Gemischtwarenladen zu bauen und eine autonome Gemeinde auf der Ranch anzusiedeln.

Upton Sinclairs Frau Craig kam der Klatsch über Jack zu Ohren, und sie sagte zu ihrem Mann: »Ich habe das Gefühl, er ist in Schwierigkeiten. Ich denke, Du solltest ihn besuchen.« Sinclair schrieb an George Sterling, der ihm in seiner Antwort riet, dies zu unterlassen.[52] Sterling hatte seine Besuche in Glen Ellen eingestellt, denn Jack war ihm fremd geworden, und nicht einmal er konnte mehr die Trinkgelage ausstehen. Und doch erlebten Jacks Besucher gelegentlich an ihm die alte Wärme und den früheren Charme und lauschten, während er ihnen aus Percys ›Reliques of Ancient English Poetry‹ (›Reliquien alter englischer Poesie‹) vorlas. Er kaufte kistenweise Schallplatten, meist Opernaufnahmen, und konnte dann stundenlang auf der Glasveranda des Hauses sitzen, während sein Diener eine Platte nach der anderen auflegte.

Niemand registrierte sein geistiges Leiden deutlicher und war mehr darüber bestürzt als Jack selber. Hingegen unternahm er nichts, um seine körperlichen Gebrechen durch einen Arzt untersuchen zu lassen, obwohl sein Magen ständig die Mengen fetter Speisen wieder von sich gab, die er in ihn hineinstopfte. Geradezu zwanghaft las er Bücher und Artikel über Psychoanalyse, und Charmian war sowohl das Objekt seiner Anfälle von Raserei als auch Adressat seiner Ängste. Der Grund, warum er nicht die Ärzte zu Rate zog, die ihn wegen seiner anderen Leiden behandelten, war zweifellos seine Befürchtung, sie würden ihm bestätigen, daß er dabei sei, verrückt zu werden. Von Zweifeln gepeinigt, vertraute er sich Eliza an, die ihm versprechen mußte, für ihn – sollte er wirklich geisteskrank werden – zu sorgen und ihn nicht in eine Anstalt zu geben. In Dr. Beatrice Hinkles Einleitung zu Jungs Buch ›Über die Psychologie des Unbewußten‹ unterstrich er dick einen halben Satz: »Der Charakter und die Intelligenz, die es ihm ermöglichen, sich dazu zu überwinden, seine nackte Seele zu betrachten und die damit verbundenen Schmerzen und Leiden zu ertragen.« Der einsame Junge Jack war immer auch ein einsamer Mann gewesen. Eliza hatte ihm einmal gesagt: »Jack, Du bist der einsamste Mensch auf der Welt. Das, was Dein Herz wollte, hast Du nie bekommen.« Er hatte immer vom Tod gesprochen und das Recht auf Selbstmord verteidigt. Im Gespräch mit einem Zeitungsverleger sagte er eines Nachmittags auf der Ranch, nachdem er seine Pläne für die Zukunft dargelegt hatte: »Der Sensenmann ist immer in der Nähe.« Jack saß nun oft da und grübelte über sein Leben, vielleicht verzweifelt vor Angst.

Am 21. November 1916 verließ er den ganzen Tag über nicht das Haus und schlief am Nachmittag. In den frühen Abendstunden kam Eliza zum Haus herüber, um mit ihm Angelegenheiten der Ranch zu besprechen. Jack sprach über seine Idee, eine Gemeinde zu gründen, geriet in höchst angeregte Stimmung und setzte die Unterhaltung über seine gewöhnliche Essenszeit hinaus fort. Als Eliza gegangen war, rührte er sein Abendbrot nicht an, sondern erzählte Charmian erregt von all den Sachen, die er tun wollte. Dann war seine Energie erschöpft; er wurde streitsüchtig und versuchte, sie zu einer Auseinandersetzung zu provozieren. Auch dies ging vorbei. Er stellte zwei Kästen mit Lesestoff auf den Tisch und legte seinen grünen Augenschirm zurecht, den er beim Arbeiten trug. Sie saßen noch eine Stunde lang beisammen, bis Jack sagte, er sei müde und wolle zu Bett gehen.

Charmian machte noch einen Spaziergang, und als sie gegen neun Uhr abends zurückkam, brannte noch Licht in Jacks Zimmer. Den Rücken durch Kissen abgestützt, schrieb und las er gewöhnlich so lange im Bett, bis er schläfrig wurde. Auf Anregung von Hughes Massie, seiner Londoner Agenten, skizzierte er den Entwurf eines Buches über sein Leben als Schriftsteller. Auf seinen Notizblock auf dem Nachtkästchen kritzelte er:

»Autobiographie eines Sozialisten

Martin Eden und Seewolf, Angriffe auf Nietzsche-Philosophie, was selbst die Sozialisten nicht mitbekommen haben.

Im Spätherbst 1916, Gesetzesvorlage von Adamson (Achtstundentag für die Eisenbahnergewerkschaften) wird beim letzten Sprung des Zeigers in der sechzigsten Sekunde der zwölften Stunde durch Abgeordnetenhaus und Senat gejagt und von Präsident Wilson unterzeichnet. Stimmt überein mit meiner Vorhersage über bevorzugte Gewerkschaften in der ›Eisernen Ferse‹.

Roman

Historischer Roman mit achtzigtausend Worten – Liebe – Haß – primitives Leben. Entdeckung Amerikas durch die Nordmänner – siehe dazu mein Buch über das Thema, siehe auch ›Frey and His Wife‹ (›Frey und seine Frau‹) von Maurice Hewlett. Interpretation der Entwicklung ihrer Mythen etc. durch ihr eigenes Unbewußtes mit hineinbringen.«

Er schrieb einen kurzen Brief an Joan:

»Liebe Joan,
möchtest Du und Bess am nächsten Sonntag mit mir in Saddle Rock zu Mittag essen und bei gutem Wetter mit mir auf dem Merrit-See segeln gehen?

Bei schlechtem Wetter können wir irgendeine Matinee-Vorstellung besuchen.

Laß es mich sofort wissen.

Ich verlasse die Ranch nächsten Freitag.

Ich verlasse Kalif. Mittwoch nächster Woche.

Daddy.«

Er legte den Brief in einen Korb, damit ihn sein Diener am nächsten Tag zur Post brachte, und las noch eine Weile in einem Buch mit dem Titel ›Around Cape Horn, Maine to California in 1852, Ship James W. Paige‹ (›Die Kap Horn-Umseglung 1852. Von Maine nach Kalifornien mit der »James W. Paige«‹). Ungefähr zu der Zeit, als Charmian zum Haus zurückkehrte, legte er ein abgebranntes Streichholz als Lesezeichen zwischen die Seiten und legte sich schlafen.

Ihr Diener Nakata hatte sie Ende 1915 verlassen, um aufs College zu gehen, zuvor aber hatte er noch Sekiné, einen neuen japanischen Diener, eingewiesen. Dieser wollte Jack am nächsten Morgen um acht Uhr wecken, kam dann zu Eliza gestürzt und schrie, daß irgend etwas nicht stimmte. Eliza lief zu Jacks Schlafveranda; sein schwerer Atem war schon von draußen zu hören, und mit dunkel verfärbtem und geschwollenem Gesicht lag er zusammengekrümmt im Bett. Sie versuchte, einen Arzt anzurufen, mußte aber feststellen, daß das Telefon gestört war und weckte Charmian. Die Symptome deuteten auf eine Vergiftung hin – sie waren in ähnlicher Weise bei Jack schon vor einigen Wochen aufgetreten. Sie flößten Jack starken Kaffee ein und erzielten dadurch eine schwache Wirkung. John Byrne fuhr die acht Meilen nach Sonoma und brachte zwei Ärzte auf die Ranch. Das Telefon funktionierte wieder, und sie ließen noch zwei weitere Ärzte kommen.

Der Kampf um Jacks Leben dauerte den ganzen Tag. Sie setzten ihn aufrecht auf die Bettkante, und zwei Farmarbeiter stellten ihn auf die Füße. Charmian hielt ihn an den Schultern, schüttelte ihn und schrie ihm ins Gesicht, um eine Reaktion zu erreichen. Die Ärzte verabreichten ihm ein Gegenmittel, pumpten seinen Magen aus, versuchten es mit Massage und kreislauffördernden Mitteln. Am späten Vormittag kam jemand herbeigeeilt und brachte die Nachricht von einem weiteren Unglück auf der Ranch – der Damm war gebrochen! Einer der Ärzte versuchte daraufhin, Jack damit aufzurütteln: »Wachen Sie auf! Der Damm ist gebrochen! Wachen Sie auf, Mann, wachen Sie doch auf!« Im Bett liegend hörte es Jack, und eine halbe Minute lang schlug er mit seiner Faust langsam auf die Matratze. Dann kam nichts mehr. Er wurde zu Charmians Veranda hinübergetragen und dort auf die Couch gelegt. Am Abend starb er.

Wie im Falle des abgebrannten Wolfshauses ist auch die Ursache von Jacks Tod mit großer Wahrscheinlichkeit, jedoch ohne letzte Gewißheit, bekannt. Zwei leere Glasfläschchen, die Morphiumsulfat mit Atropinsulfat enthalten hatten, lagen am Boden, und am Bett fanden sich auf einem der Notizblätter Berechnungen über Dosierungen. Für einen der Ärzte gab es keinen Zweifel daran, daß Jack Selbstmord begangen hatte. Möglich ist, daß er aus Versehen eine Überdosis eingenommen hatte, vielleicht als ihm sein Nierenstein fürchterliche Schmerzen verursachte. Charmian drängte die Ärzte, bei Zweifeln als Todesursache allein Jacks Krankheit anzugeben. Aus christlicher Nächstenliebe entsprachen sie ihrem Wunsch, und in den Pressemitteilungen wurde als Todesursache »Urämie als Folge einer Nierenkolik« genannt. Seine Freunde jedoch glaubten nie an etwas anderes als Selbstmord.

Jack hatte den Wunsch geäußert, nach seinem Tode verbrannt zu werden, und Eliza nahm an der Überführung seiner sterblichen Überreste nach Oakland teil. Charmian blieb in Glen Ellen zurück.

Bess und die beiden Mädchen wohnten der Trauerfeier bei, in deren Verlauf Edward Payne – als »Reverend« bezeichnet – eine Ansprache hielt und ein von George Sterling verfaßtes Gedicht vorgetragen wurde. Am nächsten Tag brachten Sterling und Bess' Schwager die Urne mit Jacks Asche zur Ranch. Da Jack einmal erwähnt hatte, er wolle am Little Hill, eine Viertelmeile vom Wolfshaus entfernt, begraben werden und einen roten Steinblock aus den Ruinen seines zerstörten Hauses als Grabstein haben, brachte man die Urne hinaus, grub sie ein und rollte den Steinblock durch die umstehenden Kiefernbäume heran.

Charmian wurde von Telegrammen und Briefen überschwemmt. Die Hunderte von Menschen, die sie aus aller Welt schickten, wußten nichts von Widersprüchen und Meinungsänderungen oder kümmerten sich nicht darum. Für sie verkörperte Jack den Geist der Jugend. Aus der Arbeiterklasse emporgestiegen, hatte er gekämpft und Abenteuer bestanden, hatte prächtige Geschichten erzählt und war furchtlos für die Revolution eingetreten; er war gutaussehend und stark gewesen und jung gestorben. Aus Schweden schrieb ein Mädchen: »Ihn liebte ich am meisten von allen Schriftstellern und Menschen dieser Welt. Ich saß gerade in der Schule, als ein Klassenkamerad mir die Nachricht auf einem Stück Papier reichte: ›Jack London år dŏd‹. Danach habe ich von dieser Unterrichtsstunde nichts mehr mitbekommen. In Amerika rief Mrs. Luther Burbank einer Gruppe ausgelassener junger Leute zu: »Hört auf zu lachen! Jack London ist tot!«

Die radikale Presse zeigte sich großzügig, sah über alles Nachteilige hinweg und schrieb seinen Austritt aus der Socialist Party seiner Krankheit zu. Die Zeitschrift ›The Masses‹ schrieb, er hätte »den Pulsschlag der Revolution« in die populäre Literatur eingebracht. Man erinnerte an seine frühen Reden und Schriften und zitierte daraus. Die ›International Socialist Review‹ veröffentlichte ein Gedicht, das mit den Zeilen begann:

»Unser Jack ist tot!
Er, der aus unserer Mitte kam
Und aussprach unser Leid;
Von unsrer Hoffnung kündete
Und uns gebot,
Auf eignen Füßen nur zu stehen,
Nicht Kompromisse, Zaudern zu gestatten;
Und auszustrecken unsern starken Arm,
Die Welt in unsre Hände fest zu nehmen.«

Der »erhabendste Grabgesang«, wie Charmian es nannte, war die Predigt eines Geistlichen in Berkeley: »Hätte Jack London einen Glauben besessen, welch großer Prediger wäre er gewesen!« In seiner Ansprache verglich er Jack mit den Propheten des Alten Testamentes und sprach über seinen Einfluß auf »das gesellschaftliche und geistige Leben seiner Zeit«. Bei Gesprächen über die letzten Monate in Jacks Leben wurden von Verwandten und Freunden gelegentlich Andeutungen gemacht, daß Jack im Begriff gewesen sei, dem Materialismus abzuschwören und religiöse oder überirdische Wahrheiten anzuerkennen. Zu jenen, die so sprachen, gehörte seine Schwester Eliza. Gewiß mag Jack bei seiner inneren Selbsterforschung und seiner verzweifelten Suche nach einer Erklärung für seine geistige Verwirrung nach vielen Strohhalmen gegriffen haben. Charmian berichtet von ihrem Erstaunen, als Jack in Dr. Hinkles Einführung zu Jungs Buch auf »so etwas wie die Andeutung eines freien Willens« stieß – also das Gegenteil seines Glaubens an Determinismus und »das Gesetz«.

Es gibt keinen Grund zu der Annahme, daß Jack jemals von jener Überzeugung abwich, die er 1914 in einem Brief an Ralph Kasper darlegte: »Ich bin ein hoffnungsloser Materialist. Für mich ist die Seele nichts anderes als die Summe der Funktionen des Organismus plus persönlicher Gewohnheiten, Erinnerungen und Erfahrungen dieses Organismus. Ich glaube, wenn ich tot bin, bin ich tot. Ich glaube, daß ich mit meinem Tod ebenso ausgelöscht werde wie irgendein Moskito, den Sie oder ich zerdrückt haben.« In seiner engsten Umgebung hoffte man jedoch beständig auf einen Sinneswandel und war entsprechend bereit, jede erkennbare Abweichung von seinen bisherigen Meinungen zu vermerken. Der Spiritismus hatte immer noch viele Anhänger; neben Ninetta und Edward neigte auch Eliza dazu, und sie glaubte fest an Telepathie. Auch Charmian verschloß sich solchen Ideen nicht völlig – dazu war ihre romantische Ader zu stark. Ihre Biographie über Jack London endet mit zwei langen Horoskopen, was angesichts ihrer Weigerung, Professor Chaney als Jacks Vater anzuerkennen, einer eigenartigen Ironie nicht entbehrt.

Jacks letzte politische Erklärung war der Brief an eine neugegründete politische Partei. Ende August 1916 sandte ihm die Workers' Socialist Party (Sozialistische Partei der Arbeiterklasse) ihr erstes Manifest zu, und am 21. September, zwei Monate vor seinem Tod, antwortete er:

»Lesen Sie bitte meine Austrittserklärung aus der Socialist Party, und Sie werden feststellen, daß ich aus den gleichen Gründen austrat, die Sie bewogen haben, diese neue Partei zu gründen.

Ich war Mitglied der Socialist Labor Party und opferte ein Vierteljahrhundert der blühendsten Jahre meines Lebens der revolutionären Bewegung, nur um dann feststellen zu müssen, daß diese Leute ebenso apathisch die Knute ertrugen, wie es schon tausend Jahrhunderte vor Christi Geburt der Fall war.

Wird das Proletariat sich selbst retten können? Wenn nicht, dann wird es nie zu retten sein.

Ich sende Ihnen meine Glückwünsche und wünsche Ihnen Erfolg bei Ihrem Wagnis. Ich bin nicht verbittert, nur traurig darüber, daß anscheinend das Proletariat den Keim zu seiner proletarischen Knechtschaft in den eigenen Reihen endlos fortpflanzt.«

Verstand Jack überhaupt, was sie sagten oder was er selbst sagte? Die Workers' Socialist Party war gegen Reformismus, Syndikalismus, direkte Aktionen und jede Form von Kompromissen mit dem kapitalistischen System; sie befürwortete die Einführung des Sozialismus durch parlamentarische Revolution und war gegen den Krieg. Vielleicht wurde Jacks Aufmerksamkeit nur von einer einzigen Formulierung in ihrer Grundsatzerklärung gefangengenommen – die Befreiung der Arbeiterklasse »muß durch die Arbeiterklasse selbst erfolgen«.

Die Workers' Socialist Party war ein Ableger der Socialist Party Großbritanniens, die 1904 in London gegründet wurde. Als Jack im East End von London sein Buch ›In den Slums‹ schrieb, bereiteten Hunter und seine Kameraden gerade ihren Austritt aus der Social Democratic Federation (Bund der Sozialdemokraten) und die Gründung der neuen Partei vor, deren sozialistischen Grundsätzen Jack nun seine Zustimmung gab. Natürlich ist es möglich, daß dies endlich der Sozialismus war, den er immer vor Augen hatte. Sollte dies zutreffen, dann ergäbe sich daraus das Bild eines Mannes, der sich ständig durch Emotionen und in Mode gekommene Ideen ablenken ließ, angelockt durch die Art von Leben, das vermeintlich seinem Wunsch entsprach. Wir werden dies nie erfahren. Viele Jahre später, nämlich 1944, veröffentlichte die Workers' Socialist Party in ›The Western Socialist‹ Jacks Brief mit der Anmerkung: »Obschon er die Grundsätze nicht verstand, die er unterstützte, war er doch von der Denkweise der Arbeiterklasse durchdrungen.«[53] Ein Nachruf, dem nichts hinzuzufügen ist.

In Jacks Testament waren Eliza Shepard und Charmians Cousin William Growall als Testamentsvollstrecker benannt. Er hatte für Bess, seine Töchter und seine Mutter Legate gemacht, wenn auch nicht allzu großzügig, und hinzugefügt: »Was immer sie darüberhinaus erhalten, bekommen sie durch die Großzügigkeit und Freundlichkeit von Charmian K. London als Ausfluß ihrer Güte und ihres Wohlwollens.« Abgesehen von einigen geringen Zuwendungen bekam sie alles:

»Die Verfügung, nach der ich, von den vermerkten Ausnahmen abgesehen, all meinen Besitz Charmian K. London vermache, hat folgenden Grund: Durch ihr persönliches Geschick und mehr noch durch ihre persönliche Unterstützung bei meiner literarischen Arbeit und noch weitaus stärker durch ihre Liebe und ihren Beistand, die Freude und das Glück, die sie mir geschenkt hat, ist Charmian K. London der einzige Mensch auf dieser Welt, der sich Verdienste um meinen Besitz und einen Anspruch darauf erworben hat. Diese Verdienste und diesen Anspruch hat sie sich in vollstem Maße errungen, was ich hiermit gewissenhaft, aufrichtig und dankbar anerkenne.«

Natürlich waren die Verbindlichkeiten riesig, aber Jacks chronische Unfähigkeit, sie zu begleichen, ergab sich in kaum glaublichem Maße aus seinem Lebensstil. Eliza meinte, daß während der Zeit, da sie die Geschäfte für ihn führte, die Hälfte des verdienten Geldes an andere Leute gegeben oder für seine Gastfreundschaft aufgewendet wurde; zählt man die an »Krethi und Plethi« auf der Ranch bezahlten Löhne hinzu, so belief sich die Gesamtsumme auf fast zwei Drittel seines Einkommens! Nun, da auch die verschwenderischen Ausgaben für jede Laune aufhörten, hatte eine geschäftstüchtige Person die Möglichkeit, solide Finanzverhältnisse anzustreben in der berechtigten Hoffnung, dies in verhältnismäßig kurzer Zeit zu erreichen. Die Tantiemen aus dem Verkauf von Jacks Büchern in Amerika waren immer noch hoch, und zum Zeitpunkt seines Todes waren einige Werke noch unveröffentlicht.

Mit Elizas Hilfe verwaltete Charmian Jacks Besitz mit einer Tüchtigkeit, die um so erstaunlicher ist, wenn man bedenkt, daß sie früher nie bei seinen geschäftlichen Angelegenheiten mitreden durfte. Daß das zügellose Verteilen von Almosen und die Bewirtungen aufhörten, war selbstverständlich. Sie fühlte sich Jacks Angehörigen nicht verpflichtet – die Klauseln des Testamentes bestätigen die Entfremdung zwischen dem Erblasser und ihnen – und sie traf eine sorgfältige Auswahl unter seinen Freunden. Mit Brett vereinbarte sie, drei der von Jack hinterlassenen Bücher sobald wie möglich zu veröffentlichen, um Schulden und Hypotheken abzutragen; außerdem ließ sie ihr eigenes Buch ›Jack London in Hawaii‹ (›Jack London auf Hawaii‹) verlegen. Nach Beendigung des Krieges im

Jahre 1918 wurde die Nachfrage nach seinen Büchern in anderen Ländern stärker als je zuvor. Charmian fuhr nach London, wo Mills and Boon eine nahezu vollständige Ausgabe seiner Werke herausbrachten. Mr. Edmund Cork von Jacks Agentur Hughes Massie erinnerte sich ihrer als einer Frau mittleren Alters voller Vitalität, die das Büro mit ihrer Gegenwart ausfüllte und nachdrücklich darauf bestand, daß alles korrekt ausgeführt wurde.

Vor allem aber machte Charmian es sich zur Aufgabe, die Jack-London-Legende zeit ihres Lebens aufrechtzuerhalten. Die zweihundertfünfzigtausend Worte ihrer Biographie wurden weniger für an der Wahrheit interessierte Leser geschrieben als vielmehr für all jene, die in ihm »ein Symbol von Jugend und heldenhaftem Mut« sahen. Sie trat wieder der Socialist Party of America bei, um dort seine Ansichten hochzuhalten und eine Jack-London-Tradition weiterzuführen. 1917 erschien sie mit Sterling auf dem Parteikonvent und schloß sich W. J. Ghent, Upton Sinclair, John Spargo, Walling und anderen an, die zur Unterstützung des Krieges aufriefen, in den Amerika nun eingetreten war:[54] eine Einstellung, zu der sich auch Jack bekannt hätte. Die »Beauty Ranch«, auf eine wirtschaftlich überschaubare Größe reduziert, wurde für Besucher erhalten. Später verwandelte Charmian sie in eine »dude ranch« (Touristen-Ranch). Der Verkauf von Jacks Büchern in aller Welt sicherte ihr beständig ein reichliches Einkommen. Nach ihrem Tod im Jahre 1955 gingen die Rechte an Elizas Sohn Irving Shepard über, und als dieser 1975 starb, wurde dessen Sohn Milo der Verwalter des literarischen London-Nachlasses. Aus einem Teil der Ranch wurde später Naturschutzgebiet, aber mehr als vierhundert Hektar davon gehören noch immer der Familie Shepard.

Befreit vom Schatten ihres Vaters, wuchs Joan London heran und wurde eine bedeutende Persönlichkeit in der radikalen politischen Bewegung. Ihre Studie über ihn zeugt von einem tieferen Verständnis der Gesellschaft als Jack es je besessen hatte. Sie beschreibt die Konflikte zwischen Arbeitern und Unternehmern zu Jacks Lebenszeit und zeigt ihn – nach Art der Marxisten – in diesem Bezugsrahmen. Joan London starb 1971; ihr letztes Werk war ›So Shall Ye Reap‹ (›So sollst Du ernten‹), eine Untersuchung der Arbeitskämpfe der kalifornischen Farmarbeiter.

George Sterling, ein zweitklassiger Dichter, Bohèmien und Alkoholiker, starb zehn Jahre nach Jack. Seine Frau Carrie, die in ihrer eigenen Welt der Verzweiflung lebte, beging Selbstmord. Zwischen seinen Trinkgelagen fühlte sich Sterling erbärmlich und gedemütigt. In einem solchen Zustand fuhr er einmal hinaus zum

Bohemian Grove, wo er und Jack so oft gezecht hatten und schluckte Zyankali. Upton Sinclair schrieb über das Ehepaar Sterling und Jack: »Ich habe ein Foto von diesen Dreien, das sie auf einem Segelboot in der Bucht von San Francisco zeigt; es ist ein hübsches Bild von drei gutaussehenden, begabten jungen Leuten. Wenn man bedenkt: alle drei sollten durch eigene Hand umkommen!«

Unter Sozialisten weckt der Name Jack London immer noch ein Gefühl der Kraft, welches das Wissen um seine – um es milde auszudrücken – Sprunghaftigkeit merkwürdig überlagert. Eine ganze Reihe von Leuten sowohl seiner eigenen als auch nachfolgender Generationen hat sich geweigert, an seinen Rassismus und Chauvinismus zu glauben. Als Charles Lestor[55] einmal einen Vortrag über Jack London hielt, stand ein junger Mann im Zuhörerraum auf und las einige von Jacks Erklärungen zum Ersten Weltkrieg vor. Lester meinte, er könne nicht glauben, daß der Mann, den er in Erinnerung habe, solche Worte geschrieben habe: »Sie mögen behaupten, daß er diese Dinge gesagt hat. Ich weiß, daß Jack niemals die Arbeiterklasse betrogen hätte.« Auch Jim Graham[56], dessen Auffassung vom Marxismus ebenfalls während der ersten Jahre dieses Jahrhunderts in Nordamerika geprägt wurde, gab die gleiche Antwort. Als er zur Überlegenheit des weißen Mannes und zum Krieg befragt wurde, antwortete er: »Ich bin sicher, Jack hätte nie... Ich hoffe, Sie verstehen!«

Nur wenigen Menschen wurde eine derartige Wertschätzung bewahrt, bei der noch fünfzig Jahre nach dem Tod Fehler geleugnet und Verdienste übermäßig hervorgehoben wurden, besonders, was die Politik angeht. Zum Teil ist Jacks früher Tod dafür verantwortlich. Trotz seiner vielen Veröffentlichungen erreichte er nie das Stadium, wo seine grundsätzlichen Meinungen sich festigten und dadurch seine Anschauungen vorhersehbar wurden. Statt dessen steht man vor einer Anzahl von Fäden, die zu Spekulationen darüber anregen, welche Wichtigkeit sie haben und wohin sie wohl führen. Die bis heute erschienenen Studien über Jack sind alle politisch einseitig und geben eher Facetten wieder, als daß sie versuchen, den Menschen als Ganzes zu erfassen. Sein Leben war jedoch so abgeschlossen, als hätte er nicht vierzig, sondern achtzig Jahre gelebt. Die verschiedenen Aspekte waren Teil einer Persönlichkeit, deren Stärken und auch Schwächen durch die Wirren der Epoche zu Überreaktionen herausgefordert wurden. Und es ist doch durchaus möglich, all diese Aspekte zu sehen und trotzdem für Jack London Zuneigung zu empfinden wie für einen schwierigen Freund.

# 14. Die Grundlagen des Ruhms

Jack Londons Bücher sind bis zum heutigen Tag literarisch nicht ernstgenommen worden. Bestenfalls wird er als unterhaltsamer, aber unbedeutender Schriftsteller angesehen, und oft wird sein Werk mit Geringschätzung bedacht. In seinem Buch ›Intellectual America‹ (›Das intellektuelle Amerika‹) nennt Oscar Cargill Jack London, Upton Sinclair und Theodore Dreiser »geistlose, sich plump ausdrückende Nachkommen« früherer realistischer Autoren wie Frank Norris. Im selben Buch schreibt Cargill an anderer Stelle, es deute wenig darauf hin, daß Jack London oder andere Autoren dieser Schule wußten oder »darum bemüht waren zu wissen«, was »das echte Primitive« eigentlich war. Andere Kritiker erkennen Jacks Popularität zwar an, messen ihm aber aus literarischer Sicht wenig Bedeutung bei.

Solche Urteile haben zwar die Menschen nicht abgehalten, Jack Londons Bücher zu lesen, aber sie haben oft eine Art Schuldgefühl bei der Lektüre geschaffen: man nimmt für sich – etwas trotzig – das Recht auf Trivialität in Anspruch. Es ist jedoch nicht ungewöhnlich, daß Literaturkritiker vergessen, was Literatur eigentlich ist. Im wesentlichen ist das meiste der populären Romanliteratur von vergänglichem Wert und geht nicht über die Befriedigung irgendeines aktuellen Bedürfnisses hinaus. Wenn einmal Anspruch auf größere Verdienste erhoben wird, so schwinden diese gewöhnlich mit der Aktualität dahin. Niemand liest heute mehr Marie Corelli und A. S. M. Hutchinson, und kein Kritiker verlangt, daß man sie lesen solle. Wenn aber ein Schriftsteller den Bedürfnissen einer großen Anzahl von Lesern für eine hinreichend lange Zeit gerecht wird, hat er sich damit ein Anrecht auf einen ehrenhaften Platz in der Literatur erworben, denn es hat sich dadurch herausgestellt, daß die von ihm befriedigten Bedürfnisse nicht zeitbedingt sind. Mehr als sechzig Jahre sind seit Jack Londons Tod vergangen und mehr als siebzig Jahre ist es her, daß seine wichtigsten Werke geschrieben wurden; wo immer in der Welt man Bücher liest, werden die meisten seiner Werke immer wieder neu aufgelegt. Man kann nicht an ihm vorbeigehen.

Das Auffälligste an seinem Werk ist der Umfang. Sein erstes Buch wurde im Jahre 1900 veröffentlicht. Einschließlich der sieben postum erschienenen Bücher hatte er bis 1916 fünfzig Bücher geschrieben; das bedeutet, daß er über die ganze Zeit hinweg im

Durchschnitt drei Werke pro Jahr schuf. Zudem machte er Entwürfe und Notizen zu weiteren Büchern, und ›The Assassination Bureau‹ (›Das Mordbüro‹) wurde zur Hälfte fertig geschrieben (es wurde von Robert L. Fish vollendet und 1963 veröffentlicht). Viele Bücher sind nicht besonders umfangreich; die Bände mit Kurzgeschichten haben meist einen Umfang von insgesamt fünfzigtausend Worten. Andere Werke wie ›Ruf der Wildnis‹, ›The Scarlet Plague‹ (›Die Scharlachpest‹) und ›The Game‹ (›Das Spiel‹) sind kaum lang genug, um als Romane gelten zu können. Gemessen an der in der Belletristik üblichen Seitenzahl würde Jacks Werk etwas mehr als dreißig Bücher anstatt fünfzig ausmachen – immer noch ein beachtliches Ergebnis für die Arbeit von nur sechzehn Jahren. Zählt man noch seine journalistischen Artikel hinzu, so entspricht das Resultat fast der konstanten Leistung seines Tagespensums von tausend Worten während all diesen Jahren.

Etwa ein Drittel seiner Arbeiten kommt für eine ernsthafte Würdigung nicht in Betracht. Es ist zweifelhaft, ob irgend jemand heutzutage noch seine ›Südseegeschichten‹ oder den ›Wolf von Wallstreet‹ liest. ›Joe unter Piraten‹ und ›Fischpiraten‹ sind Abenteuergeschichten für Schuljungen. Die Bücher ›An der weißen Grenze‹, ›Die Bestie des Abgrunds‹ und ›Die Herrin des großen Hauses‹ sind lediglich für Studenten interessant, die das Thema Jack London bearbeiten. Diese Bücher und noch einige andere wurden nur für den Publikumsgeschmack geschrieben, leben allein vom Namen des Autors und beanspruchen nicht, von bleibendem Wert zu sein. Keines der drei von ihm verfaßten Theaterstücke – ›Scorn of Women‹, ›Theft‹ (›Diebstahl‹) und ›The Acorn Planter‹ (›Der Eichelpflanzer‹) – war erfolgreich, und die meisten Leute wissen nicht einmal, daß es sie gibt.

Das Bemerkenswerte an den restlichen zwei Dritteln von Jacks Werken, die seine Popularität begründeten, ist das Maß, mit dem diese Bücher dem Geschmack und der Stimmung seiner eigenen Epoche vorgriffen. Jack erlangte schnell Berühmtheit als Verfasser kraftvoller, in klarem Stil geschilderter Abenteuer im eisigen Norden und auf See. Als Autor solcher Geschichten einmal anerkannt, wurde die Wahrscheinlichkeit immer geringer, daß etwas aus seiner Feder abgelehnt wurde. Trotzdem bleibt die Tatsache bestehen, daß der Erfolg jener Bücher Jack Londons, die heute am meisten gelesen und geschätzt werden, zum Zeitpunkt des Erscheinens äußerst zweifelhaft war. ›Ruf der Wildnis‹ und ›In den Slums‹ waren entgegen allen Erwartungen erfolgreich. Die Bücher ›Die eiserne Ferse‹, ›Abenteurer des Schienenstranges‹, ›Martin Eden‹

und ›Die Zwangsjacke‹ wurden entweder zurückhaltend oder ausgesprochen geringschätzig aufgenommen. Ein Grund, warum Charmian über diese vier Bücher nur wenig Worte verliert, ist, daß sie sich noch nicht durchgesetzt hatten, als sie ihre Biographie schrieb. Und doch wäre Jack ohne diese Werke heute nicht berühmt; vielleicht wäre er bekannt als Verfasser ausgezeichneter Kurzgeschichten, aber er könnte keine größeren Werke vorweisen, die für ihn sprächen.

Der Grund für Zweifel daran, ob die Leser von 1903 das Buch ›Ruf der Wildnis‹ akzeptieren würden, wurde bereits erwähnt: es bedeutete eine Abkehr von der traditionellen, sentimentalen Form der Tiergeschichten. Läßt man einmal Jacks Werk ›Die eiserne Ferse‹, das in jeder Beziehung ein Sonderfall ist, beiseite, so kann man Entsprechendes für alle anderen Bücher sagen, die zu Jacks Lebzeiten entweder keine wohlwollende Aufnahme fanden oder bei denen eine solche gar nicht erwartet wurde. In ›Abenteurer des Schienenstranges‹ und in der ›Zwangsjacke‹ wird das Leben im Gefängnis auf erschreckende Weise beschrieben, was ja auch die Faszination der ›Zwangsjacke‹ ausmacht. Die darin enthaltenen historischen Fantasievorstellungen reichen vom Gewöhnlichen bis zum Verschwommenen, aber die Hintergrundatmosphäre der Strafzelle zieht den Leser in deren Bann. Zu Beginn des 20. Jahrhunderts war dies allerdings ein durch und durch ungeeigneter Stoff. Die sentimentale Schilderung einer Gefängnisepisode, wie zum Beispiel in ›The Ballad of Reading Gaol‹ (›Die Ballade vom Zuchthaus zu Reading‹) von Wilde, hielt man für hinreichend gewagt als Alternativdarstellung zu Bildern von Dickensscher Prägung, wo die Bösen erhielten, was ihnen gebührte. Als Jack das Unmenschliche der Gefängnisse aufzeigte und mehr als einmal durchblicken ließ, daß die Rechtsprechung sowieso nur Schwindel sei, war Jack London seiner Zeit um eine Generation voraus.

Das Buch ›Martin Eden‹ stieß wegen des darin enthaltenen Pessimismus, der Unfähigkeit des Helden, glücklich zu sein, auf Ablehnung. Als Martin Eden sich gegen alle widrigen Umstände durchgesetzt hatte, muß er einsehen, daß er keine Glaubenslehre oder Beziehung hat, auf die er vertrauen könnte. Ein halbes Jahrhundert später, als es eine populäre Literatur ohne »happy end« gab, war das Thema nicht mehr ungewöhnlich und stieß auf Verständnis beim Leser; ja, schon in den zwanziger Jahren wurde das Buch akzeptiert, im Amerika vor dem Ersten Weltkrieg jedoch deutete es nur auf eine ungesunde Selbstprüfung hin. Ebenso sollten Angriffe auf den Lebensstil der Mittelschicht und den Erfolgsmythos erst später modern werden. Als ›Martin Eden‹ veröffentlicht wurde, konnte das Werk auf die Buch- und Zeitschriftenleser nur befremdlich wirken, denn warum sollte ein junger Mann, dem die Welt zu Füßen lag, Gesellschaft und Erfolg verachten und sich am Ende entschließen, Selbstmord zu begehen?

Jack Londons Themen entstammten seiner eigenen, direkten Erfahrung, und bei seinen Beschreibungen achtete er niemals darauf, »nett« zu sein. Viele seiner Geschichten sind autobiographisch und schildern Ereignisse seines Lebens entweder direkt in der ersten Person, wie ›Abenteurer des Schienenstranges‹ und ›König Alkohol‹, oder anhand leicht veränderter Namen und Umstände. Nicht selten benutzte er die Namen von Bekannten in einer Weise, die für englische, von Verleumdungsklagen bedrohte Schriftsteller undenkbar wäre. Ernest Everhard ist nur ein Beispiel dafür, obwohl Jack in diesem Fall lediglich den Namen entlieh, ohne den Cousin, den er früher einmal kennengelernt hatte, sonst mit einzubeziehen. In mehreren Fällen übernahm er gleich die ganze Person unter deren eigenem Namen. Dazu gehörte aus seinen Klondike-Tagen Elam Harnish, der Held aus ›Lockruf des Goldes‹, Vater Roubeau, der Priester in seinem Buch ›Der Sohn des Wolfs‹ und, als vielleicht erstaunlichstes Beispiel, Freda Moloof, die als gutmütige Hure in dem Drama ›Die Verachtung der Frauen‹ erscheint und in Wirklichkeit eine Tänzerin war, die Jack in Dawson City kennengelernt hatte. Als er herausfand, daß sie in San Francisco lebte, überreichte er ihr ein Exemplar seines Buches.

Jacks Geschichten erwecken den Eindruck wahrer Begebenheiten, und was die Details anbelangt, entsprachen sie auch zweifellos der Wirklichkeit. Wenn mitunter die Authentizität angezweifelt wurde, konnte Jack immer mit der Sicherheit selbst gemachter Erfahrungen antworten. 1909 schrieb er eine Erwiderung zu einem Artikel mit der Überschrift ›The Canada Fakers‹ (›Die Kanada-Schwindler‹), der in der Zeitschrift ›Canada West‹ erschienen war. Eine bezeichnende Passage seines Briefes lautet:

»Sie kritisieren, daß ich den Ausdruck »mush on« (»stapft los«) für die Befehle der Hundeführer verwendete. Meine Geschichten aus dem Norden beschränken sich praktisch alle auf Klondike und Alaska, und dort ist »mush on« der einzige Ausdruck, der für die Hunde als Befehl zum Aufstehen, Weitergehen und Laufen benutzt wird. Darüber kann es gar keinen Zweifel geben, und jeder, der in Klondike oder Alaska war, wird meine Behauptung bestätigen.«

An einen Bekannten aus den Tagen in Klondike schrieb er: »Es stimmt, Dein Hund in Dawson war das Vorbild zu Buck, und natürlich waren auch Richter Millers und Richter Bonds Wohnungen nachempfunden – bis hin zu den einbetonierten, schwimmenden Tanks und dem artesischen Brunnen.«[57]

Aber die Verwendung von tatsächlich existierenden Menschen und wahren Begebenheiten allein macht noch keinen Realismus aus. Jack Londons Geschichten üben vielmehr deshalb eine ständige Anziehungskraft aus, weil sie letzten Endes ganz und gar nicht realistisch, sondern romantische Fantasiegebilde sind. Nicht allein bringen sie dem Stadtmenschen eine weit entfernte Welt mit erregenden Abenteuern nahe, sondern sie verändern diese Welt auch so, wie sie der Leser haben will, und zeigen sie nicht, wie er sie vorgefunden hätte. Das Trinken und Spielen in den Kneipen von Klondike wird dargestellt ohne das erbärmliche Elend, das im wirklichen Leben darauf folgte – es ist alles Teil einer schwadronierenden, kraftvollen Welt voller starker Männer und schöner Frauen. Die Helden vereinen in sich prächtige Körper und überragenden Geist. Sowohl Martin Eden als auch Ernest Everhard haben Muskeln, die fast ihre Kleider sprengen; Elam Harnish ist »ein Bild von einem Mann ... er hatte das Leben unmittelbar und intensiv gelebt, und etwas von all dem glühte in seinen Augen«. In der Tivoli-Bar besiegt er beim Armdrücken an der Theke jeden anderen Mann. Auch die Nebenfiguren sind aus dem gleichen Guß:

»Waren sie auch durch die härteste männerschmiedende Schule gegangen und Veteranen vieler wilder Kämpfe, Männer von Blut, Schweiß und Ausdauer, so fehlte ihnen doch etwas, das Daylight in hohem Maße besaß – nämlich ein fast perfektes Zusammenspiel von Gehirn und Muskeln ... Und dazu hatte er noch diese übermenschliche Kraft, mit der nur einer unter Millionen ausgestattet wird – eine Kraft, die nicht von der Körpergröße, sondern von der inneren Struktur abhängt, eine außergewöhnliche organische Überlegenheit, die aus dem Muskelgewebe selbst kommt.«

Der letzte Teil dieses Abschnitts ergibt keinen Sinn. Aber davon abgesehen, waren denn Jacks Gefährten in Klondike wirklich so? Es ist, gelinde gesagt, unwahrscheinlich. Außerdem war der Goldrausch im Norden in Wahrheit ganz offensichtlich in erster Linie durch den Wunsch, reich zu werden, entfacht worden – ob man dies nun Habgier nennt oder nicht, ist Ansichtssache.

Und trotzdem ist Jack Londons Fantasiewelt nicht mit der anderer, ja, der meisten populären Autoren zu vergleichen, denn er hatte sie für sich selbst geschaffen. Für praktisch alles, was er in seinem Leben tat, gilt, daß romantische Bilder ihm verhüllten, wie die Dinge und die Menschen wirklich waren. Sicherlich sind die

Fehlschläge in seinen persönlichen Beziehungen und seinen Plänen diesem seinem Hang zuzuschreiben. Die Idealisierung seiner Erlebnisse in seinen Geschichten war nicht allein ein selektiver Rückblick aus sicherer Entfernung, sondern entsprach den Erwartungen, die er in diese Erlebnisse gesetzt hatte und die er sich offensichtlich bewahrt hatte. Ein Grund dafür war, daß Jacks Erlebnisse als Austernräuber und auf See, als Landstreicher und in Klondike alle nur kurzfristig waren, was es ihm ermöglichte, sich als Mitglied einer erhabenen und glorreichen Bruderschaft zu sehen, ohne die ernüchternde Wirkung der Zeit zu erleben. Mit Bildern im Kopf, die aus seiner Schuljungen-Lektüre stammten, betrat er diese Erlebniswelten, und mit den gleichen Bildern verließ er sie auch.

Seine Fantasievorstellungen entsprachen denen seiner Leser. Wie sie hatte er die Vorstellung eines Nordlandes voller männlicher Abenteuer, bevölkert von Menschen wie Malemute Kid. Jack gab dem Gefühl der Leser Ausdruck, daß ein solches Leben weit über dem der meisten Menschen stehe und einen höherwertigen Menschentypus hervorbrächte. Smoke Bellew macht sich darüber Gedanken:

»Allein, ohne einen Gesprächspartner, dachte er viel nach, auf gründliche und einfache Art. Er fühlte sich nun abgestoßen von der Verschwendung jener Jahre, die er in der Stadt zugebracht hatte; von der Schäbigkeit der Philosophien in Schulen und Büchern; von dem cleveren Zynismus in Studio und Redaktionssaal; von der Heuchelei der Geschäftsleute in ihren Clubs. Sie wußten nicht, was das war: Nahrung, Schlaf, Gesundheit, und ebensowenig würden sie je die Möglichkeit haben, den Stachel wahren Appetits kennenzulernen, den wohligen Schmerz der Müdigkeit und das Pulsieren wilden, starken Blutes, das im ganzen Körper wie Wein prickelt, wenn die Arbeit verrichtet ist.«

Ein Teil der Geschichten stellt extreme Fantasievorstellungen dar. Die wunderbar erzählte Geschichte ›The Night Born‹ (›Der Nachtgeborene‹) ist hierfür ein Beispiel: Es ist jene Art sexueller Episode, fern jeder Zivilisation, von der die meisten Männer irgendwann einmal träumen.

Ohne Zweifel haben zu Jacks Lebzeiten zahllose Menschen es für möglich gehalten, daß auch sie solche Abenteuer erleben könnten, wenn sie nur die Gelegenheit dazu hätten. Die Legende um die »frontiersmen« (Grenzbewohner) übte immer noch starke Anziehungskraft aus; und zum Teil resultierte daraus Jacks Ruf als realistischer Schriftsteller; auch die Härte, die in seinen Geschichten in reichem Maße vorkommt, trug dazu bei. Der Tod, gewöhnlich durch Gewalt hervorgerufen, wird häufig erwähnt, Krankheiten, Erfrierungen und Skorbut tauchen regelmäßig auf und Aussatz kommt in mehreren Südseegeschichten vor. Dies ist gleichzeitig ein weiterer Aspekt des Romantischen: dargestellt wird das »Gesetz des Lebens«, das Jack niederlegte. Es erübrigt Erklärungen und macht menschliche Bemühungen belanglos: »So ist es nun einmal« lautet die Botschaft des Autors an seine Leser.

Dieses Prinzip bildet den Kern einiger Geschichten und vielleicht die beste davon ist eine Boxergeschichte, ›A Piece of Steak‹ (›Das Steak‹). Die Hauptfigur ist ein in Schwierigkeiten steckender, alternder Boxer, der gegen einen aufstrebenden, jüngeren Mann antreten muß. Sein größeres Können reicht nicht ganz aus, um Kraft und Schnelligkeit des anderen wettzumachen. Auf dem Heimweg denkt er darüber nach, wie knapp er verloren hat und wie er hätte gewinnen können, wenn er sich nur zuvor ein Steak hätte leisten können. Die Großartigkeit der Geschichte liegt darin, daß der Autor es dabei beläßt und Gefühle ausspart; mit der Zeit wird dem Jüngeren das gleiche passieren. Trotzdem man weiß, daß dies zutrifft, hat man das Gefühl, daß dem Autor diese Vorstellung gefällt – denn »das Gesetz« ist wie Gott, der alles lenkt, egal, was der Mensch denkt.

Diese Überlagerung von lebendigen, oft rauhen Erlebnissen mit romantischen Vorstellungen erzeugte Widersprüche. Einige der Erzählungen sind durch Jacks Unfähigkeit mißlungen, seine Vorstellungen zu durchbrechen und zu erkennen, wie Männer und Frauen in bestimmten Situationen wirklich denken und fühlen würden. Daran scheitert seine Geschichte ›Eine Odysee des Nordens‹ trotz der packenden Darstellung. Sogar ›Liebe zum Leben‹, eine seiner kraftvollsten Geschichten, gleitet gegen Ende fast ins Lächerliche ab, als der Mann gerettet wird und sich im Kreise anderer Menschen von seinen Strapazen erholt.

Jacks schlechteste Arbeiten, die nur wegen des Geldes produzierten Geschichten, wurden bereits erwähnt. Seine besten finden sich in einer Reihe von Kurzgeschichten, die ihm die Anerkennung als Meister dieser Form einbrachten. Eine Sammlung dieser überragenden Erzählungen würde enthalten: ›Der Ausreißer‹, ›Der Mexikaner‹, ›Liebe zum Leben‹ – dessen Ausgang eher belanglos als wirklich schwach ist –, ›Das Steak‹, ›Der Nachtgeborene‹ und ›To Build a Fire‹. Sechs oder sieben andere sind ebenfalls in jeder Hinsicht als ausgezeichnet einzustufen. Außerdem sind ›Die Fahrt der Snark‹ und ›Abenteurer des Schienenstranges‹ Sammlungen von Episoden, die sich auch als Einzelgeschichten gut lesen lassen.

Der Grund, warum diesen Arbeiten allgemein literarisches Gewicht abgesprochen wird, liegt an ihrer Thematik. Wie gut Jack Londons Geschichten auch immer sind, sie werden nicht ernstgenommen, weil der Stoff nicht das Leben widerspiegelt, das die meisten Menschen kennen – ja, die Stoffe bieten geradezu die Möglichkeit zur Flucht aus eben diesem Leben. Dies gilt nicht allein für die Klondike- und Südseegeschichten, sondern auch für jene über Boxer und Tramps, die gleichfalls verlockende und verrufene Fantasiewelten darstellen. Man kann Vergleiche ziehen mit amerikanischen Schriftstellern zu Beginn des Jahrhunderts – zum Beispiel mit Sinclair Lewis –, die trotz ihres, im Vergleich zu Jack London schwächeren, erzählerischen Könnens für ihre Darstellungen der vertrauten zeitgenössischen Welt dennoch das Lob der Kritiker errangen. Da diese Welt sich verändert, spricht nichts dagegen, London als Schriftsteller von bedeutendem Rang anzuerkennen. Sein Platz in der Literaturgeschichte liegt etwa auf einer Ebene mit Maupassant. Jack Londons Blickwinkel war zu eng, als daß er zur Spitzengruppe der Autoren gezählt werden könnte, aber auf dem Gebiet fantasievoll-bildhafter Erzählungen kann sein Werk nicht übertroffen werden.

Man sagt von Schriftstellern, daß sie »den Test der Zeit« bestehen oder nicht bestehen; gewiß sind viele Bücher gefeierter Autoren zwei Generationen später langweilig. Doch nahezu jeder, der ein Buch von Jack London aufschlägt, wird vom Ablauf der Handlung und der Lebendigkeit seines Stils gefangengenommen. Dies gilt auch dann, wenn die Geschichte selbst grotesk ist, denn die Qualität liegt darin (und vielleicht macht dies die Kunst jedes Erzählers aus), daß die schwerfälligen, melodramatischen Vorfälle lebensecht erscheinen. Man betrachte hierzu die bekannte Episode aus der ›Eisernen Ferse‹, als Everhard die Sache mit Jacksons Arm zur Sprache bringt. Er wendet sich an die Tochter des Mühlenbesitzers:

»›...Ihr Kleid ist mit Blut befleckt, Ihre Nahrung ein blutiger Eintopf. Das Blut kleiner Kinder und starker Männer tropft von diesen Ihren Dachbalken. Wenn ich die Augen schließe, so höre ich es ständig tropfen, überall.‹ Und wie er es gesagt hatte, schloß er die Augen und lehnte sich auf seinem Stuhl zurück. Diese Demütigung und meine verletzte Eitelkeit ließen mich in Tränen ausbrechen. In meinem ganzen Leben war ich noch nie so grausam behandelt worden. Der Bischof und mein Vater waren verwirrt und beunruhigt.«

Man hätte das Bild des tropfenden Blutes vielleicht auf einer Rednertribüne oder in einem Pamphlet gebrauchen können, aber es ist einfach unmöglich, sich diese Unterhaltung und die beschriebenen Folgen im wirklichen Leben vorzustellen. Außerdem geht in jenem Moment der einarmige Jackson am Fenster vorbei, als hätte man ihm sein Stichwort zum Auftritt gegeben. Die Handlung schreitet jedoch so rasch fort und enthüllt derart bekannte Tatsachen über die Arbeitsbedingungen in der Industrie, daß der Leser nicht nur akzeptiert, daß Everhard eine solche Rede halten konnte, sondern auch, daß sich das Mädchen daraufhin folgerichtig und auf der Stelle dem Sozialismus zuwandte.

Jacks frühe Arbeiten sind sichtlich geprägt durch sein Studium der Werke Kiplings. Das Erzählerische machte ihm keine Schwierigkeiten, aber es gibt zweiflerische Worte von ihm, die erkennen lassen, wie er nach Wegen suchte, um stilistisch gut zu schreiben. Diese Zweifel verschwanden jedoch schnell, als sein Selbstvertrauen zunahm, und nach den ersten zwei oder drei Büchern fand Jack bereits zu seinem eigenen, charakteristischen Stil. Es ist im wesentlichen eine journalistische Schreibweise und wird fast zum Stil eines Reporters, wenn er Handlungen beschreibt. Noch ein anderes journalistisches Element ist darin enthalten, das seine größte Schwäche werden sollte: die Wiederholung. Aus der nützlichen Technik, Sätze zu wiederholen, wurde ein billiger Weg, etwas nachdrücklich zu betonen. In seinen Briefen benutzte er dieses Mittel häufig bei tadelnden Vorwürfen, und es ist auch im ›Guten Soldaten‹ zu erkennen. Zum dauernden Ärgernis wird es jedoch in den Geschichten, die er in den letzten fünf Jahren seines Lebens schrieb. ›Das Mondtal‹ ist hierfür ein gutes Beispiel:

»Sei nie ohne einen Schleier, ohne viele Schleier. Verschleiere Dich mit tausend Schleiern, deren teure Stoffe und kostbare Juwelen schimmern und glitzern. Laß nie den letzten Schleier fallen. Wappne Dich für den kommenden Morgen mit weiteren Schleiern, noch mehr Schleiern, Schleiern ohne Zahl. Jedoch dürfen die vielen Schleier nicht wie viele Schleier erscheinen. Jeder Schleier muß vielmehr wirken wie der einzige zwischen Dir und Deinem hungrigen Liebhaber, der erst zufrieden sein wird, wenn er Dich ganz und gar besitzt. Jedesmal muß er meinen, alles zu bekommen, den letzten Schleier zu zerreißen, hinter dem Du Dich verbirgst. Dies muß er glauben, aber es darf nicht so sein. Es darf keine zufriedene Sattheit geben, denn am nächsten Morgen will er wieder einen letzten Schleier vorfinden, der ihm entgangen ist.«

Diese Passage ist nur ein Ausschnitt aus mehreren Seiten endloser Wiederholungen eines Gedankens, den auszudrücken fünf oder sechs Sätze durchaus genügt hätten. Und es gibt mehr solcher

Beispiele eines miserablen Stils, der für gewisse Entwicklungen verantwortlich ist, da viele Lehrbücher für Romanschriftsteller in den letzten vierzig Jahren natürlich Jack London als eines ihrer Vorbilder benutzt und seine Kunstgriffe, mit Wörtern »Wirkung« zu erzielen, aufgeführt haben. Dadurch wurde der Trick des endlosen Wiederholens von Schlüsselwörtern und -sätzen zum festen Repertoire gedankenloser Literatur aller Art – unter anderem ist er ein typisches Kennzeichen der meisten »harten« Gangsterromane.

Viele Werke aus Jacks besten Jahren sind jedoch glänzend und enthalten nicht nur eine fortschreitende Handlung ohne Wortwiederholung, sondern auch einige wunderbar plastische Passagen. In ›Ruf der Wildnis‹ gelang ihm eine Reihe packender Beschreibungen des Nordlandes, die im Gedächtnis des Lesers haften bleiben:

»Die Monate kamen und gingen, kreuz und quer zogen sie sich durch die noch unerforschte Weite, wo es keine Menschenseele gab und doch Menschen gelebt haben mußten, wenn die Geschichte von der verlorenen Hütte wahr sein sollte. Durch die auch im Sommer auftretenden Schneestürme zogen sie über Wasserscheiden, zitterten unter der Mitternachtssonne auf kahlen Bergen zwischen der Baumgrenze und dem bloßen Schnee... Im Herbst jenes Jahres drangen sie zu einer unheimlichen Seenlandschaft vor, traurig und schweigsam, wo einst Wildvögel genistet hatten, jetzt aber sich kein Leben oder Anzeichen von Leben mehr regte – nur das Wehen kalter Winde, das Gefrieren des Eises an geschützten Plätzen und das melancholische Kräuseln der Wellen an einsamen Ufern.«

Solche Passagen schrieb er mit Hilfe seiner Notizbücher, die er gefüllt hatte, und der Bilderwelt, die er sich aus seiner Schuljungenlektüre geformt hatte. In späteren Jahren plagte ihn die Suche nach Stoffen und Handlungen. Er führte Karteikästen mit Zeitungsausschnitten und suchte nach Themen bei allem, was er las und sah. Ausgehend von Geschichten wie beispielsweise ›Liebe zum Leben‹ und ›Der Ausreißer‹ wurde die Vermutung geäußert, daß er als Autor das Beste leistete, wenn er isolierte Einzelschicksale vor einem bestimmten Hintergrund beschrieb, doch bei einer gründlicheren Untersuchung läßt sich dies nicht aufrechterhalten. Es scheint vielmehr, als wäre er davon abhängig gewesen, Handlungsideen für einen Hintergrund aufzuspüren oder geliefert zu bekommen, mit dem er vertraut war. Die Qualität der Ergebnisse hing dann von seiner Einstellung zu der jeweiligen Arbeit ab – und mehr als alles andere von dem, was in seinem Privatleben vor sich ging.

Grob gesprochen gibt es zwei Kategorien unter Jack Londons

Lesern. Seine Abenteuergeschichten haben ein riesiges, internationales Publikum, und er übt als Schriftsteller eine besondere Anziehungskraft auf Sozialisten und Radikale aus. Offensichtlich gibt es zwischen diesen beiden Gruppen eine beträchtliche Überschneidung, was aber nicht notwendigerweise der Fall sein muß. ›Ruf der Wildnis‹ und ›Wolfsblut‹ beispielsweise sind Klassiker in Spanien, wo aber seine politischen Schriften lange verboten waren. Während die Vorliebe der Radikalen für Jack London eng mit der Legende verbunden ist, er hätte trotz seiner Extravaganzen auf der Seite der Unterdrückten gekämpft, liegen die Wurzeln hierfür doch vor allem in dem Traum einer »Literatur der Arbeiterklasse«, ein Traum, der seit der Entstehung der Arbeiterbewegungen bestanden hatte und nie realisiert wurde. Von den wenigen Schriftstellern jedoch, die der Verwirklichung nahekamen, sollte allein Jack London Berühmtheit erlangen.

Man hatte dabei die Vorstellung einer Literatur, die vom Inhalt her propagandistisch war, in jeder anderen Hinsicht aber eigenständischen literarischen Wert hatte. Die vorhandene Literatur drückt die Werte einer bestehenden Gesellschaftsordnung aus oder, wie Marx schrieb: »Die herrschenden Ideen jeder Epoche sind immer die Ideen der herrschenden Klasse gewesen«. Arbeiterliteratur sollte nicht allein befriedigender und verständlicher geschrieben sein, sondern ihr Anwachsen wäre zugleich auch Ausdruck und Maßstab der Stärke der Arbeiterbewegung. Obwohl sie bewundert wurden, genügten Schriftsteller wie Morris und Shaw diesen Anforderungen nicht, denn sie verkörperten zwar Aufklärung und Vernunft, aber nicht als Stimme der Proletarier. Es bedurfte Schriftsteller, die zur Arbeiterklasse gehörten und deren wachsendem Bewußtsein Ausdruck verliehen, anstatt sich dem Status quo zu verkaufen.

In diesem Licht gesehen ist ein Buch wie ›In den Slums‹ einzigartig. Für jeden, der es liest, ist es ein schneidend scharfer, packender Bericht über die Londoner Slums. Seine besondere Qualität macht jedoch Jacks Standpunkt aus. Genaugenommen war er ein verkleideter Beobachter, aber er wußte, worauf es ankam, ganz einfach, weil er selbst unter harten Bedingungen und in Armut aufgewachsen war. Tatsächlich hätte die Verkleidung allein wohl auch nicht ausgereicht, denn es gibt eine Art zu schauen, zu stehen und zu gehen, die die Herkunft klarer erkennen läßt als Kleidungsstücke. Gleichzeitig aber hatte Jack sich als Schriftsteller bereits hinreichend durchgesetzt, um selbstsicher und ohne Rechtfertigungen oder Geschmacklosigkeiten über jenes East End schreiben zu können, das er sah.

Die Qualität des Buches wird deutlich, wenn man ›In den Slums‹ mit anderen Werken vergleicht, die Leben und Umstände der Armen beschreiben. Engels' ›Die Lage der arbeitenden Klasse in England‹ (1845) ist der klassische Bericht über Slums, der allein durch die reine Anhäufung von schrecklichen Beispielen anklagt. Er ist aus Mitleid und Empörung geschrieben worden, doch was man darin vermißt, ist das Persönliche, Nebensächliche, das letztlich bei ›In den Slums‹ dem Leser am längsten im Gedächtnis haften bleibt: die zwei Männer, die Brotkrusten aufklauben und essen, der junge Mann, der seinen mageren Arm vorzeigt. Außerdem gibt es noch jenes bemerkenswerteste aller Bücher über das Leben der Arbeiterklasse, nämlich ›The Ragged Trousered Philantropists‹ (›Menschenfreunde in Lumpen‹) von Robert Tressell. Auch dieses ist aus eigener Erfahrung jener Welt – der »Hölle, von einem der Verdammten« – geschrieben worden, und wie Jack Londons Buch war es bei Arbeitern ungeheuer populär. Seine Schwäche liegt darin, daß Tressell kein Schriftsteller war; er wußte nicht, wie man auswählt, Überflüssiges wegläßt und aus dem Stoff das Beste macht.

Natürlich brachte die sozialistische Bewegung zu Beginn des Jahrhunderts eine beträchtliche Literatur hervor. Das meiste davon erschien in Amerika; die Kerr-Gesellschaft in Chicago veröffentlichte eine ganze Buchreihe mit theoretischen und polemischen Werken über Geschichte, Philosophie und Ökonomie. Trotz ihrer großen Verbreitung in der englischsprachigen Welt – noch heute stehen sie als Sammelwerke auf den Bücherbords der Sozialisten – kann man diese Bücher kaum als populär bezeichnen, da es ihr Zweck war, die Bekehrten weiter aufzuklären und ihnen Argumente an die Hand zu geben. Man hoffte, eine Literatur der Arbeiterklasse würde sozialistische Ideen ganz einfach anhand von Situationen des täglichen Lebens, möglicherweise in dramatisierter Form, darstellen.

In den Büchern ›Die eiserne Ferse‹ und ›Martin Eden‹ geschieht das auf gefällige Art; was sie aber tatsächlich bieten, ist eine romantische Version, in der die Argumente der Bourgeoisie mit leichter Hand zerpflückt werden. Ernest Everhard entledigt sich aller philosophischen Schwierigkeiten mit seinem kernigen Spruch: »Werden wir doch endlich konkret!«

»›Meine Herren, ein Metaphysiker ist ein Medizinmann. Der Unterschied zwischen Ihnen und dem Eskimo, der sich einen pelzbehängten, Walfischspeck-essenden Gott schafft, ist lediglich der Unterschied von Tatsachen, die in einigen Tausend Jahren ermittelt wurden. Das ist alles.‹

›Und doch beherrschte das Denken des Aristoteles Europa zwölf Jahrhunderte lang‹, verkündete Dr. Ballingford wichtigtuerisch, ›und Aristoteles war Metaphysiker‹.

Dr. Ballingford blickte in die Tischrunde und wurde mit zustimmendem Kopfnicken und Lächeln belohnt.

›Ihr Beispiel ist höchst unglücklich gewählt‹, erwiderte Ernest. ›Sie sprechen von einer sehr finsteren Periode der Menschheitsgeschichte, und tatsächlich nennen wir diese Zeit das finstere Mittelalter – eine Zeit, da die Wissenschaft von den Metaphysikern vergewaltigt wurde, da die Physik zur Suche nach dem Stein der Weisen wurde, die Chemie zur Alchimie und die Astronomie zur Astrologie.‹«

Martin Eden wird von seinem Freund Brissenden in Kreise eingeführt, in denen Arbeiter in der gleichen Art über intellektuelle Fragen diskutieren und sie verlebendigen:

»Dies konnte unmöglich wahr sein, auf keinen Fall im Arbeiterghetto südlich der Market Street! Die Bücher waren in diesen Männern lebendig. Sie sprachen mit Feuer und Enthusiasmus, und das intellektuelle Stimulans erregte sie, wie andere Männer Trinken und Wutanfälle. Was er hier hörte, war nicht mehr die trockene Philosophie des gedruckten Wortes, geschrieben von fast mythischen Halbgöttern wie Kant und Spencer. Dies war lebendige Philosophie mit warmem, rotem Blut, so sehr fleischgeworden in diesen zwei Männern, daß sich ihre Gesichtszüge vor Erregung verzerrten. Hin und wieder fielen andere Männer ein, alle folgten der Diskussion, die Zigaretten verglommen zwischen ihren Fingern, und ihre Gesichter waren erregt und gespannt.«

Dies läßt den Leser, der vielleicht spürt, daß es Dinge gibt, die er verstehen sollte, aber nicht versteht, zweifellos glauben, er erhalte nun den Schlüssel zu den Geheimnissen, die gleichzeitig für das Alltagsleben bedeutsam und äußerst anziehend erscheinen. Nachdem er dieser Diskussion zugehört hatte, ist Martin Eden »aufgeregt wie ein Kind bei seinem ersten Zirkusbesuch«, und dem Leser mag es ähnlich ergehen. Kurz gesagt, beide Bücher stellen Ideen allgemeinverständlich dar. Die gleichen Elemente sind im ›Seewolf‹ vorhanden, obwohl Wolf Larsen nicht viel mehr tut, als mit Phrasen um sich zu werfen. Trotzdem werden Gesellschaftsprobleme verständlich und aufregend dargestellt. Zu diesen Enthüllungen bilden die persönlichen, in ›Abenteurer des Schienenstranges‹ beschriebenen Erlebnisse eine anregende Ergänzung. Sie erscheinen als Heldentaten eines Nonkonformisten, der sich über Respektabilität und Autorität lustig macht.

Im Sinne der Idee einer Arbeiterliteratur hat man sich um das Motiv der ›Eisernen Ferse‹ nicht viel gekümmert oder es in Frage gestellt. Dabei fehlt nicht viel und es wäre ein antisozialistisches Buch; zumindest wurde es von einem Mann geschrieben, der seine Meinung geändert hatte. Die Mehrzahl der Radikalen ist jedoch damit zufrieden, daß es ein Buch »über« Sozialismus und das einzige dieser Art ist, das die Popularität eines Bestsellers erreicht hat. Vermutlich liegt der große Wert der ›Eisernen Ferse‹ mehr im Typus des Buches als in der Botschaft. Einer der abschätzigen Sätze Cargills lautet: »... eine rohe Form des Sozialismus, so wie sie Jack London vertreten hat.« Sozialismus ist roh. Es ist die Forderung der Arbeiter, in Besitz zu nehmen, was ihnen gehört, und die andere, veredelte Art ist lediglich eine intellektuelle Pose.

Das Verdienst von Jack Londons Werken über Sozialismus und Revolution liegt gerade in dieser »Roheit« – deren Kraft und Einfachheit. Es ist wahr, daß er darin ein einzigartiges Zusammentreffen von gesellschaftlichen Faktoren einfing, das nicht wiederholbar ist. Sie umfaßten die rasche, fast gewaltsame Umwandlung der amerikanischen Gesellschaft, das Anwachsen einer tatkräftigen, aber zersplitterten radikalen Bewegung, die technischen Errungenschaften, welche eine auf die breite Masse zielende Presse hervorbrachten, die nach Autoren Ausschau hielt, welche die Bestrebungen der Epoche ausdrückten. Jack London kann auch gleichgesetzt werden mit einem Typus, der seit hundert Jahren schon in Großbritannien bekannt ist, in Amerika jedoch nur vorübergehend auftrat – der autodidaktische Arbeiter. Ein Teil von Jacks Individualität war zweifellos den Umständen zuzuschreiben, denn wäre seine Kindheit in geregelteren Bahnen verlaufen oder wäre er auf der Universität geblieben, so wäre er ein angepaßterer Mensch geworden. In diesem Fall aber wäre es höchst unwahrscheinlich, daß wir einen Schriftsteller gehabt hätten, der es von sich wies, als Gelehrter und Literat beschrieben zu werden und der sagte:

»Bevor man mir irgendeinen dieser Titel gab ... arbeitete ich in einer Konservenfabrik, fuhr als Matrose zur See und suchte, eingereiht in die Schlangen der Arbeitslosen, monatelang nach Arbeit. Und es ist die proletarische Seite meines Lebens, die ich am meisten schätze und an der ich festhalten werde, solange ich lebe.«[58]

# ANHANG

*Jack London als Schuljunge in Oakland, 1887*

*Der Robbenfänger »Sophia Sutherland«*

*Jack in Klondike, 1898*

*Illustration zu ›Ruf der Wildnis‹, Erstveröffentlichung 1903*

*Jack London mit seinem Husky »Brown Wolf«, 1905*

*Anna Strunsky*

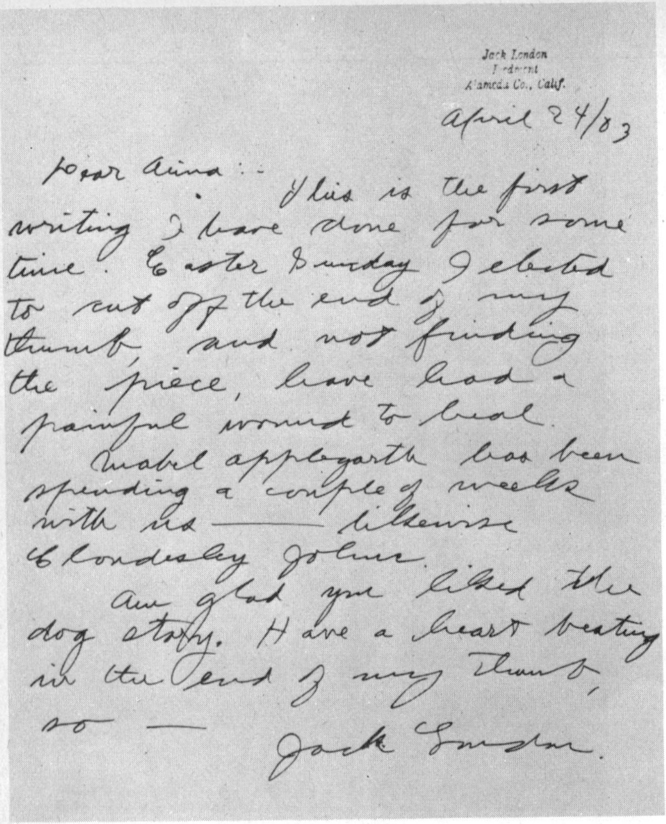

Jack London
Piedmont
Alameda Co., Calif.

April 24/03

Dear Anna:-- This is the first writing I have done for some time. Easter Sunday I elected to cut off the end of my thumb, and not finding the piece, have had a painful wound to heal.

Mabel Applegarth has been spending a couple of weeks with us —— likewise Cloudesley Johns.

Am glad you liked the dog story. Have a heart beating in the end of my thumb, so —

Jack London.

*Brief Jacks an Anna Strunsky*

*Bess London in ihrer Wohnung, um 1900*

*2268 East 15th Street, Oakland, wo Jack und Bess nach ihrer Eheschließung wohnten.*

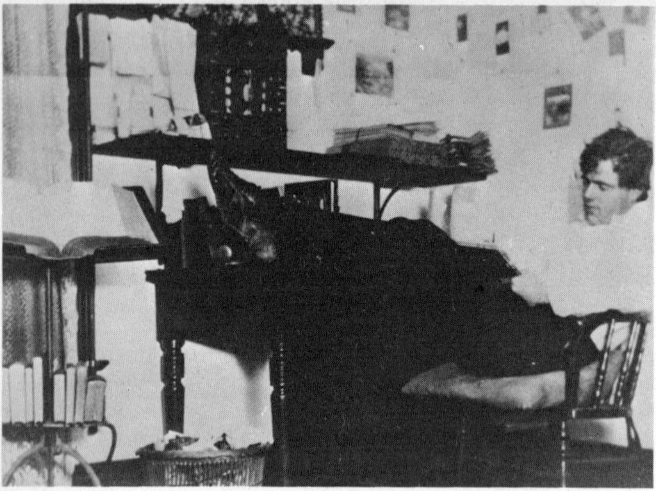

*Jack in seinem Arbeitszimmer, 1900*

*Jack mit seinen zwei Töchtern Bess und Joan, 1905*

*Unterkünfte der Heilsarmee im East End von London, aus: ›In den Slums‹, Erstveröffentlichung 1903*

*Jack London während seiner Vortragsreise im Jahre 1905*

*Jack und Charmian kurz nach der Eheschließung*

*Vor dem Auslaufen der »Snark«: James Hopper, Charmian, George Sterling und Jack*

*Die Mannschaft der »Snark« in der Südsee. In der Mitte: Charmian, Jack und Martin Johnson*

*Jack und Charmian auf der Veranda ihres Ranchhauses*

*George Sterling, James Hopper, Harry Leon Wilson und Jack im Bohemian Grove, 1913*

*Ebenfalls im Bohemian Grove, rechts Jack London*

Die Kneipe »First and Last Chance« in Oakland

*Architektenzeichnung des Wolfshauses*

*Die Ruinen des Wolfshauses*

*Charmian, um 1920*

*Charmian vor dem Ranchhaus, 1930*

*Jack London in seinem Arbeitszimmer*

*Jack London kurz vor seinem Tod, 1916*

*Gedenkplatte und Büste am Jack London Square in Oakland, geschaffen von Jacks Freund Finn Haakon Frolich*

1 Charmian London: Jack London. Macmillan 1921. (Jack London. Sein Leben und Werk. Berlin 1929.)
2 Ina Coolbrith war eine führende Persönlichkeit in kalifornischen Schriftstellerkreisen.
3 W. W. Jacobs, 1863–1943, britischer Autor von Kurzgeschichten, die zumeist von Seeleuten handeln.
4 Brief an Anna Strunsky vom 11. Februar 1902.
5 Diese Beschreibung findet sich in einem Brief von Jack London an Cloudesley Johns vom 1. April 1901.
6 Dies kann ganz offensichtlich nicht stimmen. Martin Johnson wohnte in Independence, Kansas, also rund fünfhundert Kilometer von Chicago entfernt. Nach seinem eigenen Bericht in ›Through the South Seas with Jack London‹ (›Mit Jack London durch die Südsee‹) war er zwanzig Jahre alt, als er sich 1906 für eine Arbeit auf der »Snark« bewarb. Demnach wäre er zur Zeit der von Livingston angegebenen Begegnung acht Jahre alt gewesen.
7 Der Brief über die Pflicht wurde am 30. November 1898 geschrieben.
8 Dieser Zwischenfall wird in ›Martin Eden‹ beschrieben. Mrs. Eames versuchte, die Stelle aus dem Buch streichen zu lassen.
9 Brief an Anna Strunsky vom 3. Februar 1900.
10 ›Der Sohn des Wolfs‹ wurde in Großbritannien unter dem Titel ›An Odyssey of the North‹ (›Eine Odysee des Nordens‹) veröffentlicht.
11 Minnie Maddern Fiske, 1865–1932, war eine berühmte amerikanische Schauspielerin, die ihre Bühnenkarriere schon als Kind begann. Sie wollte Jack Londons Tochter Joan fürs Theater ausbilden lassen, aber Jack verweigerte seine Zustimmung, da das Theaterleben »Falschheit, Gekünsteltheit, Sterilität und Unzufriedenheit« bedeutet hätte.
12 Herman Whitaker setzte sich durch und wurde als Zeitschriftenautor berühmt.
13 Joan London wurde am 15. Januar 1901 geboren.
14 Brief an Anna Strunsky vom 31. Juli 1902.
15 Diese Information stammt aus dem 1975 erschienenen Werk ›East End Jewish Radicals 1875–1914‹ von William J. Fishman.
16 Mitteilung von Austin Lewis an Joan London für deren Buch ›Jack London und seine Zeit‹.

17 Diese erscheint nicht in dem Essay ›The Scab‹ (›Der Streikbrecher‹). Argumente, die gegen Jack London als Autor sprechen, führte Tony Bubka in der Novemberausgabe 1966 des ›American Book Collector‹ auf; eine Liste mit weiteren Hinweisen zu dieser Frage findet sich bei: Hensley Woodridge, John London, George Teweney: Jack London. A Bibliography. Georgetown, Cal. 1966. (Jack London. Eine Bibliographie.)
18 1912 von Charles H. Kerr in Chicago veröffentlicht.
19 Dieser Brief ist in Charmian Londons Buch wiedergegeben.
20 »Die moderne Ethnologie neigt mehr und mehr zu dieser Ansicht und schreibt der Rasse folglich immer weniger Bedeutung als Faktor in der Geschichte der Zivilisation zu. ›Auf einer bestimmten Zivilisationsstufe zu stehen‹, wird behauptet, ›hat in keinster Weise etwas mit Rasse an sich zu tun.‹ Doch kann kein Zweifel darüber bestehen, daß, wenn eine bestimmte Stufe der Zivilisation einmal erreicht ist, diese Zivilisation einen Einfluß auf die körperlichen und geistigen Eigenschaften der Rasse ausübt.«
21 Dieser Briefwechsel fand im November 1902 statt.
22 Obwohl Jack mehrere Male von dem Projekt sprach, wurde das Buch nie geschrieben.
23 Brief an Cloudesley Johns vom 17. Oktober 1900.
24 Brief an Charmian, den sie in ihrem Buch zitiert.
25 Brief an Carrie Sterling vom 29. September 1905.
26 Brief an Carrie Sterling vom 15. September 1905.
27 Edwin Emerson Jr. gehörte zur kalifornischen Schriftstellergruppe.
28 Bierce' Bemerkungen über den ›Seewolf‹ finden sich in einem Brief an George Sterling vom 18. Februar 1905.
29 Das Schlagwort »Zur Hölle mit der Verfassung« wurde von Jack London aufgegriffen, »um die Kapitalisten davor zu warnen, daß die Arbeiter eines Tages das gleiche Schlagwort verwenden könnten«.
30 Es wurde nachgewiesen, daß ›Liebe zum Leben‹ abgeschrieben worden war von ›Lost in the Land of the Midnight Sun‹, einer Geschichte von Augustus Biddle und J. K. Macdonald, die 1901 in ›McClure's‹ erschienen war. Die Idee zu ›Vor Adam‹ entstammt ›The Story of Ab‹ von Stanley Waterloo. Ein weiterer Plagiat-Vorwurf wurde wegen Ähnlichkeiten zwischen ›Ruf der Wildnis‹ und ›My Dogs in the Northland‹ von Dr. E. R. Young erhoben. Im Jahre 1909 veröffentlichte Frank Harris in ›Vanity

Fair‹ (London) einen Auszug aus einem von ihm 1901 verfaßten Artikel und stellte ihm einen Teil des Kapitels »The Bishop's Vision« aus der ›Eisernen Ferse‹ gegenüber; er zeigte dabei auf, daß ungefähr tausend Worte aus seinem Artikel übernommen worden waren.

31 Brief an George Sterling vom 28. Mai 1905.

32 Brief an Ernest Untermann vom 11. April 1914.

33 Joshua Slocum: Sailing Alone Round the World. (Allein um die Welt im Segelboot.)

34 Aus dem Vorwort zu ›Die Fahrt der Snark‹.

35 Trotzki las das Buch ›Die eiserne Ferse‹ 1937 zum ersten Mal. Seine Meinung darüber wird ausführlicher in Joan Londons Buch ›Jack London und seine Zeit‹ wiedergegeben.

36 Brief an Rev. H. Rogers, 1946.

37 Einführung zu ›Liebe zum Leben‹.

38 Siehe dazu ›The Jack Johnson Story‹ von Tony Van Den Bergh, 1956.

39 Der Brief trägt das Datum des 27. Mai 1916.

40 Brief an Fred Berry vom 26. Juni 1913.

41 1935 schrieb Peluso seine Erinnerungen an Jack London während dessen Zeit in der Oaklander Ortsgruppe der Socialist Party nieder.

42 Brief an William Ellsworth von der Century Company, 9. April 1913.

43 Brief an Bessie London vom 8. Januar 1911.

44 Brief an Winston Churchill, Robert W. Chambers, Lloyd Osborne, Owen Johnson, George Bernard Shaw und H. G. Wells vom 23. März 1913.

45 Edward Payne: The Soul of Jack London. Rider & Co. 1927. (Jack Londons Seele.)

46 Brief an Roland Phillips vom Magazin ›Cosmopolitan‹, 14. März 1913.

47 Jack Londons Ausführungen zum Ersten Weltkrieg finden sich in Charmians Buch.

48 ›Jerry, der Insulaner‹ und ›Michael, der Bruder Jerrys‹.

49 Philip Foner: Jack London, American Rebel. (Jack London, ein amerikanischer Rebell.)

50 Brief an Joan London vom 5. September 1913.

51 Brief an Joan London vom 24. Februar 1914.

52 Siehe dazu: Upton Sinclair: The Cup of Fury. (Zecherei des Wahnsinns.)

53 ›Western Socialist‹, Februar 1944.

54 Siehe dazu: Jeosep Freeman: An American Testament. (Ein amerikanisches Vermächtnis.)

55 Charles Lestor, der 1952 starb, war vor 1914 ein Sprecher der Socialist Party of Kanada und in den zwanziger Jahren Herausgeber des ›One-Big Union Bulletin‹. 1933 ließ er sich in England nieder.

56 Jim Graham, der 1968 starb, war zu Beginn des Jahrhunderts Mitglied der Socialist Party of Kanada. Später war er Vorsitzender der Independent Labour Party in Großbritannien.

57 Brief an Marshall Bond vom 17. Dezember 1903.

58 Aus einer Ansprache bei einer Versammlung der Sozialisten 1905 in Los Angeles.

1. The Son of the Wolf
(Ein Sohn des Wolfs) Kurzgeschichten, 1900
2. The God of his Fathers
(Siwash) Kurzgeschichten, 1901
3. A Daughter of the Snows
(An der weißen Grenze) Roman, 1902
4. Children of the Frost
(In den Wäldern des Nordens) Kurzgeschichten, 1902
5. The Cruise of the Dazzler
(Joe unter Piraten) Roman, 1902
6. The Call of the Wild
(Wenn die Natur ruft) Roman, 1903
7. The Kempton-Wace Letters
(Die Kempton-Wace Briefe) Briefwechsel, 1903
8. The People of the Abyss
(In den Slums) Reportage, 1903
9. The Faith of Men
(Die Pflichten der Männer) Kurzgeschichten, 1904
10. The Sea Wolf
(Der Seewolf) Roman, 1904
11. War of the Classes
(Klassenkampf) Essays, 1905
12. The Game
(Gewagtes Spiel) Roman, 1905
13. Tales of the Fish Patrol
(Geschichten von der Fischpatrouille) Erzählungen, 1905
14. Moon-Face, and other Stories
(Das Mondgesicht) Erzählungen, 1906
15. Scorn of Women
(Die Verachtung der Frauen) Theaterstück, 1906
16. White Fang
(Wolfsblut) Roman, 1906
17. Love of Life, and other stories
(Liebe zum Leben) Erzählungen, 1907

18. Before Adam
(Vor Adam) Roman, 1907

19. The Road
(Abenteurer des Schienenstranges) Erzählungen, 1907

20. The Iron Heel
(Die eiserne Ferse) Roman, 1908

21. Martin Eden
(Martin Eden) Roman 1909

22. Lost Face
(Das verlorene Gesicht) Erzählungen, 1910

23. Revolution
(Revolution) Essays, 1910

24. Burning Daylight
(Lockruf des Goldes) Roman, 1910

25. Theft
(Diebstahl), Theaterstück, 1910

26. When God Laughs
(Nur Fleisch) Kurzgeschichten, 1911

27. Adventure 1911
(Die Insel Berande) Roman, 1911

28. The Cruise of the ›Snark‹
(Die Fahrt der Snark) Erlebnisberichte, 1911

29. South Sea Tales
(Südseegeschichten) Erzählungen, 1911

30. A Son of the Sun
(Ein Sohn der Sonne) Erzählungen, 1912

31. The House of Pride
(Das Haus, in dem der Stolz regiert) Erzählungen, 1912

32. Smoke Bellew Tales 1912
(Alaska Kid, Kid & Co.) Kurzgeschichten, 1912

33. The Night Born
(Die Nachtgeborenen) Kurzgeschichten, 1913

34. The Abysmal Brute
(Die Bestie des Abgrunds) Roman, 1913

35. John Barleycorn
(König Alkohol) Roman, 1913

36. The Valley of the Moon
(Das Mondtal) Roman, 1913

37. The Strength of the Strong
(Die Kraft des Starken) Erzählungen, 1914
38. The Mutiny of the ›Elsinore‹
(Die Meuterei auf der Elsinore) Roman, 1914
39. The Scarlet Plague
(Die rote Pest) Roman, 1915
40. The Star Rover
(Die Zwangsjacke) Roman, 1915
41. The Acorn Planter
(Der Eichelpflanzer) Theaterstück, 1916
42. The Little Lady of the Big House
(Die Herrin des großen Hauses) Roman, 1916
43. Turtles of Tasman
(Die Seeschildkröten) Erzählungen, 1916
44. The Human Drift
(Menschliche Abtriebskräfte) Artikel, 1917
45. Jerry of the Islands
(Jerry, der Insulaner) Roman, 1917
46. Michael, Brother of Jerry
(Michael, der Bruder Jerrys) Roman, 1917
47. The Red One
(Der Rote) Erzählungen, 1918
48. On the Makaloa Mat
(Die glücklichen Inseln) Erzählungen, 1919
49. Hearts of Three
(Drei Seelen) Roman, 1920
50. Dutch Courage
(Angetrunkener Mut) Erzählungen, 1922
51. The Assassination Bureau 1963 bei Jack Londons Tod unvollendet (Das Mordbüro) Romanfragment, vollendet von Robert L. Fish
52. King Hendricks, Irving Shepard (Hrsg.): Letters from Jack London.
(Jack London: Briefe), 1965
53. King Hendricks, Irving Shepard (Hrsg.): Jack London Reports.
(Jack London: Reportagen), 1970

aktiv teilgenommen. Seine Rede, die vom Inhalt her nicht besonders aufschlußreich war, vermittelte etwas vom Geist Jack Londons und der Atmosphäre seiner Zeit.

Über ihn liegen drei ausführliche Biographien vor: das zweibändige Werk seiner Frau Charmian, ›Sailor on Horseback‹ (›Zur See und im Sattel‹) von Irving Stone und das Buch seiner Tochter Joan, ›Jack London and his Times‹ (›Jack London und seine Zeit‹). Alle drei sind bedeutsam, doch hat auch jedes seine Schwächen. Charmian London schrieb die Geschichte ihres Mannes vor allem in Hinblick auf seine Beziehung zu ihr. Die meisten Leser werden es vermutlich überladen finden, vollgestopft mit Jacks ich-bezogenen Ansichten. Wenngleich auch die größte Schwäche des Buches in den Auslassungen und Verschleierungen liegt, so enthält es doch sehr viel Material über sein Leben. Das Buch ›Zur See und im Sattel‹ ist eine allgemeingehaltene Biographie, die keinen Anspruch erhebt, mehr zu sein oder Jack Londons Ideen und Bücher beurteilen zu wollen. Die Absicht Stones bestand teilweise darin, von Charmian weggelassene Namen und Fakten zu nennen und Jack Londons Frau in einem für sie weniger günstigen Licht zu zeigen.

Das bemerkenswerteste der drei Bücher ist das Werk von Joan London, obwohl es auf jegliche Schilderung persönlicher Beziehungen verzichtet. Die Gründe hierfür sind einleuchtend: Als Kind aus der kurzen, ersten Ehe ihres Vaters wußte sie wenig Liebenswertes oder auch nur Angenehmes über ihn aus eigener Erfahrung zu erzählen. Dafür sind ihre Beobachtungen ein Meisterstück, was sorgfältige Objektivität betrifft. Das Buch befaßt sich mit der gesellschaftlichen Situation zur Zeit Jack Londons, mit dem wirtschaftlichen Wachstum Amerikas, den philosophischen Ideen und politischen Strömungen, in deren Kielwasser er schwamm.

Alle drei Bücher stammen aus Amerika; soviel mir bekannt ist, wurde in England keine, über Vorworte und Buchbesprechungen hinausgehende Studie über ihn veröffentlicht. Jack Londons Bücher sind jedoch in allen Sprachen und Ländern erschienen und werden ständig neu aufgelegt. Lenin ließ sich aus dem Buch ›Love of Life‹ (›Liebe zum Leben‹) auf seinem Sterbelager vorlesen. ›Ruf der Wildnis‹ und ›Wolfsblut‹ gehören in der ganzen Welt zur klassischen Jugendliteratur. In einigen Ausgaben von Mills and Boon sind im Werkverzeichnis seiner Bücher diejenigen mit einem Sternchen gekennzeichnet, die verfilmt wurden; ihre Zahl ist erstaunlich hoch. In regelmäßigen Abständen erzählen mir Buchhändler, daß Jack London wieder populär sei, im Grunde jedoch war er niemals wirklich unpopulär. Als ich vor einer Reihe von Jahren als Lehrer in

London unterrichtete, zeigte sich mir seine Anziehungskraft sehr deutlich. Eines Nachmittags las ich in der Klasse seine Erzählung ›The Mexican‹ (›Der Mexikaner‹); beim unerwarteten, herrlichen Höhepunkt, als nämlich der Junge, der eigentlich nicht die Spur einer Chance hatte, den Sieg davonträgt und in seiner Erschöpfung die Vision der Gewehre für die Revolution erlebt, da löste sich die Beklemmung der vierzehnjährigen Jungen und Mädchen in Erleichterung und Jubel auf.

Aus all diesen Gründen hielt ich es für sinnvoll, ein Buch über Jack London zu schreiben mit dem Bemühen, ihn als Schriftsteller, Sozialist und was immer er sonst noch war zu zeigen; nicht zuletzt wollte ich den Menschen Jack London schildern. Dies war mein Ziel. Seine Kindheit und frühen Jugendjahre habe ich beschrieben, ohne jedoch lange dabei zu verweilen, da ausführliche Berichte und Beschreibungen häuslicher Begebenheiten in anderen Büchern zu finden sind, vor allem in Charmians Werk. Dafür habe ich in meinem Buch eine ganze Menge Material verarbeitet, das in keinem früheren Werk zu finden ist. Die Tatsache, daß diese Veröffentlichung zeitlich fast mit dem 100. Geburtstag Jack Londons zusammenfällt, ist Zufall und keineswegs Absicht. Ein Jubiläum wie dieses läßt jedoch den Gedanken aufkommen, daß es nun an der Zeit für eine Neubewertung und – auch dies sollte gesagt werden – für eine Ehrung Jack Londons sei, denn er war ein ungewöhnlicher Mensch. Für Millionen schuf er eine Welt der Abenteuer, für die er den Stoff nicht aus der Fantasie, sondern aus seinem eigenen Leben bezog; zudem ließ er eine Reihe von Theorien der frühen sozialistischen Bewegung in seinen Büchern lebendig werden.

Ich habe den Begriff »sozialistisch« ganz allgemein auf die verschiedensten Leute und Ideen angewandt, da er so zu Beginn des Jahrhunderts gebräuchlich war. Heute würden wir viele der damaligen »Sozialisten« als Liberale, Reformer und gelegentlich Schlimmeres bezeichnen, aber in jenem Anfangsstadium nahm man es damit nicht so genau. Einmal abgesehen von den Folgen, die sich aus einer solchen Differenzierung für die Lesbarkeit des Buches ergäben, ist es schlicht unmöglich, alle Facetten aufzuzeigen. Es gilt als Tatsache, daß die heutigen Sozialisten Wissen und Anregungen aus Büchern beziehen, deren Verfasser später Politiker in kapitalistischen Systemen oder Anhänger kommunistischer Diktaturen wurden oder vermutlich geworden wären. Aus diesen Gründen habe ich den Begriff »sozialistisch« auch nicht näher erläutert; dafür möchte ich die Aufmerksamkeit des Lesers auf die Kapitel lenken, in denen Jack Londons Verständnis des Sozialismus erörtert wird.